同心筑梦

港澳台侨委员履职故事

全国政协港澳台侨委员会◎ 编

中国文史出版社

《同心筑梦 —— 港澳台侨委员履职故事》
编纂委员会

编委会

主　任：朱小丹

副主任：耿惠昌　王　伟

委　员：于　迅　裘援平　许又声　闫小培　吴国华

陈元丰　林健锋　贺定一　黄兰发　康晓萍

邓小清

组稿单位

全国政协港澳台侨委员会办公室

人民政协报社

编写组成员

组　长：曹　军　张立伟

副组长：张武军　赵丽芳　王　珺　杨统连　曹　岚

方云龙

成　员：杨木森　杨银海　邓卫星　钟文龙　李丛杉

统稿人：杨木森　闫秋图

组稿人：徐金玉　孙　琳　王　勤　邢艳娇

概　述

GAISHU
TONGXINZHUMENG
GONGXIANGWEIYE

同心筑梦　共襄伟业

　　过去的五年是极不寻常、极不平凡的五年。我们十分自豪亲历并庆祝中国共产党成立 100 周年、中华人民共和国成立 70 周年、改革开放 40 周年，见证了伟大祖国完成脱贫攻坚、全面建成小康社会的历史任务和实现第一个百年奋斗目标。在中共中央坚强领导下，政协全国委员会及常务委员会以习近平新时代中国特色社会主义思想为指导，紧扣统筹疫情防控和经济社会发展认真履职尽责，紧盯社会重大关切加强思想政治引领，紧抓专门协商机构制度建设增强工作效能，为实现"十三五"目标、推进"十四五"规划，以中国式现代化全面推进中华民族伟大复兴作出了积极贡献，专门协商机构建设展现新风貌，服务中心任务取得新成绩。

　　全国政协港澳台侨委员会作为政协常务委员会和主席会议领导下的专门工作机构，承担着联系港澳台侨界别委员和服务政协港澳台侨工作的职能。五年来，全国政协港澳台侨委员会在十三届全国政协党组和主席会议领导下，始终坚持以习近平新时代中国特色社会主义思想为指导，全面贯彻党的十九大、二十大精神，深入学习贯彻习近平总书记关于加强和改进人民政协工作的重要思想和关于港澳台侨工作的重要论述，深刻领悟"两个确立"的决定性意义，增强"四个意识"，坚定"四个自信"，做到"两个维护"，围绕统筹推进"五位一体"总体布局和协调推进"四个全面"战略布局,把加强思想政治引领、广泛凝聚共识作为中心环节,坚持发扬民主和增进团结相互贯通、建言资政和凝聚共识双向发力,切实履行政治协商、民主监督、参政议政职能,增强委员责任担当,推动各项工作在提质增效中取得积极进展。

凝聚共识,绘就新时代最大同心圆

习近平总书记指出,人心是最大的政治,共识是奋进的动力。人民政协作为统一战线组织,要坚持大团结大联合,坚持一致性和多样性统一,不断巩固共同思想政治基础,加强思想政治引领、广泛凝聚共识,努力寻求最大公约数、画出最大同心圆,汇聚起实现民族复兴的磅礴力量。五年来,港澳台侨委员会深刻把握政协港澳台侨工作的统战属性,聚焦人心这个最大的政治,将加强思想政治引领、广泛凝聚共识寓于协商议政、视察考察、交流交往、谈心谈话之中,广泛汇聚团结奋斗正能量,更好发挥人民政协"重要阵地""重要平台""重要渠道"作用。一是在强化理论武装中做引领、聚共识。通过落实习近平新时代中国特色社会主义思想学习座谈会制度、界别委员学习座谈会制度等,教育引导港澳台侨界别委员把强化政治责任摆在首位,自觉学习习近平新时代中国特色社会主义思想,不断增进对中国共产党和中国特色社会主义的政治认同、思想认同、理论认同、情感认同,始终同中国共产党同心同德、同心同向、同心同行。二是在协商议政中做引领、聚共识。精心组织承办"推进粤港澳大湾区创新合作"专题协商会以及"引进海外人才需要重视的问题和对策"双周协商座谈会等重大协商议政活动,通过建言成果、思想收获一体设计、一体落实,推动界别委员在协商议政中既查实情、建真言,又重学习、聚共识,实现建言资政和凝聚共识"双丰收"。三是在联系界别中做引领、聚共识。认真落实党员委员与党外委员开展谈心谈话制度,寓凝心聚力于广泛深入的谈心谈话之中,在谈心谈话中做解疑释惑、增进理解、化解矛盾的工作。精心组织港澳台侨界别委员和政协全体会议海外列席侨胞代表专题视察考察活动，引导委员和侨胞代表自我教育、自我提高，增强"四个认同"。通过建立骨干委员库、出台制度文件等创新举措，激励界别委员深入界别群众做凝聚共识工作，形成委员会联系委员、委员联系社团、社团联系带动界别群众的凝聚共识工作格局。

建言资政，为中国式现代化建设出谋划策

习近平总书记强调，在中国社会主义制度下，有事好商量、众人的事情由众人商量，找到全社会意愿和要求的最大公约数，是人民民主的真谛。人民政协作为专门协商机构，在国家治理体系中发挥着重要作用，必须紧紧围绕党和国家中心工作，瞄准抓重点、补短板、强弱项的重要问题，深入协商议政，强化监督助推落实。五年来，全国政协港澳台侨委员会注重发挥专委会作为"机构中的机构""专门中的专门"的重要作用，聚焦协商议政"搭台"这一主业主责，持续推进专门协商机构建设，在"专"出特色、"专"出质量、"专"出水平上下真功夫、细功夫、实功夫，不断拓展协商议政的平台渠道，创新方式方法，全面提升履职效能。一是大兴调查研究之风。坚持围绕中心服务大局，树立需求导向、效果导向和问题导向，坚持调查研究于协商议政之前，把调查研究与协商议政彼此贯通、相互促进，探索推进合作调研、委托调研和"揭榜式"自主调研，累计开展各类调研近100余次，以高质量调研支撑高效能协商。二是丰富拓展协商议政渠道平台。通过政协全体会议、专题协商会、专题议政性常委会、双周协商会、界别协商、对口协商等形成广泛、多层、制度化的协商体系。在重大协商议政活动中，通过协商议政活动前加强沟通对接、活动中增加互动交流、活动后做好跟踪推进，实现建言议政更精准、协商氛围更浓厚、凝聚共识更深入、成果转化更有效。三是创新协商议政的方式方法。组织港澳台侨界别委员开展民主监督视察，采取"党员委员＋港澳委员"的形式

开展民主监督自主调研，推动民主监督走深走实。密切与界别委员的日常联系和交流，运用移动履职 APP、微信等"互联网 +"手段，加大网络议政和远程协商频次、力度，实现主题议政群和读书群制度化经常化，做到沟通交流跨越时空、沟通交流始终在线。

团结联谊，共创政协特色交流品牌

习近平总书记指出，促进中华儿女大团结，是新时代爱国统一战线的历史责任。人民政协因团结而生、依团结而存、靠团结而兴，是大团结大联合的象征，在促进中华儿女大团结中具有独特的优势作用，肩负着重要职责使命。五年来，全国政协港澳台侨委员会带领广大政协委员领悟团结之重、思考团结之道、广聚团结之力、筑牢团结之基，广泛开展与港澳台侨同胞的团结联谊活动，促进港澳台侨领域大团结、大联合。一是参与举办系列重大团结联谊活动。邀请近千名港澳台侨代表人士参加庆祝中国共产党成立 100 周年、纪念辛亥革命 110 周年、港澳台侨国庆招待会等重大活动，100 多名海外侨胞列席政协全体会议，在海内外产生广泛影响。二是加强与港澳地区、台湾地区的爱国社团以及海外爱国侨团的密切联系，通过请进来、走出去，开展交流互访、视察考察，访问港澳和赴海外看望侨胞累计 30 批次、接待来访 50 批次，广交朋友、深交朋友、交好朋友、交真朋友，不断扩大专委会的"朋友圈"。三是全力支持有关部门、地方政协及海外爱国社团侨团举办的"黄帝故里拜祖大典""井冈山爱国红色之旅教育活动""澳门濠江之春"、港区省级政协委员联谊会换届等团结联谊活动，通过强强联合、优势互补、借梯登高，不断放大专委会的功能作用，不断扩大联谊交友覆盖面。同时，在团结联谊中，注重以求同存异的理念、润物无声的方式，以诚示人、以情感人、以理服人，最大限度地提升了团结联谊的感召力和影响力。

担当作为，发挥政协委员主体作用

习近平总书记指出，政协委员作为各党派团体和各族各界代表人士，由各方面郑重协商产生，代表各界群众参与国是、履行职责。这是荣誉，更是责任。广大政协委员要坚持为国履职、为民尽责的情怀，把事业放在心上，把责任扛在肩上，认真履行委员职责。五年来，全国政协港澳台侨委员会坚持发挥委员主体作用，自觉以一线意识、改革思维、创新理念，务实举措，大力推进委员履职能力建设，激励委员履职尽责、担当作为。一是激励委员胸怀"国之大者"，在围绕党和国家中心工作建言资政中走在前。聚焦推动粤港澳大湾区建设、共建"一带一路"等党和国家重大战略，认真做好视察考察、调查研究、协商议政的组织承办。引导推动界别委员围绕"十三五""十四五"规划、扩大高水平对外开放、推动高质量发展等建言献策、凝聚共识。二是激励委员践行"责之重者"，在反"独"促统、重大斗争中作表率。团结广大港澳台侨同胞同"港独""台独""藏独""疆独"等分裂势力做坚决斗争，以斗争求团结，坚定不移维护国家主权、安全和发展利益；引导港区委员在反"占中"、反"港独"撑释法、平息"修例风波"、香港国安立法、完善香港选举制度等重大港澳政治斗争中发挥中坚力量作用，以实际行动支持中央决定，支持行政长官和特区政府依法施政，维护"一国两制"方针和香港繁荣稳定。三是激励委员回应"民之关切"，在抗击新冠肺炎疫情中作先锋。面对突如其来的新冠肺炎疫情，组织动员委员和海外侨胞积极投身疫情防控阻击战，引导他们围绕疫情防控提出意见建议，在境内外主流媒体讲好中国"抗疫故事"，积极捐款捐物，有力支援一线疫情防控和复工复产。四是激励委员发挥"界别优势"，在决战脱贫攻坚、助力公益慈善事业中作贡献。组织动员委员赴内地考察脱贫攻坚工作，实施产业扶贫、教育扶贫、医疗扶贫等一批扶贫项目，无偿捐助内地的扶贫济困和教科卫体等公益事业，为决胜全面建成小康社会、决战脱贫攻坚、促进乡村振兴献计出力。

　　政协委员是政协工作的主体。上述专委会工作成绩的取得得益于十三届全国政协党组的正确领导，也得益于港澳台侨界别委员的履职担当。本书对标习近平总书记对政协委员提出的"懂政协、会协商、善议政，守纪律、讲规矩、重品行"十八字要求，以"同心筑梦"为主线，围绕"凝聚共识　绘就新时代最大同心圆""建言资政　我为祖国发展出谋划策""团结联谊　共创政协特色交流品牌""担当作为　发挥政协委员主体作用"四个主题，共收录全国和地方政协港澳台侨界别委员履职故事 80 多篇。委员们通过自己的亲身经历，讲述了在履职过程中的鲜活事例和心路历程，展现了新时代港澳台侨界别委员的新担当，诠释了新时代港澳台侨界别委员的新风采。从委员们的点滴回忆中，我们可以切身感受到港澳台侨界别委员为国履职、为民尽责的深厚情怀，感受到新时代港澳台侨界别委员参与国是的高度热忱，感受到新时代人民政协的新作为、新样子。

本书编写组

目 录

117　第二章

建言资政　我为祖国发展出谋划策

219　第三章

团结联谊　共创政协特色交流品牌

261　第四章
担当作为　发挥政协委员主体作用

第一章 | **凝聚共识**
绘就新时代最大同心圆

在政治参与中促进澳门融入国家发展大局

吴志良
十三届全国政协委员、澳门基金会行政委员会主席

　　全国政协是一个重要的学习平台，是一所大学堂。作为澳区全国政协委员，我一直努力积极发挥"双重积极作用"，无论是对本职工作还是自身思想和能力提升方面，都有巨大的促进。

　　过去五年来，无论是参加全体会议、共商国是、对口协商、调研考察还是提交提案、参与读书群的导读，本人都获益匪浅。特别是因为工作关系亲身参与贵州省从江县的扶贫以及"中国共产党的100年"大型展览的举办，都成为我人生最为难忘的经历，也是一次深刻的思想教育。

两地扶贫心连心

　　2018年5月23日，澳门基金会和贵州从江县签订了援建协议，投入3000万人民币支持从江县丙妹镇大歹小学建设占地2.3万平方米的新校舍，同时拨出600万元资助从江贫困学生就读澳门高等院校，并通过我们与中国宋庆龄基金会和中国残疾人基金会的合作为从江培养400名幼儿园老师、捐赠8辆救护车，

2018 年 5 月 23 日，时任澳门行政长官崔世安率领政府代表团与贵州从江县政府签署 9 项帮扶从江项目协议，涉及教育、会展及经贸合作、援建等多方面。其中，澳门基金会与从江县政府签署了《援建贵州省从江县丙妹镇大歹小学的意向协议》，投入 3000 万元人民币支持援建从江县丙妹镇大歹小学建设占地 2.3 万平方米的新校舍

为 360 名残疾人士配置助听器。

澳门参与国家精准扶贫工程，体现了澳门融入国家发展大局、澳门居民爱国爱澳的优良传统和浓厚的家国情怀。经过前期多次调研，我们选定了捐赠一所学校作为主要扶贫目标。初期，当地领导建议学校设在县城，可以拥有比较优质的教师队伍。经过与当地政府的多次磋商，最后还是决定在大歹小学原址附近建设新校舍，方便周边 6 个自然村的小孩上学，并有利于小朋友维系与家人的亲情和当地村落的文化传承。

学校的建设工程非常顺利，2019 年秋季竣工开学，贵阳一家小学还派出校长和优质师资协助学校发展。在澳门回归 20 周年之际，中央电视台连线大歹小学，大歹小学成为澳门与从江结缘的一张亮丽名片。2020 年 11 月，我随澳门新闻代表团再次访问大歹小学，当看到学校崭新的面貌时感到非常的欣慰，

2020 年 11 月 18 至 22 日，参与了由澳门中联办严植婵副主任组织率领的澳门媒体"脱贫攻坚贵州行"采访团，深入了解澳门对口帮扶精准脱贫工作落实情况。采访团走访了由澳门基金会援建的丙妹镇大歹小学，学校硬件设施完善，有教学楼、实验室、仪器室、美术室等，看到学校崭新的面貌以及小朋友活泼开心的样子，采访团深感欣慰

特别是看到原来羞涩的小朋友现在一副蹦蹦跳跳、活泼开心的样子，与三年前判若两人，我的眼泪忍不住地流了出来。我知道这是喜悦的眼泪，因为我看到了乡村新一代的希望。

2018 年汶川地震 10 周年纪念之际，我们回访援建项目看到受灾居民重建生活信心时，也不禁流下了同样的泪水。当时我有感而发：这不仅是简单的援建工作，也不仅仅体现了澳门居民与内地居民血浓于水的关系，更为重要的是，对所有澳门居民来说，都是一次刻骨铭心的爱国主义教育。事实上，无论是四川还是贵州从江，澳门学校和社团都组织了大量的青少年去参观学习，大大增强了澳门人的国家观念和民族观念。

2021 年 7 月 6 日，全国政协副主席何厚铧参观了由澳门基金会承办的"中国共产党的100 年"大型主题图片展，澳门基金会行政委员会一行陪同何厚铧副主席参观

一场令人动容的展览

2021 年 6 月，澳门基金会承办了国务院新闻办公室、中央人民政府驻澳门特区联络办公室和澳门特区政府联合举办的"中国共产党的 100 年"大型主题展览。澳门基金会 30 多年来举办过数百场展览，但没有一场展览像"中国共产党的 100 年"大型主题展那么令人感动、影响那么广泛而深入。

预约系统刚刚开放，电话就被打爆。短短 23 天展期内，超过 43000 人、占澳门 6% 的人口观看了展览，是澳门日均参观人数最多的展览，扶老携幼甚至坐着轮椅观展的场面令人动容、令人难忘，真实体现了澳门居民对中国共产党的真心拥护。这是一场全澳门人的爱国主义教育，增强了澳门居民对中国近代史、中国共产党历史的系统了解和认识，也巩固了澳门社会的政治基础。我想，爱国爱澳、真心实意拥护中国共产党已经成为澳门各界最大的共识，成为澳门社会的主旋律。

展览结束之后，我们将所有展板赠送给澳门大学图书馆永久收藏，并在国务院新闻办的协助下开通了线上展览，希望让更多的人有机会重温中国共产党100年的奋斗史，更加深刻地理解和认识中国共产党为民族谋振兴、为人民谋幸福的初心使命和全过程。

随着中共二十大的召开和澳门各界深入学习宣传贯彻二十大精神，在澳门再次掀起一次爱国主义教育的热潮，为进一步团结凝聚澳门的民心和提振疫后经济重建的信心，为更好地融入国家发展大局、纳入国家治理体制和落实"爱国者治澳"原则创造条件、奠定基础，为筑牢中华民族共同体的意识和构建人类命运共同体贡献力量，努力画出最大的同心圆！

吴志良委员履职故事

在对台交流交往的前沿凝聚共识

张　健

十三届全国政协委员，福建省厦门市政协原主席、党组书记

光阴荏苒，岁月如梭，十三届全国政协委员的履职历程转瞬即逝。

回首这五年，我亲历了中央政协工作会议暨庆祝人民政协成立 70 周年大会、全国政协系统党的建设工作座谈会、习近平新时代中国特色社会主义思想学习座谈会、首届两岸基层治理论坛等重大会议和活动……有幸与新时代同行、与政协的使命同步。特别是我在厦门的工作经历，使我对发挥专门协商机构效能，在凝聚共识中展现责任担当，有了更深的体会和认识。

凝聚共识　协商助力"第一家园"

"要探索海峡两岸融合发展新路""努力把福建建成台胞台企登陆的第一家园"，习近平总书记在 2019 年全国两会期间参加福建代表团审议时的重要讲话，是对福建发挥对台优势和作用的殷殷嘱托，也为厦门政协助力"第一家园"建设指明了方向。

两岸基层治理论坛是全国政协自 2018 年起创办的海峡论坛重要平台，是

2018 年 6 月，张健（右三）陪同参加两岸基层治理论坛的两岸代表考察厦门社区治理

十三届全国政协港澳台侨工作的一大亮点。作为参与承办的地方政协，我积极参与承办论坛的组织保障工作，把承办好两岸基层治理论坛作为厦门政协助力"第一家园"建设的重要协商平台。特别是在第一届"共谋民生福祉，共创美好生活"主题，以及第二届"乡村振兴"的主题研讨中，结合两岸交流交往的实际，着眼服务保障，精心设计小组讨论和社区参访，深化两岸基层组织代表的协商交流，使论坛的主题更鲜明、交流更广泛。五年来，共有 700 余名两岸基层代表在交流研讨中进一步加深了理解，增进了认同，为两岸基层治理互鉴融通开辟了新途径。

聚焦实现融合发展，2019 年 5 月，厦门市政协围绕"落实惠台政策"开展主席会议专题协商，我组织有关民主党派、政协委员深入台商、台企、台青、台生等，全面摸查惠台政策缺位、落实不到位等问题，形成协商建议案报送党委政府。

随后，我在《中国政协》杂志上发表署名文章《建成台胞台企登陆"第一家园"，助力两岸融合发展的政协实践》，从四个方面阐述发挥协商优势，推动两岸融合发展。同时，围绕台胞来厦就业创业，持续开展一系列调研视察，相继提出了完善台湾青年创业服务、设立"台青公寓"、建立人才引进交流市场、支持台胞独资设立个体诊所等 30 多条意见建议，组织撰写报送了《关于吸引台湾新生代来闽就业创业的对策》等一批社情民意信息，得到党委政府的高度重视，相关建议分解到市台办等 80 多个部门给予落实。

凝聚智慧 做好"通""惠""情"文章

"要突出以通促融、以惠促融、以情促融，勇于探索海峡两岸融合发展新路"，这是 2021 年 3 月习近平总书记在福建考察时对我们提出的新要求。

以通促融。为贯彻落实"支持两岸邻近或条件相当地区基本公共服务均等

2020 年 5 月，张健在十三届全国政协第三次会议分组讨论上发言

化、普惠化、便捷化"要求,我多次在全国两会分组讨论中提出,要加速营造"厦金共同生活圈",打造两岸融合发展示范区。2019年、2020年,在调研基础上,我又相继提出了《关于建设厦金共同生活圈,打造两岸融合发展示范区的提案》《关于尽快推动厦金通道建设的提案》,建议国家大力支持建设"厦金共同生活圈",使厦金区域能够在两岸经济、文化、社会、民间交流等领域先行先试。提案得到国家相关部门的高度重视,推动了两岸融合发展示范区政策的进一步落实。

以惠促融。从国台办等部门联合发布实施促进两岸经济文化交流合作"31条措施""26条措施",到为帮助在大陆台企做好疫情防控和复工复产推出"11条措施",这些措施如何更加有效地落地生根?2018年2月,我多次组织召开台商委员、台企台胞代表专题座谈会,听取大家对落实国家惠台政策、修订厦门惠台新政的意见,并将政策建议报送市委市政府,为厦门率先出台"惠台60条"贡献了政协智慧;2018年9月,我参加了全国政协港澳台侨委组织的赴江苏考察,针对台胞、台企落实同等待遇等方面的问题开展调研,并提出意见建议;2020年11月,我参加全国政协台联界别委员调研组赴海南考察,就海南省贯彻落实两岸融合发展、落实落细各项惠台政策措施、完善保障台湾同胞福祉等方面开展调研;2021年7月,我参加了全国政协港澳台侨委就"进一步促进两岸经济文化交流合作措施的落实情况"赴广西、福建调研,了解两岸经济文化交流合作情况;此外,2021年11月我参加了全国政协港澳台侨委组织的对口协商座谈会,并在会上作了发言,对进一步落实中央惠台措施、推进两岸交流合作提出了建议,推动了相关政策措施的落实。

以情促融。出生于厦门海沧的颜思齐(1589—1625),被台湾正史尊为"开台第一人",被台湾民间尊为"开台王"。但民进党竭力"去中国化",在台湾历史教科书中抹杀其开台功绩。为了正本清源,我在全国两会分组讨论中呼吁要挖掘颜思齐开台文化资源,并在2020年、2022年相继参与了《关于推动中国邮政发行颜思齐开台四百周年纪念邮票的提案》《关于将〈开台英雄谱〉纳入纪念邮票选题的提案》，提出要尽快推动中国邮政发行以颜思齐开台伟业为主题的邮票，彰显郑成功收复台湾的法理依据，向海内外宣示两岸同根同源，提案得到了有关方面的重视。2021 年 10 月，在颜思齐开台 400 周年之际，展现颜思齐开台史实的内容，载入我国新版七年级下册《中国历史》教科书。

凝聚人心　致力团结统战职能

促进中华儿女大团结，推进祖国和平统一，是新时代爱国统一战线的历史责任。五年来，我积极参加厦门市政协面向台商委员、港澳委员的专题座谈、谈心谈话、重大专项工作委员宣讲等，通过多种方式宣讲党的路线方针政策。在担任厦门市政协主席期间，对台商委员、港澳委员在重点专题协商会上提出提案、提交大会发言作出机制性安排，邀请新生代台青代表参加学习座谈、国内考察等。2019 年 7 月，我主持召开了厦门市政协十三届十六次常委会，围

2018 年 3 月，张健出席十三届全国政协第一次会议

绕"推进厦金深度融合、打造两岸融合发展示范区"协商议政，会议邀请了金门同胞代表参会，大家就畅通经贸合作、联通基础设施、互通能源资源、共通行业标准、推进公共服务"三化"等内容各抒己见，建言献策。充分发挥政协"有事好商量、有事多商量"的优势，为两岸同胞交流协商拓展了新渠道，扩大了政协协商民主在台胞中的知晓度和影响力。此外，我还推动开展台商台胞服务年活动、设立"台商之家""台胞服务中心"，努力为他们提供"全覆盖式"的暖心服务。

五年的履职实践使我感到，以协商聚共识、以共识固团结，是政协的优势所在。协商凝聚共识，共识增进团结，团结赢得人心，人心决定力量。只要锲而不舍、久久为功，我们就能够为实现中华儿女大团结，推进祖国和平统一大业，贡献更多的政协力量！

以不同身份为切入点架起沟通桥梁

陈仲尼

十三届全国政协委员、香港立法会议员、金鹰控股主席

在新时代变革中，中国新型政党制度在国家政治和社会生活中彰显出独特优势。作为全国政协委员，必须承担更多社会责任。正如梁启超曾高呼的，

2019 年 8 月 17 日，陈仲尼率领浙联会同人参加"反暴力救香港"集会

"国人无一旁观者，国虽小而必兴；国人尽为旁观者，国虽大而必亡"。

因此，我时刻履行委员职责、建言献策，在港向社会团体宣讲两会精神，参加地区工作会议；在外向世界传递中国好声音、讲述香港好故事。同时，我结合香港社会情况，分别以立法会议员身份，推动特区政府依法施政，并以香港浙江省同乡会联合会会长身份号召全体会员积极参与"止暴制乱"及"防疫抗疫"等社会工作。

如今我成功当选第七届香港立法会议员，可以更好地担当起社会与特区政府的桥梁。我期望通过身体力行的方式、通过不同身份为切入点，尽最大努力协助祖国绘出更美更大的"同心圆"。

主动作为　增进青年家国情感

党中央始终坚守"一国两制"的初心令我感到幸福和感恩。早前制定实施《中华人民共和国香港特别行政区维护国家安全法》及完善香港选举制度，扭转乱局，实是功在当代，利在千秋。习近平主席在庆祝香港回归祖国 25 周年大会暨香港特别行政区第六届政府就职典礼上的讲话中，更坚定了"一国两制"的制度自信，明确指出"一国两制"是国家治理体系一个重大优势，是长远政策。作为坚定爱国者中的一员，我是维护"一国两制"的责任人，责无旁贷，必须身体力行在政协和立法会的工作和社会层面身份中，恪尽自己的责任，贡献自身的能力，准确贯彻、落实"一国两制"。

2019 年香港社会环境出现复杂局面，作为全国政协委员正是挺身而出的时候。我向有关当局建言，对未来青年教育必须加入更多的国情知识，让孩童从小就能扎根国家观念，继而逐渐加入国家宪法、基本法，乃至国家安全法、国家发展历程等，让孩子们清楚国家进程。我认为在教育层面，巩固青少年的国情认知及身份认同十分重要，因此在不同场合面对学生或家长时，我经常建议大学生应增加去内地的实习或考察，并建议到北京、上海、深圳或大湾区等地进行 4 至 6 个星期的学习；也曾提议中小学在正规教育课程内，加入到大湾区考察课时，利用上课时间走进大湾区让学生亲眼看、亲耳听，了解大湾区发展的真实模样。

香港作为中国的一部分，新一代青年人作为中华民族的一分子，只有在认识国情基础上，才能培养青少年建立正确的价值观。鼓励青年们对理想追求有热诚，即使偶有失败，亦要从中汲取经验，积极奋进，只有这样才能真正让爱国情怀沉淀升华，成为国家未来发展的接班人。

我与香港市民一样非常期待香港重现新气象，如我参选立法会议员时便定下"专业论政，建设香港"为目标，希望在新岗位上凭借过去 30 年的工商金融专业知识及广泛的特区公职经验，虚心聆听各方不同界别意见，继而化作务实建议，包括改善香港深层次社会问题、巩固香港国际金融中心的地位和功能、优化教育制度及资历架构等，共同促进香港良政善治，为广大市民谋福祉，让市民感受到香港回归后更美好的明天。

在履职中传递爱国爱港信息

人民政协作为统一战线的组织，多党合作和政治协商的机构，人民民主的重要实现形式，是社会主义协商民主的重要渠道和专门协商机构，是国家治理体系的重要组成部分，是具有中国特色的制度安排。

政协工作就是要时刻把协商民主贯穿政治协商、民主监督及参政议政范畴。

身为全国政协委员，应时刻高度重视人民政协工作要求，审慎为国家提出具有建设性意见，牢记习近平总书记在党的十九大报告中对人民政协性质和任务作出的教导，履行"完善协商议政内容和形式，着力增进共识、促进团结"的责任。如在支持完善选举制度及支持国安立法上，与多位社团领袖举行宣讲活动，传递爱国爱港信息。此外，在"止暴制乱"工作中，为警队捐赠物资，

2022 年 4 月 4 日，陈仲尼（左三）在香港北角健康邨派防疫包

亲身慰问，又参与"反暴力、救香港"集会，为香港市民集气；在抗疫防疫关键时刻，动员一切力量，亲身参与"防疫服务包"包装及派发工作、捐赠口罩、快速测试剂、连花清瘟、酒精搓手液等抗疫物资。

我懂得，在新发展时期下，政协委员要具备"懂政协、会协商、善议政"的素质，因此，我积极在建言资政和凝聚共识上双向发力，除了出谋献计，参政议政，更要加强与各党派团体共商团结，经常在岗位上与各界别人士联系，举办咨询会并就特定议题征求意见，凝聚共识；在经济发展、防疫政策及民生难题上，不定时举行"界别调研工作坊"，组织沟通交流、共商政事、共谋对策。

牢记使命　为画好同心圆贡献力量

　　政协委员需要谨言慎行，"不忘初心、牢记使命"。因此，我一向秉持把握重点，提前准备，期望结合自身积累及时掌握社会现况，反映基层群众诉求，协助解决问题，务求推动政协工作守正创新、高质向前。

　　身为现届香港浙江省同乡会联合会会长，又是唯一代表同乡社团界别的立法会议员，对开展地区工作、深耕基层可以说是责无旁贷。为更好发挥同乡界别的独特功能与优势，我于任内积极推进社团改革，致力于各区开设地区服务中心，为地区会员提供常态性和接地气的服务。现在，各同乡社团正全力建设地区服务中心，希望全面融入特区政府的地区治理系统，派员担任特区政府的"关爱义工队"亦成为政府在社会层面的联络组织及支持力量。

　　而通过政协履职平台的有效导向，更帮助我正确把握政治方向。如在履职

2022 年 9 月 20 日，出席《2022 年施政报告》咨询会，陈仲尼向行政长官提出政策建议

平台就社会热点发表社情民意，根据主题议政建言献策，与其他委员一起发表言论，为政协委员提供了很好的学习桥梁。此外，自全国政协开展委员读书活动以来，我一直积极参与建言资政，围绕国家政治、经济、文化和社会生活等题目逾百次建言献策，反映社情信息。而通过领导分享和委员献策反馈，也学习了多角度思考，提升了自身的履职能力。

脚步不会停下，我会继续努力发挥人民政协力量，主动作为，发挥政协优势，拓展两岸交流的同心圆，把民间交流作为两岸关系长远发展的根基，弘扬中华文化，着力增强两岸关系和平推进，增进台湾同胞对祖国和家乡亲近感和认同感，促进两岸同胞心灵契合，为国家团圆大局工作贡献力量。

回望履职路：我以我笔画"同心"

屠海鸣

十三届全国政协委员，香港新时代发展智库主席

秋天的午后，和暖的阳光从窗口透射进屋。书架上，厚厚的几本书，在阳光下显得格外引人注目，那是我作为港区全国政协委员履职的见证。书名分别是《香港普选底线思维》《香港"一国两制"底线思维》《落实中央对港全面管治权的底线思维》《救救患病的香港》四本书籍。

打开窗子，维多利亚港的和风徐徐吹来。那些曾经的暴虐之气已荡然无存，"东方之珠"恢复了她昔日的魅力。我为这座城市恢复容颜而努力过，我为"一国两制"不变形、不走样而呐喊过，我为"香港明天更美"而奋斗过。这是过去岁月中最值得骄傲和自豪的！

往事历历在心头，回望履职路：我以我笔画"同心"。

紧扣"理"字画"同心"：讲好"国安家好"硬道理

习近平总书记铿锵有力的话语久久回响在天安门广场上空：没有任何力量能够撼动我们伟大祖国的地位，没有任何力量能够阻挡中国人民和中华民族的

2020 年 5 月 24 日，全国政协十三届三次会议在人民大会堂举行全体会议，屠海鸣参加并进行大会发言

前进步伐。站在观礼台上，举目望去，革命先行者孙中山先生巨幅画像高高耸立，他充满忧郁的目光穿越历史。那时的中国，积贫积弱，饱受欺凌……开国领袖毛泽东的巨幅画像高高悬挂，他慈祥的目光投向大地。那时的中国，满目疮痍，一穷二白……今天，我们终于可以告慰伟人：这盛世如您所愿。那一刻，我眼睛湿润了！

这是我于 2019 年参加国庆观礼活动写下的系列《观礼手记》中的一段话。"国安家好"这个道理并不复杂，但对于曾脱离祖国 156 年的香港来说，却需要用大量事实来阐述这个道理。

从 2014 年开始，我在《大公报》等香港主流媒体撰写政论文章 2300 多篇、600 多万字，其中很大一部分就是通过一个个具体事件，阐述家与国的关系，阐述"一国两制"的内在逻辑，阐述"相信自己、相信香港、相信国家"的重要意义。

紧扣"法"字画"同心"：阐明法治底线是不可逾越大原则

当我以笔为刀同乱港势力做坚决斗争之时，恐怖主义阴云也出现在我的头上。可我不怕，因为我的背后有伟大的祖国——这是在十三届全国政协第三次全会的大会发言上，我作为来自港区的唯一一位委员在人民大会堂的发言。

6分钟的发言时间，响起了6次掌声。我明白，掌声是对"反中乱港"势力的强烈谴责，是对维护国家安全的高度赞同，是对爱国爱港力量的极大鼓励，是对拨乱反正的热切期盼，是对"一国两制"行稳致远的坚定支持！掌声，让我明白14亿中国人凝聚的磅礴伟力不可战胜，5000年中华文明铸就的"大一统"基因无比强大，一小撮"港独"分子上蹿下跳，香港变不了天！

针对香港2019年出现的持续暴乱，全国政协主席汪洋曾作出重要指示，

屠海鸣常年在香港和内地奔波，深入地区、社团、学校、机关宣讲10年来我们国家发生的历史性成就和历史性变革。图为屠海鸣在其中一场宣讲会上作报告

政协委员要在关键时靠得住、站得出、敢发声。在那场暴乱中，街头战和舆论战同时进行。作为港区全国政协委员，我从一开始就主动参与这场舆论战。2019 年 5 月 8 日的《大公报》刊发了我的一篇文章《反对派立法会"政变"闹剧预示风暴将至》，没想到一语成谶，那场风暴从立法会议事大厅刮到香港街头巷尾。

最激烈的交锋发生在 2019 年下半年，那时的香港，满城惨状，一片狼藉。蒙面暴徒打砸港铁、巴士、机场设施，肆意滋扰商场、打砸沿街商铺，围殴虐打游客行人，甚至当街行刺议员……后来的统计显示，"黑暴"造成 3000 多人受伤，致使港铁全线停运，暴徒撬起来的砖头可填满 48 个篮球场，拆下来的栏杆连起来有 125 座香港国金中心二期大厦那么高。

目之所及，令人痛心！我撰文痛斥"黑暴"、鞭挞"港独"，得罪了"港独"分子，我和家人的资料被网上起底，还有人上门威胁我，但我毫不畏惧、义无反顾！我坚信，法治的底线不可逾越！我坚信，正义的声音不会被淹没！我坚信，有中央的坚强领导，香港一定会取得"止暴制乱、恢复秩序"的最终胜利！

紧扣"情"字画"同心"：唤起香港同胞爱国爱港真情感

2017 年 6 月 30 日，前来香港视察的习近平主席一到香港，刚下飞机就说：香港的发展一直牵动着我的心。这句话温暖香江！——这是 2017 年"七一"习近平主席前来香港出席回归祖国 20 周年庆典并视察香港期间，我撰写的习近平主席视察香港系列评论文章其中一篇的片段。

"一位香港市民对内地援港医护人员说：知道国家队来了，你们来了我们就好了，你看你们一来香港都天晴了！"在一个常规的采样点，一位市民看出我们是内地支援的队伍，对我们说道："您可以跟我讲普通话，想多听听家乡话。"——这是 2022 年初，我撰写的中央援港抗疫系列评论文章中的又一个侧面。

小场景流露真感情，小故事彰显大主题，小人物讲述"祖国永远是香港坚强后盾"的不变定理。能够打动普罗大众的往往是那些关键时刻的细节。这些年来，我撰写的许多政论文章，紧扣一个"情"字，用一个个生动的细节传递温暖，激发共鸣，唤起香港同胞爱国爱港的真情实感。

紧扣"梦"字画"同心"：激发香港同胞同心共筑中国梦精气神

一个人要有梦想，一个国家、一个民族更要有梦想，只有当"小我"的梦想与"大我"的梦想一样时，才会汇聚起实现梦想的磅礴伟力。同心筑梦，香港不应缺席、也不能缺席。这些年来，我的眼睛捕捉香港与祖国内地的时事亮

屠海鸣列席第十三届全国政协常务委员会会议

点，我的笔触瞄准国家与香港的"共振点"，激发香港同胞同心共筑中国梦的"精、气、神"。

在国家举行改革开放 40 周年、新中国成立 70 周年庆祝活动、中国共产党的 100 周年华诞的重要节点时，我撰文阐述国家力量与香港贡献；当《粤港澳大湾区建设规划纲要》发布、国家"十四五"规划出台，我撰文阐述国家蓝图与香港机遇；当每年的全国两会召开时，我撰写"委员手记"系列文章在《大公报》等媒体推出，扫描第一现场、书写亲身感受、阐发所思所想；当奥运健儿竞技场上夺冠、神舟飞船遨游太空，我撰文阐述这是祖国的骄傲，也是香港的骄傲……这些文章，因找准了"共振点"，击中了香港同胞的"兴奋点"而引起共鸣。

今天的香港，和风暖人，香港已经处于"由乱到治"迈向"由治及兴"的新阶段。风雨之后的彩虹更加美丽。为了香港繁荣的明天，我会为此奉献绵薄之力，我相信香港明天会更好！

屠海鸣委员履职故事

善用文化体育资源　促进香港青年成长

霍启刚

十三届全国政协委员、香港立法会议员

　　我自幼承祖父和父亲的训诲，以爱国、爱乡和社会承担为做人做事的目标，在适当的时间，为国家、为民族、为社会略献绵力，作出贡献。

　　我在完成牛津大学的学业后便回到香港，努力为香港发展贡献力量，并与人民政协渐渐结下不解之缘。多年来，我从番禺区政协委员、天津市政协委员，再到全国政协委员，一路走来，很荣幸自己有机会在不同位置贡献所长，发挥"双重积极作用"，服务国家发展。

不遗余力促进香港青年内地交流

　　在众多社会事务中，我最关注青年工作。"青年兴则国家兴"，青年从来都是社会上最具活力和创造力的群体，对国家长远发展有着重要意义。国家主席习近平曾在不同场合强调支持青年发展、增强青年主人翁意识的重要性。在我的政协生涯里，我积极运用自身的文化和体育资源，促进青年人的思想和生活等多方面发展。

2019 年，香港各界青少年活动委员会庆祝中华人民共和国成立七十周年及纪念五四运动一百周年系列活动访京团

建立爱国意识是促使青年参与国家建设的重要一步。在我脑海里，对祖国的第一个印象是我 8 岁时，父母带我去天安门广场看升旗。说到最感动的一次是 2008 年 8 月 8 日北京奥运会开幕式时与 6 万人一起在鸟巢见证升国旗，一起唱国歌的时刻。国旗和国歌是我们国家的象征，在现场观看更能感受到那种爱国激情。正所谓"读万卷书，不如行万里路"，要推动爱国情怀，交流是其中一个好办法。

我一直不遗余力地促进青年内地交流，在多个岗位作出贡献，包括在特区政府的青年发展委员会中担任交流和实习专责小组主席，多次主持委员会青年内地交流和实习专责小组会议，主持"青年内地交流和实习资助计划"评审面试；也在不同爱国爱港社团组织数以百计的交流活动。为了培养青年的爱国情怀及对国家民族的责任感，让他们在实现百年奋斗目标的过程中作出贡献，

2019年我组织了香港制服团体举办"庆祝中华人民共和国成立七十周年及纪念五四运动一百周年"系列活动，并带领逾百名制服团体成员参加访京团，到首都北京了解国家的发展。

在新时代，我们追求的是高质量发展，对于交流同样也要追求高质量讲效益，不能仅看出团量和受惠人数。要看交流后，青年们有没有更了解自己的祖国、有没有培育出兴趣、有没有发展和筑梦……总之，有没有增加青年的认同感、获得感、幸福感尤为重要。因此，需要持续优化交流活动的实践方式。扶贫要做到精准扶贫，交流也要做到精准交流，主题性要强，让活动对接到就业、创业等领域。

还记得2019年，我组织"青春高飞"津港足球交流团的50位青年球员到天津交流。第一天到训练基地，有一位球员跑过来与我说，"看到真草的球场我就高兴，闻到草香我就兴奋，我特别羡慕，我以后能不能到天津服务他们球

2019年，霍启刚（左五）组织"青春高飞"津港足球交流团

队呢？"我当时很高兴，觉得这次交流没有白费。每次交流过后，我都会问自己：到底如何帮助青年更好"搭台搭梯"，解决青年人未来发展的瓶颈问题，实现他们的意愿呢？

我也曾在冬天带团去黑龙江省哈尔滨市，对于很多香港青年来说是第一次感受下雪，看到他们兴奋的表情，我也感到特别的高兴。冬奥会刚刚圆满闭幕，我认为可以冰雪体育为主题，开办更多交流活动。同时间，国家已批准广东、香港与澳门共同承办 2025 年全运会，这也是一个很好的机会，我们可以举办更多体育相关的交流合作，以体育凝聚青年，更要推动香港体育产业更好融入大湾区，让更多的年轻人通过实践找到自己未来的路。

在社会事务中传播正确思想

除了交流之外，作为政协委员也需要积极参与社会事务，争取国际舆论主动，避免青年的思想被错误引导。我经常在海内外媒体发表文章、接受访问，并善用社交媒体传播正确思想。2019 年 6 月至 11 月社会事件期间，我在不同场合积极发声，包括参与守护香港集会，并在会上发言呼吁香港人停止暴力，谴责激进人士暴力行为；在接受中新社采访时呼吁停止暴力，停止冲击香港的法治精神，停止破坏社会秩序；与 7 位青年全国政协委员联名在《文汇报》《大公报》《商报》《东方日报》《明报》《星岛日报》《信报》《经济日报》和《头条日报》刊登了 3 日的头版，支持香港共渡难关；霍英东集团、霍英东基金会分别在《文汇报》《大公报》登报呼吁护法制暴，依法惩暴，坚决信守法治和"一国两制"的底线初心。在香港的社会情况稳定后，依然继续为香港国安法的订立、完善选举制度积极发声，并摆放街站，支持香港"由乱转治"。

2021 年，国家已经实现了第一个百年奋斗目标，香港亦迈进了"由治及兴"的新阶段。为了支持国家实现第二个百年奋斗目标，推动香港实现"十四五"规划中被赋予的八大中心定位，我参选了第七届立法会选举，并成

2019 年，霍启刚在穗港澳（国际）亲子艺术嘉年华活动现场致辞

功当选议员。在任期内，我积极履行议员工作，更好实践政协委员的"双重积极作用"，多次就文化、青年、科技等议题建言献策，为特区政府提供具有大局观的意见，支持香港实现中外文化艺术交流中心、区域知识产权贸易中心定位，努力为青年人解决"四业"问题。

我曾多次组织粤港澳书画展、穗港澳艺术嘉年华，邀请香港不同的文化艺术团体参与，善用香港"一国两制"优势促进粤港澳大湾区的文化艺术"并船出海"，输出国家软实力。在新冠肺炎疫情过后，我依然会继续实践有关工作，通过文化促进中华儿女大团结。

香港已回归祖国 25 周年，当前并非到了"一国两制"的下半场，而是进入了"一国两制"的新阶段。作为港区政协委员，我们需要时刻思考如何在深化改革开放的时期发挥香港的独特优势，对内如何加强与内地的合作，对外如何将文化、服务带到全球。近日,《广州南沙深化面向世界的粤港澳全面合作总体方案》正式出台,我将凭借南沙作为大湾区中心的优越地理环境,构建一个沟通国际平台,把南沙打造成中国南方的教育基地、国情教育基地,让南沙成为香港青年人了解国家发展的第一站;同时,在南沙促进与"一带一路"国家加强合作,与内地青年一同"走出去"。

霍启刚委员履职故事

团结奋进　为港为国凝心聚力

朱鼎健

十三届全国政协委员、观澜湖集团主席

时光荏苒，白驹过隙。自 2018 年连任十三届全国政协委员以来，转眼已五年。这五年间，在全国政协的指导和带领下，我深刻领会到新时期政协委员的使命，竭尽所能、全力以赴，力求充分发挥港区委员的"双重积极作用"，努力在凝心聚力、团结人心，维护香港稳定发展及参与祖国发展等方面作出积极贡献。

心系祖国　有所担当

这五年，是国家由高速发展向高质量发展，由中国制造向中国创造发展，由制造业大国向制造业强国转型的重要时期。作为一家在改革开放之初就进入内地发展的港资企业，我深深地知道，要坐言起行、有所担当。多年来，我始终以祖国内地为投资发展大本营，始终坚定在祖国内地投资和发展的信心。我们的投资理念是专注发展休闲旅游行业的标杆项目，包括在深圳、东莞利用荒山野岭和垃圾填埋区发展大规模国家 5A 级旅游景区——观澜湖度假区。在海

为促进香港与内地青年的文化交流，朱鼎健（第二排右九）组织举办"琼港青年音乐会"

口，契合海南自贸港发展战略，积极推进作为海口甚至是海南名片的海口观澜湖度假区的发展。由于海口观澜湖度假区的香港背景，2020 年 9 月，在海南省委省政府的牵头和协调下，"中国海南自由贸易港琼港澳服务业合作示范区"在此正式挂牌成立。

在投资发展过程中，我充分发挥香港人的优势和资源，努力担当"超级联系人"的角色，以商引商，吸引来自港澳台的品牌和项目，以及外资投资中国内地。我带动观澜湖集团始终致力于推动内地与香港及海外的体育文化交流，搭建多种形式的平台和桥梁，举办多次国际顶级赛事，包括观澜湖世界明星赛、高尔大世界杯、世界高尔夫锦标赛等一系列具有广泛国际影响的体育盛会，形成"中国故事"强有力的"国际传播"。

同时，我始终牢记自己全国政协委员的身份，努力履职尽责。我紧随国家发展步伐，围绕国家政治经济生活中的热点问题，紧密结合自己在内地投资发展的实践思考，针对粤港澳大湾区、海南自贸港发展等国家级战略积极建言，

2018 年 3 月，全国两会期间朱鼎健接受媒体采访

分别从人才聚集、产业发展、行业创新、绿色环保、金融赋能、生态建设、青年工作以及国际推广等方面为粤港澳大湾区和海南自贸港的发展鼓与呼，共提交全国政协提案 23 份，分别得到了相关部委和机构的响应、跟进和落实。

2020 年，新冠肺炎疫情先后在内地和香港暴发。作为一名港区委员，我在新冠肺炎疫情暴发之初积极联系在港热心人士，为内地筹集、捐赠抗疫物资和经费。近三年来，海口观澜湖主动配合政府腾出多个酒店、学校、摄影棚等设施和空间用于设置方舱医院、隔离酒店和防疫指挥部，集中全力帮助政府安置确诊患者和密接人群。为了畅通两地交流，还积极筹办了以"海南自贸区最新发展"为主题的琼港澳台线上研讨会，在香港和海口两地同时举行。

爱国爱港始终是我坚定的立场

身为一名港区委员，一直以来，我都坚定爱国爱港立场，旗帜鲜明地以实际行动积极推动"一国两制"行稳致远，支持香港特区政府和行政长官依法施政，支持国安法，支持"爱国者治港"，支持完善新选举制度，并通过不同平台积极发声，分别在人民网、新华网、《人民政协报》《中国新闻周刊》等主要媒体积极为香港背靠祖国长期繁荣稳定发展建言献策。与此同时，在香港主要媒体，包括《文汇报》《大公报》《星岛日报》《商报》等媒体积极发表文章凝聚共识，近五年来定期发表署名文章共计 121 篇。

近几年，香港社会面临多项挑战，我多次参与"爱国爱港"的公开活动，包括反占中、反暴力、撑香港警队、反辱华、反港独等，并积极组织和参与街站活动，旗帜鲜明地支持国安法和人大常委会有关决定。2021 年，我参加"非洲国家驻华使节进政协活动"，与现场 50 多名非洲驻华使节交流香港实际情

朱鼎健（右二）与青年交流在内地创业和就业

况，积极讲好香港故事。同时，积极参与董建华副主席领导的团结香港基金、香港工商专业协进会、中国体育工作者联会（香港）等多个爱国爱港的社团工作，担任中国外商投资企业协会副会长等多个职务，以社团为平台，增强香港爱国爱港势力，推动香港与内地的交流合作。

为了增强香港的爱国爱港力量，我牵头联系琼籍以及在琼投资的人士成立中国香港海口联谊会并担任会长，以此为平台定期开展香港与内地的交流活动，并积极支持爱国爱港人士参与区议员选举和立法会选举，发动香港选民踊跃登记参加选举活动，支持香港立法会选举。

香港的青年发展一直是我关注的重点。一直以来，我都力求通过多种平台积极推动香港青年参与香港和内地的经济、体育、文化交流，让香港年青一代深入认识祖国，参与祖国内地发展，注重在香港青年学生中展开国情教育，增强对祖国的认同感。近五年，我先后到香港中文大学、新界乐善堂梁植伟纪念中学等为学生进行讲座和座谈。同时，借助各个青年社团机构，以多种形式组织香港各界别青年人士到内地交流考察，让更多香港青少年有机会走进内地，实地了解祖国的发展。此外，我还发动在内地投资的企业为香港青年提供实习和工作机会。近五年来，仅观澜湖集团已支持超过 300 位香港青年在内地创业和就业。

回顾近五年来的政协履职工作，我深感使命重大。在全国政协的平台上深入参与国家发展，并为粤港澳大湾区和海南自贸港发展鼓与呼，是我非常珍惜的经历和使命。未来，我将不断提升自己，创新履职方式，充分发挥好香港委员的"双重积极作用"，凝聚共识，团结奋进，为国家的发展和香港的繁荣稳定继续贡献力量。

朱鼎健委员履职故事

情牵两岸　共谋发展

连介德

十三届全国政协常委，台盟中央副主席

2022年3月7日，中共中央政治局常委、全国政协主席汪洋为获得2021年度优秀履职奖的全国政协委员颁奖，接过以"薄如蝉翼、轻如晨雾"的双林绫绢装裱的获奖证书，我荣幸能获得这份肯定，更多感受到沉甸甸的责任。

迄今为止，我已担任三届全国政协委员。作为台盟界别的政协委员，对台工作一直是我们的重点工作。在履职中服务，在服务中增进两岸亲情乡情友情，不断为推动两岸关系和平发展、融合发展，为实现祖国完全统一而不懈奋斗。

在血浓于水中促进两岸交流

1941年，作为家中独了的父亲来到海南，至1966年病逝都再没有机会回过台湾；一甲子后的2001年，带着父亲遗愿的我第一次踏上故乡土地，质朴热情的亲戚，熟悉亲切的乡音，还有路边窗外那相似的海岛植被与民宅，让我有些恍惚，仿佛从未离开。台湾乡土作家吴浊流曾说过："原乡人的血终归要流回原乡"，表达了台湾人民作为中华民族一分子的坚定与执着。我虽然生活在祖

连介德作大会发言

国大陆，然而故乡的情愫在我心中从未隔断，家乡情怀永远在胸。因为在我的血脉中奔流的依然是"原乡人的血"。

此后，我曾多次赴台进行工作考察。其中让我印象深刻的是台湾休闲农业、精细农业的蓬勃生机。同属岛屿型经济的琼台两地，人文习俗、土地面积、农业资源和地理气候多有相似之处。农业合作是琼台经贸合作的先行课题，因而两岸农业合作也是我长期关注的议题。或许，这与我下乡当过知青，对农村农民有切身感受与体会有着很大关系。

因此，在履职过程中，我对三农议题屡有涉及。我向全国政协提交的第一份提案就是《关于把海南作为两岸农村职业教育合作的重点推进地区的提案》。2019 年，向全国政协十三届二次会议提交了《关于借鉴台湾经验，助力我国乡村振兴发展的提案》，建议出台鼓励台胞参与乡村振兴建设的实施办法。

在我的呼吁和推动下，由台盟中央和海南省政府指导，台盟海南省委会联

2020 年 10 月 31 日，由连介德主持，台盟中央和海南省政府指导，中共海南省委统战部（海南省台办）、台盟海南省委会、海南省政协港澳台侨外事委员会、海南省台联会、台湾农会、台湾休闲农业学会共同主办的"2020 年海峡两岸休闲农业发展（海南）研讨会"在海口市开幕

合海南省台办、海南省政协港澳台侨外事委员会、海南省台联会、台湾农会、台湾休闲农业学会主办的"海峡两岸观光休闲农业（海南）论坛"于 2010 年 3 月 18 日在海口举行。到 2021 年，海峡两岸休闲农业发展（海南）研讨会已举办 12 届，是台盟中央与地方联动、品牌渐成的特色活动。研讨会的成功举办是祖国日益强盛国力的坚实保障，开放和谐社会使内地市场更具有吸引力。

心系台商　为大陆发展献力献策

受大陆市场开放政策的吸引，许多台湾同乡秉持着踏实专注的"台湾精神"闯荡天涯，将整个家业都搬来，在海南躬身耕耘十数年甚至数十年，儿女

2022 年 5 月 17—19 日，连介德（左二）在海南省保亭县海南热带雨林国家公园开展推动生态产品价值实现的课题调研

在海南接受教育，父母在海南颐养天年。长年的真心交往与真诚服务，我结交了许多台商朋友。不少台商早以"海南人"自居，罗昭政先生便是海南台商中颇具代表性的人物，曾被海南省政府授予"赤子楷模""十大杰出台商""海南省突出贡献人物"等称号。

2020 年，在开展"后疫情时代台企发展前景"调研时，我了解到在台湾当局限制台企到大陆投资的情况下，罗昭政先生依然计划加大在海南的投资力度。他关于建设海南智慧农业体系的构想，给了我很大启发。2021 年，我向全国政协十三届四次会议提交《关于支持海南数字农业全产业链示范园立项的建议》，推动海南数字农业全产业链示范园在农业部成功立项。今年，示范园一期项目可行性报告已经完成验收，拟将其作为县重点项目向省政府进行申报。

在数十年的琼台农业合作交流中，也曾存在一些不和谐之音。如基层一定程度上存在重招商、轻安商的现象；各类早期的地方招商优惠"土政策"具擦边球性质，当时条件下的一些集中于土地纠纷和行政纠纷的台商投诉，没有引起足够的重视，久拖不决。海南就曾经一度被台商列入"风险投资区""不建议投资区"；再比如之前台商来大陆投资，往往关注政策、税收等方面有哪些"特殊照顾"，随着大陆市场日益成熟，台资企业更加关注海南与经济发达省份投资环境对比。

面对不同时期的问题和具体情况变化，多年来我牵头台盟海南省委会多次开展不同专题调研，听取台商对海南投资环境的意见和建议，并通过参政议政渠道，反映他们的呼声，协调关系、化解矛盾，依法保护台商的合法权益；2018年，我与10余名台湾青年进行个别访谈，详细了解他们在海南工作生活创业的情况及困难；2019年，聚焦中央台办会同有关部门推出《关于促进两岸经济文化交流合作的若干措施》的政策协同和执行问题，我以"从台资企业发展看营商环境优化的现状与对策"为主题，走访多家台资企业，掌握他们的困难与诉求；2020年，在全国政协十三届三次会议上代表台盟中央发言，建议完善和优化"31条""26条"等措施及各地相关实施细则，支持台资企业克服疫情影响健康成长。2022年7月4日，《关于支持台湾同胞台资企业在海南省农业林业领域发展的若干措施》正式印发实施，进一步推进涉农惠台政策贯彻落实。

回顾全国政协十三届会议以来的履职工作，每一分耕耘换来的收获都一再证明：只有着力突出党派自身特色，充分发挥亲情乡情优势，持续关切民生福祉，直通基层、直达民众、直接敏锐，才能在深化两岸合作交流、推进两岸经济社会融合发展、不断厚植和平统一民意基础等方面发挥出积极作用。我将以合作初心为舵，以使命担当为帆，继承发扬人民政协和衷共济和台盟爱国爱乡光荣传统，在探索两岸融合发展、中华民族伟大复兴的新征途上再出发起航，不负时代筑未来。

连介德委员履职故事

以高质量政协提案凝聚新时代两岸融合发展共识

骆沙鸣

十三届全国政协委员、台盟中央常委、泉州市政协一级巡视员

政协第十三届全国提案表彰会上，我提交的《关于促进两岸社会融合的提案》获得了优秀提案奖，这是对政协委员提案工作双向发力的充分肯定。习近平总书记要求政协委员"政协提案不在多而在精，提案要更加注重质量，反映情况要准确，分析问题要深入，提出建议要具体"。遵循问题导向和提案质量导向，我践行质量提案和无调研不提案的理念，在撰写提案中突出台盟界别优势、专业优势。围绕对台工作深入台胞台企台生调查研究，发现问题、提出问题，通过提案促进问题解决。

无调研不提案　先调研后提案

为了更好积极建言资政、凝聚共识双向发力，我提交了《构建两岸区域经济命运共同体促进两岸一家亲》等提案。为了做好提案，我坚持通过调查研究确定政协提案选题和发现问题、分析症结、提出建议。我通过组织华大台生举办"我们一样 YOUNG"的研学活动并采访他们，了解其所盼。通过走访和问

2021年5月，由台盟中央台情与两岸关系研究委员会、泉州市政协等联合主办的"我们一样YOUNG'桑梓同心'台生闽南文化研习营"在泉州开营，骆沙鸣出席开营仪式

需问计于在闽高校台湾老师，了解其所虑；通过联系在泉台商台企交流互动，了解其所忧；通过多争取机会参加全国政协港澳台侨委员会调研组在广东、福建、安徽、江西等地调研，了解如何"做好台湾青少年工作促进两岸同胞心灵契合"等热点议题，通过政协提案为两岸同胞做实事、办好事、解难事。

我遵循提案选题要准，以能力导向写我所能，以需求导向写党政所需，以解忧导向写民所虑，以问题导向写社会民生所短，以实效导向写能为所用；坚持无调研不提案、先调研后提案，调研是提案工作的谋事之基、成事之道。我在调研中提升了走基层的脚力、看问题的眼力、察民情的听力，感受广开言路、广纳群言、广集众智、广求良策、广谋善举的调研过程，形成有情况、有分析、有建议的提案。

我认为一份有价值、高质量、有影响、可操作的政协提案，就是协以同行、商以成事的提案，建言资政、凝聚共识的提案。撰写对台工作提案要有更强烈的政治定力、战略定力、价值定力。我认为政协委员要认真学习中共二十大精神，认真解读党中央对台大政方针和理论创新，还要读历史、熟台情、多倾听、换位思，这对提高提案质量和协商办理水平十分必要。要将撰写高质量提案上升到体现人民政协作为国家治理体系重要组成和专门协商机构上来，更好地彰显新时代中国共产党领导的多党合作制度效能。该提案就是通过深入所联系的台商台胞调研后，代表台盟所联系的台胞发声撰写的提案，从而更好地体现在促进祖国统一中的一线作为，体现在促进两岸融合发展决策咨询的一线作为，体现在"一国两制"台湾方案的协商民主平台建设方面的一线成果。

学以致用勤履职　反"独"促统彰作为

学习是人民政协的基本职能之一，只有认真学习深入调研才能提出好提案，我认真学习习近平总书记在《告台湾同胞书》发表40周年纪念会上的讲话。作为台盟中央台情与两岸关系研究委员会主任，我多次返台交流，对台胞所需所盼所虑和两岸关系的轨迹走向有更多了解和研究，结合经常走访台胞台企、调研台生台师，从换位思维的独特视角审视现阶段两岸政策落差及研究融合发展的热点难点，通过政协提案讲好促进两岸融合发展的故事。例如我提交的《关于建议2022年隆重纪念郑成功收复台湾360周年的提案》，通过提案办理产生良好的社会效果，求得海峡两岸网上网下最大公约数、画好最大同心圆。2020年底在《中国网》中国世界观栏目上发表《唤醒两岸共同记忆 开始思考统一后台湾治理问题》，文章发布后在微博等平台推广，微博话题阅读量就达到480.3万次，据不完全统计，此篇文章阅读量超500万次，为反"独"促统、凝聚共识、汇聚力量作贡献！

2019 年 3 月，全国政协委员、台盟中央常委骆沙鸣在全国政协第十三届二次会议"委员通道"接受中外媒体记者的集体采访

作为连任三届的全国政协委员，我曾荣幸现场聆听了多位国家领导人看望民革、台盟、台联界别委员并与委员共商国是时的讲话，学深悟透、学以致用，从而不断提高政治把握能力、调查研究能力、联系群众能力、合作共事能力，提高了深刻理解党中央对台大政方针水平和台海形势研判应对能力，积蓄新知新觉之功。我曾经在全国政协全会上做《两岸共同传承和弘扬中华文化符号》的大会口头发言，还参加全国政协"委员通道""全国政协双周远程协商""以《新时代政协委员要为促进祖国和平统一积极作为》为题参加全国政协重大专项工作委员宣讲团活动"等三种履职新平台，在新时代讲好政协提案故事、讲好两岸融合发展故事。

骆沙鸣为参加"快步氨基酸"杯海峡两岸闽南语歌星选拔赛获奖选手颁奖

15年间曾有19件政协提案被列为全国政协重点提案，这些都给了我莫大的鼓舞和鞭策，我还先后报送数百件涉台的社情民意信息。在调研和提案办理过程中我更加深刻认识到：我们既要有只争朝夕的斗争精神，又要有理性平和心态和充分的耐心、信心、决心去创新性做好台湾民心工作，春风化雨、润物无声地培育两岸命运共同体意识，为中华民族培根铸魂。如政协作为专门协商机构和国家治理体系的重要组成，可以推动和参与办好线上线下的海峡论坛系列活动，继续做好两岸河洛文化、闽南文化、客家文化的研究传承发展工作，还可以网络文学、数字博物馆、数字中华书院、两岸中华诗词大赛、两岸闽南语青歌赛等形式入台交流，提高话语导向度、传播力、渗透力、共鸣力、亲和力。促进同胞心灵契合，通过搭建平台和载体，让更多台湾青年和台商融入探索闽台融合发展新路、粤港澳大湾区建设、西部大开发、乡村振兴战略之中，推动惠台利民政策红利转化为台胞实实在在的获得感。我认为，以提案形式破解"两制"台湾方案的政治壁垒、文化壁垒、民心壁垒是个好途径，始终尊重、关爱、造福台湾同胞，持续推动更多惠台政策出台，以"通、惠、情"促进两岸融合发展，让台胞有感、民心思归，这有利于消除台湾民众对统一前景的疑虑和焦虑，促进两岸一家亲，共圆中国梦。

作为政协委员要不断增进政协提案文化自信自觉自强，要自觉地以为民情怀、以质量意识和精品意识、以问题导向和目标导向、以实事求是和可行建议为桨驶向切口小、靶向准、建议实、可转化的高质量提案的彼岸；政协委员应以政协提案形式促进两岸同胞心灵契合。作为台盟界别委员要继续资政建言促进对台政策精准性、实效性，要真正使两岸同胞认识到国家对台工作大政方针没有变，两岸同胞"要和平、要发展、要交流、要合作"的主流没有变，两岸同胞"大一统"的文化基因没有变、两岸关系发展的历史规律没有变。

让我们共同以更加定型、更加成熟的人民政协制度优势汇聚起强大的促进统一澎湃伟力的正能量，让我们继续为两岸融合发展鼓与呼，为促进统一思与行！

为祖国统一和香港繁荣多做事

姚志胜

十三届全国政协委员、中国和平统一促进会香港总会会长

今年是我担任十三届全国政协委员的第五个年头，恰逢香港回归祖国 25 周年。在这个重要时刻，回顾这些年履职的故事，我不禁想起自身亲历且终身难忘的香港回归祖国的历程。这其中有两个场景让我铭刻心底，并为此立下两个誓言：一个是 1997 年 6 月 30 日午夜至 7 月 1 日凌晨的交接仪式，当我们国家的国旗和香港特区区旗升起时，我立誓，一定要为祖国的完全统一多做些事！另一个是 7 月 1 日早上，香港特区政府成立，我再度非常振奋地立下誓言：要多多支持特区政府，建设好我们自己的香港家园！

习近平总书记强调，港澳政协委员有着"双重积极作用"，即在内地为国家经济社会发展发挥积极作用，在港澳地区为维护香港、澳门长期繁荣稳定发挥积极作用。我自己立下的这两个誓言，正好符合"双重积极作用"的要求。我也正是按照这一要求，践行自己的誓言，履行委员的职责。

2022 年全国两会期间，姚志胜出席全国政协界别协商会议并发言

勇敢发声 话题聚焦香港发展

在这几年中，令我倍感珍惜的一个难忘记忆，是 2019 年 5 月中国和平统一促进会香港总会（简称香港统促总会）组团访京，我担任团长，受到全国政协汪洋主席的亲切接见。香港统促总会是香港 13 个反"独"促统社团的总会，是统领香港民间反"独"促统活动、推动港台民间交流的旗舰社团和主要平台。汪洋主席充分肯定香港统促总会为推动两岸关系和平发展和维护香港繁荣稳定所作的积极贡献。我不仅衷心感谢汪洋主席的关心鼓励，更是将他的讲话作为自己的履职要求，更加努力做好政协委员的工作。

这些年来，我带领香港统促总会，始终站在支持特区政府和警队止暴制乱、支持制定实施《中华人民共和国香港特别行政区维护国家安全法》、支持完善香港选举制度、落实"爱国者治港"的最前线。我先后代表香港统促总会担任"保公义撑修例大联盟"和"守护香港大联盟"副召集人，组织并参与多个大型活动，多次慰问警队。我还是"香港再出发大联盟"发起人，多次设置街站收集市民签名，表达对制定实施香港国安法和完善选举制度的坚定支持。我带领香港统促总会，参与新选制下的立法会选举和行政长官选举，全力为爱国爱港候选人拉票助选，我还出任李家超竞选办公室主席团成员，全力支持李家超参选，并就房屋供应、复常通关和支持爱国爱港社团建设三方面提供意见和建议。

在香港舆论方面，为了帮助爱国爱港社会人士及时了解和准确把握最新局势，香港统促总会在每个工作日通过手机发送平台传送我主持制作的《香港每日舆情动态》至一些爱国爱港政党、社团的负责人和各方面社会人士，每日直接接收的人数超过 4000 人，成为许多爱国爱港社团领袖和社会人士的"每日必读"，一些接收者又在自己手机群组中转发，所以实际接收者人数更多，为营造正能量的舆论环境发挥了重要作用。2019 年至 2022 年 5 月，我在香港报章撰写文章，并接受中央广播电视总台、新华社、人民日报等中央媒体和香港主流报章及网站访问，多达 825 次，是爱国爱港人士中发声最多的人士之一。

2021 年 6 月，姚志胜（后排左六）组织香港统促总会举办"缅怀抗日英雄学习爱国历史"活动。

在关注基层和青年发展方面，我组织香港统促总会青委会就香港青年就业创业状况进行调研，撰写报告，举行"加强支持就业创业　提升青年前景信心"座谈会。我组织年轻人参加新界大埔乌蛟腾烈士纪念园"缅怀抗日英雄　学习爱国历史"、观看百年党庆电影《1921》等活动，对年轻人进行爱国主义教育。我还到调景岭健明邨探访基层家庭，通过不同的社会关爱活动，推动社会和谐发展。从2016年开始至今，我每年赞助在香港书展举办的"我们一起'悦'读的日子"活动，培养中小学生的健康人生观和爱国爱港情操。目前该活动已打造成为两岸四地学生分享阅读的大平台。

作为全国政协委员，我不仅积极组织活动，而且认真撰写、提交提案。2021年3月和2022年3月，我共提交提案7篇。其中，我向全国政协提交的《关于粤港澳合作创设大湾区港澳台侨青年创业园区》的提案，不仅荣获全国台联系统参政议政重点调研课题二等奖，而且被评为全国政协的优秀提案。我的《关于中央指导支持香港对接国家五年规划》的提案，还荣获2021年度全国台联系统参政议政重点调研课题一等奖。

反"独"促统　推动两岸交流

反"独"促统是香港统促总会的重要职责，我一直重视带领总会在这方面积极发挥作用。特别值得一提的是，2021年，我担任筹委会执行主席，带领香港统促总会主导推动在香港隆重举行辛亥革命110周年纪念大会等系列活动。虽然受疫情影响，中央有关部门领导、一些台湾朋友和海外侨界代表，未能亲临大会现场，但他们纷纷发来贺函或贺词，表达对辛亥革命先驱的敬仰缅怀之情，表达对两岸关系和平发展的关心支持，表达对祖国统一、民族复兴的热切期待。

香港统促总会是海外反"独"促统组织沟通交流、联络合作的重要平台和桥梁。2019年5月28日，我代表香港统促总会参加第九届世界华侨华人社团联谊大会，受到习近平主席接见。2020年5月，栗战书委员长主持纪念《反分

2021 年 7 月和 2022 年 6 月，姚志胜代表香港统促总会，分别参加了在上海和北京举行的第一届和第二届"携手圆梦——两岸同胞交流研讨活动"，并就香港"一国两制"成功实践对实现两岸统一的重要启示作交流发言

裂国家法》实施 15 周年座谈会，我也有幸以香港统促总会会长的身份，代表全球反"独"促统组织发言。座谈会结束后，栗战书委员长还与我握手给予鼓励，这也是对香港统促总会工作的重视和肯定。当时那个场景令人激动，我一直铭记于心。

香港统促总会与内地的促统组织也建立了广泛的合作关系。2021 年 7 月和 2022 年 6 月，我代表香港统促总会分别参加了在上海和北京举行的第一届和第二届"携手圆梦——两岸同胞交流研讨活动"，并就香港"一国两制"成功实践对实现两岸统一有哪些重要启示作交流发言。2022 年 8 月，在"九二共识"达成 30 周年之际，第 20 次全球华侨华人促进中国和平统一大会在四川省成都市召开。我以"坚持'九二共识'携手共创祖国统一伟业"为题，在大会上代表香港统促总会作视频发言。我们还在香港设立分会场，以视频连线方式参会。

回首这 5 年，我一直在认真履职尽责、积极建言献策，充分发挥港澳委员的"双重积极作用"，在凝聚共识方面努力担当有为。

共同的根让我们情深意长

刘以勤

十三届全国政协委员，中国侨联副主席，四川省侨联主席

作为一名侨界全国政协委员，在参政议政、履职尽责过程中，我切身感受到，政协委员是荣誉，更是责任。在这 5 年中，我始终把团结凝聚侨心侨力作为参政议政的重点。我履职的主要内容，大都围绕这一主题展开。

脱贫后的"我们村"已经美如画

四川省泸州市古蔺县永乐镇西华村是四川省侨联的定点帮扶村，去了太多次，已经习惯称之为"我们村"。

"我要邀请委员们到我们村来做客，到已经脱贫的美丽乡村来看看。我们村山好水好风光好，牛好鱼好米更好，来过的人都说好。"在 2021 年全国两会期间，我带着"我们村"的照片赴京，当起了导游，向全国各地的政协委员推荐"我们村"。

良好的自然资源是"我们村"的优势，怎样才能发挥优势，增强村民的"造血"能力，是我很长时间心头的大事："广大的侨界群众拥有独特的资源，

何不以侨为桥，把侨界群众的力量汇聚起来？"

脱贫攻坚战略实施后，我的想法得到了其他几位政协委员的响应与支持：金辉集团董事长林定强先生先后投资数百万元在我们村修建了侨爱度假村和健身步游道，为农旅结合发展奠定了基础；中国侨联副主席朱奕龙先生投资20余万元新修了水渠，村里人畜饮水得到有效保障；益海嘉里集团通过公益基金会捐建了产业路；华商路、欧华路、益海嘉里路，双桐大厦、冷水鱼养殖、黄金柠檬种植等多个项目在"我们村"落地。

不仅是基础设施、产业发展，在教育扶智、精神扶贫上，广大侨界群众发挥各自优势，献智献力，先后开展了公益助学、送文化下乡、发放爱心包、乡村学生眼视光工程等多个公益活动。虽身处不同国家和地区，虽帮扶方式各有不同，但侨商、侨企的浓浓桑梓情、炽热赤子心是相同的，投资故土、回馈家乡、同圆中国梦的行动是相同的。

2021年3月1日，刘以勤（左二）赴古蔺西华村开展宜居乡村建设调研

在帮扶过程中，我们和当地群众结下了深厚的情谊，一起吃年夜饭、过腊八节，培养出真挚的、家人一般的感情。这些年，每次回"我们村"，就感觉像回家一样。

现如今，"我们村"脱掉了贫困的帽子，正积极探索农旅融合发展道路，打造集休闲、度假、观光旅游为一体的精品线路。

发挥独特优势，同圆共享中国梦

海外华侨华人是一个可爱的群体。他们身怀家国情怀，无论身处何方都心系祖（籍）国，作为中外交流的桥梁、纽带，扮演着友好使者。作为侨联界别委员，近年来我聚焦侨界诉求、对外开放曾先后提交多份提案。

如何更好地凝聚侨心、侨智、侨力，同圆共享中国梦？法律基础很重要。

刘以勤参加 2021 年全国两会留影

归侨侨眷权益保护法自 1990 年颁布以来就颇受海外几千万华侨华人和国内归侨侨眷的关注。但随着新一轮国家机构改革以及一些相关政策、法律法规的制定，保护法中有很多地方已不相适应。

2020 年，在归侨侨眷权益保护法颁布 30 周年之际，在全国两会期间，我代表界别在"共商国是"中建议，适时修订归侨侨眷权益保护法。提出的相关建议得到了有关部门重视，并积极参加了四川省人大组织的《四川省华侨捐赠条例》《四川省华侨投资权益保护条例》修订、华侨权益保护立法调研、稳定经济增长调研和侨商维权执法调研活动，同时开展侨法宣传工作，有效提升依法护侨水平。

2019 年底，新冠肺炎疫情暴发后，侨联系统建立"省侨联＋各级侨联＋涉侨组织＋海外侨界社团＋侨界人士"抗疫网络，第一时间向全球侨界发出倡议书和捐赠指南，接受海内外捐赠，有力支援四川省抗击新冠疫情。据不完全统计，四川侨联系统共接收海内外捐赠抗疫资金达千万元。同时积极组织防疫物资驰援海外，启动"熊猫关爱——抗疫·川侨在行动"，发放"侨爱心健康包"，温暖了侨心，进一步巩固了和海外侨胞侨团友谊。防疫工作常态化后，积极支持参与涉侨企业有序恢复生产，为他们解决实际困难。

今年 9 月 5 日，四川甘孜州泸定县突发 6.8 级地震，我第一时间率领四川侨界向广大海外华侨华人、归侨侨眷发出泸定"9·5"地震灾害救灾捐赠资金的倡议，日本川渝总商会、全日本华侨华人社团联合会等多个侨团发来慰问信，全省侨联工作者，海内外广大华侨华人纷纷献出爱心，美国、加拿大、英国、德国、匈牙利等多个国家和地区侨胞及国内归侨侨眷捐赠款物。凝聚侨力，共克时艰，展现了中华儿女伟大抗震救灾精神。

面对世纪疫情和地震灾害，海内外侨胞风雨同舟、守望相助，以"侨力量"持续传递"侨温暖"，海内外中华儿女始终心手相牵、风雨同舟，用实际行动践行人类命运共同体理念，汇聚起共同防疫抗灾的双向暖流。

"亲情中华·美丽四川"艺术团走进希腊，向当地侨胞和国际友人展示巴蜀文化（右五为刘以勤）

扩大朋友圈　讲好中国故事

新时代，随着与海外侨胞侨领侨团的联谊联络更加密切，如何扩大"朋友圈"，讲好中国故事、传播好中国声音、促进民间外交成为我的"心疙瘩"。

近年来，"亲情中华·美丽四川"诗乐舞《大国芬芳》先后赴美国、德国、希腊、英国等地巡演，所到之处受到当地侨胞和国际友人的热烈欢迎。四川省侨联先后派遣艺术团赴多个国家和地区开展对外文化交流活动，举办慰侨演出几十场，让当地人民感受四川独特文化，在民心相通方面取得良好效果。

技艺精湛、影响广泛的演出，点出了东方智慧精神密码，尽显泱泱大国的盛世气象，有效扩大了"亲情中华·美丽四川"主题活动在海外的影响，深化了与海外华侨华人的联谊沟通，进一步提升了四川在海外的知名度。

"一颗星，冷清清；两颗星，亮晶晶；三颗星、四颗星、五颗星，汇成星河放光明。"团结统一的中华民族是海内外中华儿女共同的根，博大精深的中华文化是海内外中华儿女共同的魂，实现中华民族伟大复兴是海内外中华儿女共同的梦，共同的根让我们情深意长，共同的魂让我们心心相印，共同的梦让我们同心同德，中华儿女无论身在何方，在什么岗位，必须同呼吸、共命运、心连心，团结一心共同答好这一伟大的历史选题，才能更好形成海内外全体中华儿女心往一处想、劲往一处使的生动局面，用团结汇聚起实现民族复兴的磅礴力量。

刘以勤委员履职故事

根脉所系　侨心永恒

田长桉

陕西省政协港澳委员，西安市侨联名誉主席，西安侨商会会长

　　我出生在西安，所以名字是"长桉"。长辈肯定希望，无论我将来走到哪里，都不能忘掉我的来处——孕育千年中华文明的长安古都。也是因为这样的印记，以及家庭的教育、父辈的影响，虽然我从小移居香港，后又留学美国、法国，并在海外工作生活多年，但在我心里，我的根始终扎在黄土高原，我的心始终是中国心。特别是从我走进政协大家庭后，结合自身优势、发挥应有的作用，竭尽所能为国家和故乡履职，为同胞尽责，更是我追求的人生准则。

以侨为桥，做好联通

　　我是列席过全国政协会议的爱国侨胞，也是陕西省政协港澳台侨委员会的委员。侨的身份，是我一生的烙印。以侨为桥，在中国不断深化的改革开放大潮中，搭建更多的平台，为国家的社会经济建设服务，是时代赋予我们侨界的使命。在这种使命的要求下，我一直不断地努力着。

　　以陕西为例，2017年10月，作为西安侨商会会长，我曾参与西安市侨务

出席 2022 年 9 月 30 日晚的国庆招待会

代表团出访法国、意大利，出席欧洲华商理事会年会，隆重向会议出席代表作"西安欢迎您"推介，并代表西安市侨商会与当地华侨华人商协会签署合作备忘录；2018 年 7 月，作为美国国际华人工商科技协会顾问，我牵头组织接待时任省委书记带队的陕西招商引智代表团，组织商谈与陕西省国资委合作事宜；2019 年 6 月，参与组织由陕西省国资委、省发改委、工商联、美国国际华人工商科技协会（特邀）联合主办的首届"创新驱动与合作发展"（以下简称创合论坛）论坛，此次交流为陕西企业打开了对接世界创新的前沿窗口，搭建起陕西与全球创新沟通的桥梁；2020 年 9 月，第二届创合论坛在西安开幕，正式发布创合论坛品牌，并持续发挥其为陕西对接全球要素的国际化平台作用，为陕西科技创新增加新的活力；2021 年 11 月，创合论坛紧扣"秦创原"科技成果转化，创新人才培养等在西安举办，继续发挥前两届论坛的影响力和带动作用，推动国际合作、区域合作、产学研合作。

这期间，每促成一次合作，我都会非常有成就感。我深知，作为陕西省政协委员，作为侨商会领袖，积极推动陕西省及西安市扩大对外经济科技文化交流，为三秦大地的改革开放大业贡献力量，这是我应尽的责任。

播撒爱心，践行使命

热衷公益、回报桑梓，是爱国侨胞的优良传统。这些年，在力所能及的范围内，我积极参与公益事业，扶贫助学、赈灾抗疫，播撒着爱心。

田长桉在办公室

从十一届全国政协开始，至今十余年间，我几乎每年都参加全国政协港澳台侨委员会组织的考察活动。我们到过东南沿海发达地区，感受到改革开放事业的勃勃生机和丰硕成果；也到过祖国的西部边疆少数民族地区，体会到中华民族大家庭像紧紧抱着的石榴籽一样的团结一心，目睹在党和国家的好政策下，新疆、西藏等地少数民族同胞焕然一新的幸福生活以及他们对党和国家由衷的感激和爱；也到过革命老区，感受到从精准扶贫到乡村振兴的过程中，发生翻天覆地变化的老区新貌……考察的过程是很好的教育过程，我们更加热爱自己的国家和民族，也更加认识到，作为政协人，履职尽责体现在方方面面。

比如，我们考察期间，遇到需要帮助的群众，考察团总是伸出援手。我也积极参与其中。记得十余年前，我们在甘肃考察时，了解到当地一所小学校舍老旧，需要翻新，大家现场解囊，捐出善款给予支持，我捐出随身携带的20000元人民币现金。2013年，我们海外列席侨胞考察团赴全国政协机关对口扶贫的安徽省阜阳市颍东区和六安市舒城县考察，走进贫困群众和留守儿童学校慰问乡亲和孩子们，看到老区的同胞还有一些生活较为困难，我非常感慨，当场捐出100000元人民币现金，希望能以实际行动支持当地的扶贫事业。

2020年春天，新冠肺炎疫情在神州大地肆虐，世界各地的侨界以最快速度行动起来，支援国内的抗疫。我积极向美国纽约中国和平统一促进会捐款3000美元，并联系美国北加州陕西同乡会、美国硅谷华人科学家协会和纽约华人街志愿者向西安市捐赠口罩、护目镜等防护用品共23000个，价值53000美元；带领侨商会向湖北黄冈捐赠酒精喷雾剂7800支、医用口罩1000只，价值10万元人民币；向香港陕西青年注册会捐款人民币10000元，港币3000元。

点滴之水，不足以汇成江河，但我希望我的寸草之心，能为国家走向富强、同胞过上幸福生活作出微薄的贡献。

2022 年 7 月 18 日到湘潭拜谒毛泽东铜像

反"独"促统，矢志不渝

我在 20 世纪 70 年代留学美国时，参与了当时由两岸爱国留学生共同发起的"保钓运动"。保卫国家主权和领土完整，促进祖国的和平统一大业，是我们这一代人根深蒂固的信念。

作为美国纽约中国和平统一促进会首席总顾问，这些年来，无论是在海外，还是在国内，只要是对两岸关系有积极作用的活动，我都带头参与，不惜心力。在国外，我多次参与组织社团活动，组织侨胞们一起，与"台独""藏独""疆独"等反动分子做坚决斗争，哪怕受到他们的威胁，也绝不动摇。在台湾，我用心交往很多与我有共同志向的好朋友，我也曾经带队赴岛内做交流工作，希望以实际的交往、互动，促进台湾同胞对祖国大陆的了解；通过台湾的老朋友，结识更多的新朋友，带动更多的台湾同胞加入我们共同的反"独"促统大业中来。在祖国大陆，我更是积极参加政协组织、各级统战部门的活动，为两岸的友好交流积极奔走。

我特别想说的是，刚刚闭幕的中共二十大让我们这些致力于两岸和平统一事业的侨胞深受鼓舞。在二十大报告中，我们看到，反对"台独"分裂行径、反对外部势力干涉，实现国家的完全统一，是当前和今后一段时期对台工作的主要方针。我相信，在中国共产党的领导下，两岸统一大业一定可以完成。作为侨界政协人，作为全国政协海外列席侨胞，我也会践行自己的使命，为两岸最终的统一作出应有的贡献。

政协成为我成长发展的动力

吴来盛

天津市政协常委、香江国际中国地产有限公司执行及财务董事

　　1998 年，香港回归祖国后的第一年，我受时任恒生银行行政总裁郑海泉先生的委派北上，开启了我在内地生活的篇章。7 年时间，我带领团队将北京代表处升级成为北京分行，并担任了首任行长。2006 年，受爱人杨莉珊及岳父香港大紫荆勋贤杨孙西先生家族企业的邀请，我来到香江国际中国地产有限公司出任执行及财务董事。

　　杨孙西先生担任过第八、九届全国政协委员，第十、十一届全国政协常委，这让我们这些后辈对于爱国爱港有了更全面的理解，老人家的爱国情怀深深感染到我们。我们这一代在北京、天津、重庆、湖北等省市担任政协委员，被老人家笑称是"政协一家人"。曾有人问我：一家人都有政协参政议政的经历会不会有压力？我认为，给予我更多的是动力。自 2008 年进入天津政协担任第十二届委员会委员，到如今担任第十四届委员会常务委员，我亲身感受到的最大变化就是"自己的社会责任感变得越来越足"。

　　在天津政协任职这十余年间，我开始更多地把目光放在金融和地产之外的地方，更多地关注到和百姓生活息息相关的教育、环保、绿色发展等问题，并

2017 年，吴来盛（第一排左四）组织香港将军澳区少年警讯学生到天津南开大学参观、学习

针对在其中发现的问题通过提案、发言等途径建言献策。同时因为港澳委员的双重身份以及公司在北京的地理便利，我也充当了京津港三地沟通者的角色，帮助香港同胞赴天津考察，安排京津两地企业互授经验。我收获了巨大成长，并对培养青少年以及公益慈善事业有了许多关注和思考。

"青少年是国家的未来和希望"

作为两个男孩的父亲，虽然往来京津港三地的节奏让我与家人相处的时间非常有限，但为人父让我对于青少年发展有着更深体会。

香港少年警讯是对香港青少年进行法治教育和爱国主义教育的重要平台，香港回归祖国 20 年之际，习近平总书记曾专程考察香港少年警讯永久活动中心暨青少年综合训练营并做重要指示。2017 年，我当选为香港将军澳区少年警讯名誉会长（后于 2021 年当选香港少年警讯将军澳区主席、2022 年当选少年警讯中央咨询委员会委员），自此便更加积极地投身青少年发展工作，通过多种形式组织及赞助香港青年与内地之间的互通。包括促成将军澳区少年警讯团赴天津、北京考察学习；疫情期间，连续两年组织少年警讯会员在网上参加"今日中国"学习活动等。这些活动让我更加直观地了解了如今青少年思想状态，并帮助我写出了多篇关于青少年教育发展的提案。

青少年是国家的未来和希望，每一代青少年都有自己的历史使命，当代香港青少年更要选择走正确的道路。回应某些香港媒体偏激报道的最佳方法就是让香港的青年人来到内地，看我们祖国的发展，看内地青年人的工作环境，对于他们今后的发展会大有帮助的。这样的交流活动要常态化、规律化，这也是我今后工作的重点之一。

2018 年，吴来盛（左二）与杨莉珊（左四）为天津市武清区河北屯镇的东苏庄村、西楼村捐款实施自来水管网提升建造工程

"公益事业是实现自我价值、奉献社会的正确途径"

多年的政协工作，也令我心生了"努力号召更多有爱心的各行各业政协同人携起手来，凝聚力量做好公益事业"的想法，希望能为我们的国家和社会贡献出更多爱心善举。

2018年，国家的脱贫攻坚行动进入紧锣密鼓的决胜期、关键期，我了解到在天津市武清区河北屯镇还有2个村落没有方便的自来水饮用。为了尽快解决民众所难，经天津市统战部牵头联络与指导，我发动自身企业与天津市武清区河北屯镇人民政府达成了精准扶贫帮扶协议，捐资135万元帮扶武清区河北屯镇西楼村、东苏庄村实施自来水管网提升改造工程。改造工程结束后，困扰两个村落多年的生活用水问题得以解决，当地百姓的生活幸福感得到了有力提升。

2020年，我们集团在北京成立了以杨孙西先生名字冠名的"北京杨孙西公益基金会"。当时正值国内新冠肺炎疫情暴发，大年初二，我号召公司与基金会紧急组建了"医疗物资捐赠执行团队"，积极联系海内外多方渠道购买医疗物资，2月至3月疫情最紧急时期，我们共计向湖北、河南、山东、北京、天津、香港6地36家单位捐赠了口罩、隔离衣、防护服、消毒液、医用手套等大量防疫物资，为打赢首场抗疫战争贡献了力量。

自2020年以来，从支持国家乡村振兴工作，开展河北省大石庄村助学助医项目、贵州省乡村振兴项目、福建省石狮市试验小学危楼拆除和重建项目，到提供紧急救援、帮助河南省郑州市遭遇暴雨灾害后重建家园，再到帮助香港、北京市朝阳区金盏乡等地抗疫，我与我们的团队始终在路上，已累计完成了450余万元的慈善捐赠，尽我们所能地帮助更多人。

"爱港爱国才能保障香港稳定繁荣"

香港回归祖国以来，因为部分香港民众对于国家的社会体系、法制法规认

2021 年 3 月，吴来盛在香港上环永安百货公司参加街站"支持全国人大常委会修改《基本法》，完善香港选举制度"宣传及呼吁市民支持

识不足，加上别有用心之人离间挑拨，导致香港社会产生了一些争执、矛盾甚至对立，尤其是 2019 年的"修例风波""黑暴斗争""揽炒派总辞"等事件，给香港社会造成了严重破坏与深远影响。2019 年下半年，我多次主动参与到"撑警察、护法治、保安宁"活动当中，赶赴香港警察署总部、港岛区警察总部、将军澳区警察总部、沙田警署等处赠送慰问物资，并持续为香港警察提供各类防暴护具，用实际行动支持警队守卫香港平安。

　　值得庆幸的是，面对乱局，国家立即颁布并实施《香港国安法》、提出"爱国者治港"、完善选举制度，全面引导香港社会由乱向治。

　　事实充分证明，信念统一，人人爱港爱国是保障香港特区平稳发展的关键基石，正确理解"一国两制""爱国者治港"对于香港的重要意义并做好实际应用，确保了香港及时拨乱反正，发展重回正轨。如今，在新特首李家超发布的 2022 年香港施政报告中，蓝图已经绘就，明日可期。我充分相信，香港可以在与祖国同心同向下稳定前行。

　　参与政协工作后，我也对内地与香港的关系有了更多思考，未来一个地区的发展，一定要紧靠区域性的联合前进，仅凭自身单打独斗终究独木难支。今天的中国，可以称作世界经济增长的引擎，是"地球上机会最多的地方"，祖国内地巨大的市场、丰富的机会、创新的理念，以及经济转型升级的强劲势能，都能为香港提供长期的后盾和支撑。

当今世界正遭遇百年未有之大变局，经济全球化逆流发展，保护主义、单边主义上升……越是在这样的时刻，我们越应该凝聚共识，团结奋进。当前，国家的"十四五"规划、粤港澳大湾区建设、"一带一路"等重大发展战略为香港提供了丰富资源和广阔舞台；今后的发展蓝图里，加快建设全国统一大市场、大力发展虚拟技术与数字经济，契合香港的产业优势与未来发展定位。我坚信，积极融入内地是香港的未来发展趋势与重大机遇，作为港澳委员，我更愿意发挥好自身的双重积极作用，促进香港与内地携手奋进，共同谱写中华民族伟大复兴时代篇章。

吴来盛委员履职故事

坚守初心　薪火相传

麦德铨

上海市政协常委、沪港社团总会常务副会长兼青委主任、
沪港青年会荣誉会长

　　我是一名土生土长的香港人，13 岁赴海外求学。毕业后，我回到母亲的故乡上海发展。我在上海生活工作了 20 年，是国家改革开放的亲历者、参与者，目睹祖国的繁荣发展，很自豪自己是中国人。

　　在内地发展的 20 余年间，我从懵懂少年到找到爱情、成家立业，并在前辈的指引下，投身青年工作。2013 年，我很荣幸成为上海市政协委员，政协组织赋予我政治协商、参政议政、民主监督、凝聚共识的重任，我也下定决心不负众望，不辱使命，团结凝聚更多爱国爱港青年，薪火相传培养一代又一代爱国的新鲜血液，同我一样书写自己的中国故事。

担当：团结更多爱国力量

　　2018 年底，孟晚舟事件发生，我为此彻夜难眠。我清晰地意识到国际形势剧变，下一代将面临更加复杂严峻的世界形势，果然 2019 年敌对势力在香港

挑起事端。当看到"黑暴"事件中有很多青年人的身影，我感到非常痛心，那时的我频繁地往来于沪港之间，参加多场撑警察、反暴力、支持特区政府的集会和活动。

当时香港青年赴内地交流活动被迫停止，在香港中联办、上海市政协和相关部门的支持下，全国、省、市、区级的 40 多位政协委员都站了出来，为把爱国爱港的种子播撒到青少年心中，我们组织了香港 500 名中学生乘高铁到上海交流。此活动涉及香港 17 所中学以及上海 6 所中学的学生，从接待方案到安全保障，从活动发起到成功举办，我们每天几乎是 24 小时神经紧绷，以便处理各种突发情况。发团第二天，西九龙高铁站就因暴徒的冲击而关闭了，真是惊险！当 7 月 9 日，沪港两地千名中学生齐聚复旦礼堂，仰望国旗，高唱国歌，共同庆祝祖国七十华诞的那一刻，在场的每一个人都激动不已。香港中学生在接受央视采访时，纷纷道出自己参与这次活动所感受到的内心震撼，并与

2019 年 7 月 9 日沪港两地千名中学生齐聚复旦大学礼堂共同庆祝祖国七十华诞

2020年组织"在沪港人同心盟"代表以及在沪港人与梁振英副主席面对面交流

家人分享。

为了实现爱国者治港，我和其他港区委员一起先后在香港几大媒体发表声明，表明立场，坚决支持国安法活动，同时还做了大量在沪港人的工作。为了团结更多的爱国力量，我们会集在上海的爱国爱港团体、驻沪的香港校友会、网络群主等20多个组织，成立了"在沪港人同心盟"。

在香港完善选举制度后的第一次香港立法会选举期间，我们呼吁在内地的港人为香港美好明天投上庄严的一票。我们组织带领757名在沪港人，乘坐大巴抵深圳口岸返港进行投票，由于疫情，很多人都是专程为了投票而来，"过家门而不入"，让我深深体会到他们深爱香港的炽热情怀。

谏言：为国民教育鼓与呼

在一次内地港青活动中，一位年轻家长吐槽，自己在上海读书的小孩无法加入少先队。说者无意，听者有心，于是，我开始认真关注这个问题，发现香港在沪就读学生达 6000 多人，但很多选择在国际学校和双语学校读书，这些学校大多采用国外教材。我走访了团市委，也建议政协邀请市教委召开一次专题讨论会，还深入几所双语学校进行实地调研，最后我完成了《关于加强在沪港人子女基础教育阶段的国民教育建议》的提案。提案建议通过校外活动加强国民教育，帮助香港青少年讲好中国故事。

说不如做，于是我们撸起袖子就干，发起成立了"紫菁少青"公益社团，开展公益志愿服务、艺术、体育、中国文化等多元化活动，将爱国教育渗透其中，把爱国的种子播撒在这些香港新生代的心里。通过孩子们的活动我们也联系到他们的家长，找到这些我们平时接触不到的群体，以"小手牵大手"的方

麦德铨在上海市政协十三届三次全会作大会发言，主题为《发挥上海国际大都市独特优势 促进香港青年融入国家发展战略》

式将内地港人凝聚在一起，帮助港人家庭和子女更好地融入内地。

香港的未来属于年青一代，多年来我始终围绕香港青年发展议题建言献策。我特意参加香港联招会了解情况，走访上海多个高校，赴武汉和泉州等地开展实地调研，并在政协等相关部门支持下，多次召开专题座谈会，2019 年我撰写的《关于举办"沪港青年领袖国情研习班，进一步深化沪港青年交流"的建议》提案获得了优秀提案奖，次年以《发挥上海国际大都市独特优势　促进香港青年融入国家发展战略》为题，在十三届上海市政协三次全会上作大会发言。

领路：引领港青融入国家发展大局

引领香港青年深刻认识国家和世界发展大势，在国家发展大局中找准定位，实现事业发展，同圆中国梦，是我的理想和目标。

多年来，我参与组织多个围绕港青学业、就业、创业项目，帮助香港年轻人参加来上海发展的实习、就业等计划：通过参与品牌项目"沪港明日领袖实习计划"，每年就有 400 多名香港大学生来沪实习；香港大学实习团每年吸引众多法律、商科的高才生来报名，为了能成功入选，他们甚至准备了面试攻略。

同时，我特别关注香港基层青年这个群体。他们很多人由于学习教育资源不够，留在香港就业发展机会较少。而背靠祖国的他们，其实在内地拥有广阔的发展天地，但受困于家庭条件和眼界问题，他们反而不会踏出这一步。即使有些青年想来上海，高昂的生活成本也让他们望而却步。

例如，香港公开大学的学生很多来自基层家庭，曾经有两名来自该校的毕业生，通过我们的就业计划找到了起薪点较高的工作，同时通过我们给予的半年住宿补贴支持，很快就在上海找到适合的地段自己租房，成功落地。这两名年轻人也因为我们的计划相识、相恋，并选择在上海共同创业，现在即将走入婚姻殿堂。我会以实际行动带动更多的在沪港人，伸出手来扶沪港青年一把，帮助他们解决学业、就业、创业、置业中的痛点问题，相信大多数港青都可以用青春热血书写上海故事，在融入国家发展大局中共享中国梦。

2020 年开始的新冠肺炎疫情、今春的"大上海保卫战"，也始终牵动着我的心。所有上海港区政协委员除了身体力行奔赴抗疫一线做志愿者外，还联合汇聚爱国社团以及沪港澳三地青年力量，发起"众志成城，抵抗疫情"等系列爱心公益活动，筹集善款和防疫物资用于香港和上海两地抗疫。

当前，世界百年未有之大变局加速演进，面对复杂的国际形势和不断袭来的风浪，作为爱国爱港的中坚力量，要始终保持清醒头脑，坚定理想信念，不忘初心，砥砺前行。要发挥好委员的政治引领作用，成为青年群众的领路人，做坚定的磐石，传递正能量，齐心协力为实现"两个一百年"奋斗目标、实现中华民族伟大复兴的中国梦贡献力量，同心共筑中国梦！

麦德铨委员履职故事

凝心聚力画好爱国爱乡同心圆

卓旭光

浙江省政协委员、浙江省侨联副主席、法国华商会创会会长

习近平总书记曾深情地说："华侨一个最重要的特点就是爱国、爱乡、爱自己的家人。中国的改革开放，中国的发展建设跟我们有这么一大批心系桑梓、心系祖国的华侨是分不开的。"

浙江是侨务大省，200 多万浙籍侨胞分布在全球 180 多个国家和地区，打开了让世界看见浙江的一扇窗口。我老家丽水是全国远近闻名的侨乡，拥有41.5 万名华侨，占浙江省华侨总数的 1/5，遍布全球 130 多个国家和地区。

作为一名旅法华侨，我的"命运交响曲"，每一个乐章都与祖国同频共振。作为四届浙江省政协华侨委员、三届浙江省侨联兼职副主席和省海外联谊会副会长、法国华商会会长，我亲身经历、亲眼所见、亲耳所闻中国共产党的英明领导和祖国的繁荣强大。

凝聚侨心侨力，同圆共享中国梦！在实现中华民族伟大复兴的新征程上，我们初心不改、矢志不渝，将始终以祖国为圆心，以加强乡情联谊为半径，画好爱国爱乡同心圆。

爱国爱乡　实业报国

去国万里，阻不断骨肉亲情。时光如梭，忘不了祖国大爱。

1963 年 1 月，我出生在浙江省青田县的一个华侨世家。我的爷爷、父亲都是华侨。从小接受的教育，就是要做一个自强自立、爱国爱乡的人。

我 18 岁加入中国共产党，22 岁成为当时丽水地区66 个乡镇中最年轻的乡党委书记、乡长。1988 年，一通来自欧洲的电话改变了我的人生轨迹。应年近九旬的祖父要求，我离开家乡远赴法国巴黎。

卓旭光（后排右一）出生在一个华侨世家

"中国人"这三个字，在我踏上海外征途的那一刻，早已深入骨髓。从青田乡村，来到大都市巴黎，我凭借一股闯劲，打出了一片天地，创成了一番新事业。

2003 年 3 月 7 日，法国华商会经批准正式成立。在法国 600 多名华商的推选下，我全票当选为首任会长，致力于中法民间合作交流及旅法华侨回国投资。

从 2003 年开始，我连续当选四届浙江省政协委员。此后，还连任三届浙江省侨联兼职副主席。我非常珍惜这份荣誉与责任，积极参政议政、建言献策，从没缺席过一次政协会议和侨务活动。工作最多的一个月，在法国和祖国之间来回往返 6 次，行程长达 6 万多公里。

爱国爱乡是华侨与生俱来的天然情感，实业报国是回报祖国最好的方式。这些年来，我身体力行，并积极发动和倡议海外侨胞、归侨侨眷，发扬心系祖国、情注家乡的优良传统，积极投身浙江这片创业蓝海。

赠人玫瑰，手有余香。在海外艰苦创业、事业有一定的成就之后，更不忘回报家乡。多年来，我一直热心公益事业，投身扶贫济困、捐资助教、抗震救灾、医疗卫生、新农村建设等，累计捐资 1000 多万元。

"世界华人贡献奖""第五届中华十大经济英才奖""十大杰出侨领奖""浙江侨界首届闯天下十大杰出青年""回乡创业先进浙商""大爱浙商英雄榜华侨华人抗疫英雄""浙江省政协优秀履职委员"……这些年来，沉甸甸的荣誉接踵而至。这是祖国和家乡对我最大的肯定和鞭策。

同心同力　共抗疫情

疫情无情，人间有爱。隔离的是病毒，隔不断的是血浓于水的大爱。

犹记得，2021 年 1 月 27 日下午，在浙江省政协十二届四次会议第二次全体会议上，我作了题为《无论身在何方　不忘家国情怀》的大会发言，深情回顾这段难忘的抗"疫"往事。

于我们侨胞而言，2020 年有着特殊的意义。当新冠肺炎疫情肆虐全球时，海内外同胞同舟共济、共克时艰，让我深刻感受到海外游子与祖国同胞、家乡人民的爱国情、家乡情和政协委员为国履职、为民尽责的情怀。

疫情暴发后，国内口罩、消毒液、防护服等抗疫物资紧缺。浙江省政协向全体政协委员发出《抗击疫情，人人有责》的倡议书，浙江省侨联向各旅欧侨胞呼吁侨领和广大侨胞紧急动员起来，共同筑起抗击疫情的防护墙……

卓旭光在浙江省政协十二届四次会议第二次全体会议上作大会发言

有一种担当，叫捐资你追我赶，一棒传一棒；有一种责任，叫运输争分夺秒、跨国包机、人肉带货。

我们远在他乡的海外侨胞，时时刻刻牵挂着国内的疫情，纷纷响应、迅速行动。我们浙江籍海外华侨华人"打满全场"，仅 2020 年就向祖国和家乡捐款2.4 亿元、捐赠口罩 566 万只、防护服 9.4 万件、护目镜 1.3 万副、鞋套 10.2 万双，总价值达 4.3 亿元。其中，我个人捐赠了价值 100 多万元的口罩。

犹记得，2020 年 2 月 12 日凌晨 4 时许，在浙江省侨联的组织下，在我和其他海外侨领的积极协调下，一架中国外运 3V815 航班从比利时机场出发，几经辗转，终于抵达杭州萧山国际机场。在这架飞机上，载满了我们欧洲华侨华人好不容易采购到的疫情急需物资，整整 46 个托盘约 10 吨，共计734787 件！

这些物资被迅速用于抗疫中，解了家乡抗疫的燃眉之急。浙江省政协和浙

卓旭光（左二）等侨领积极支持祖国抗击疫情

江省侨联相关负责人称赞说："这次行动是海内外爱国侨胞同声相应同气相求的一次成功'合奏曲'。"

凝心聚力 参政议政

履职尽责，是一份担当，更是一种使命。

作为一位身在海外的侨领和省政协委员，我深知凝聚侨心、汇集侨智、发挥侨力、打好侨牌的重要性，唯有积极履职尽责，才能无愧肩上的使命与重任。

从《关于认真开展调研"十四五"规划及部署工作的建议》《关于打造侨

助共同富裕示范村的建议》到《关于做好居民多层公寓安装电梯的"公交化"建议》《关于做好"垃圾分类"工作的几点建议》，这些年来，我的提案涉及侨务、经济、社会、民生等众多领域，各种建议、发言多达100多篇（次）。这些提案多次被政协领导批示肯定，得到部门采纳，有效发挥参政议政作用，获评浙江省政协优秀提案。

高质量发展建设共同富裕示范区是党中央赋予浙江的光荣使命。2022年5月27日，我在"汇聚侨智侨力　助力共同富裕"浙丽侨助共富系列活动启动仪式上，代表海外侨团宣读《倡议书》，号召丽籍海内外侨胞秉持爱国爱乡的优良传统，与家乡发展同频共振、同心同向，永做家乡建设共同富裕美好社会山区样板的支持者、参与者、奉献者。

侨助共富，浙丽担当，一起向未来！近年来，我的家乡丽水牢记打好"侨牌"的重要嘱托，大力推进"双招双引"战略先导性工程，不断促进华侨要素回流，集全市之力抓华侨产业建设，华侨产业多点开花，实现了侨心系共富、侨力助共富、侨爱帮共富。

……

还记得，在新中国成立70周年那天，我受邀在北京天安门广场观看喜庆的国庆盛典。祖国的日益强大，让我深受鼓舞，更无比自豪。亲眼见证新中国蓬勃发展所取得的伟大成就，亲身感受中华民族追求伟大复兴中国梦的铿锵足音。

我欣喜地看到，如今，我们的"朋友圈"越来越广，"同心圆"越画越大，中国好故事越讲越精彩了！

珍惜委员荣誉　履行职责使命

梁安琪

江西省政协常委

江西自古以来就是人文鼎盛之地，孕育了特有的书院文化、陶瓷文化、戏曲文化、红色文化等。我有幸于 2003 年走进江西，担任省政协委员，一路走来已有近 20 年。这 20 年是"江西崛起"的关键时期，我以港澳同胞、政协委员的身份，见证、参与了江西的高质量跨越式发展之路，并贡献了自己的微薄力量。

"倾情代言"，让更多港澳青年了解江西

2003 年我初次来到江西，便为《滕王阁序》中所描述的"物华天宝，人杰地灵"深深折服，从那时起，便下定决心，让更多的港澳人士了解江西。有感于此，我从自身企业出发，积极组织港澳青少年到江西学习考察、接受爱国主义教育，在赣澳两地都取得了很大反响。

2006 年第一次尝试组织港澳青年前往南昌，参观了滕王阁、八一起义纪念馆等地，瞻仰了八一起义纪念碑。这些青年都是第一次来江西，看到如此壮美的景色和革命先烈的伟大事迹感到非常震撼。他们纷纷表示这次考察学习，不

仅开拓了眼界、对祖国增进了了解，更加深了自豪感与归属感。这次成功尝试，让我开始意识到，背靠着江西这座巨大的历史文化、红色资源的宝库，应该好好研究我们的履职方式与发挥作用，让港澳同胞的心与祖国贴得更近。

自此我开始组织本公司员工前往井冈山重走长征路，体验红军饭，接受爱国主义教育。经过几年的不懈努力，2014年公司成为第一家在井冈山设立"爱国教育基地"的非内地企业，并将每年到井冈山学习作为培育企业文化的重要举措。与此同时，在澳门成立了"井冈山干部教育学院澳门同学会"；与澳门非牟利社团合作，组织考察团前往瑞金、景德镇、南昌等地学习交流。

2021年中国共产党建党百年之际，我带队前往南昌调研学习，回澳成功举办了"百年党庆——江西革命历史展"，向澳门社会普及党史教育的同时，着重介绍了中国共产党在江西的发展历程，吸引了很多澳门市民、游客前来参观学习。

2021及2022年，在澳门中联办的协调下，我们举办了"两会精神分享会"，

2018年4月，梁安琪组织100名员工前往井冈山开展爱国教育

通过学习国家重要会议精神、深入了解祖国和澳门发展取得的历史性成就，使公司员工更加准确把握国家形势及发展带来的重大机遇，增进了对国家发展现状的认识，提升了民族自豪感，进一步增强了助力澳门融入国家发展大局的信心。

倾心吐胆，为江西经济社会发展积极建言

认真开展调研，积极提交提案。担任政协委员以来，针对脱贫攻坚、乡村振兴、社会公共事业、开放型经济等方面，我共提交提案 40 余件，其中《关于加快推进我省医养结合工作的建议》《以粤港澳大湾区建设为契机加快打通江西绿水青山与金山银山双向转化的通道》《关于深化赣澳交流合作提升开放发展水平的建议》等 3 件提案被江西省政协评为优秀提案，对有关部门决策起到了参谋咨询的作用。

2018 年 1 月，在江西省政协十二届一次会议开幕会上发言

反映各界诉求，多次在政协全会上发言。2018 年江西政协十二届一次会议上，我作了《关于加快发展我省乡村旅游业的几点建议》的发言，建议以乡村旅游助力农民脱贫致富；2022 年江西政协十二届五次会议上，我由于疫情不能现场参会，以视频形式作了《擦亮"五地"金招牌，跑出"融湾"加速度》发言，从"江西所需、澳门所长"和"澳门所需、江西所长"的角度，就"深化赣澳交流合作，激发开放潜能，提升双方发展质量和水平"，提出了三方面建议，得到省领导当场点赞和在场委员的强烈反响。

大力推介江西，提升江西影响力。2016 年，在多方支持协助下，我成功牵头澳门六大综合旅游企业，共同组织员工前往江西开展活动，规模之大前所未有，既领略了江西的如画风景，又接受了爱国主义教育，还助推了澳门青年到江西旅游、发展的意愿和热情。2019 年，我积极协助江西政协调研组来澳门了解农产品具体情况，有效推动江西特色农产品与澳门市场对接，开拓澳门市场。

倾囊相助，投身公益事业彰显爱心传承

在澳门，我创立了逸安社、澳门社会服务中心等多个非牟利慈善社团，向有需要的市民提供医疗服务、法律咨询、个案跟进转介、定期访问、文娱活动等服务，每年服务逾万人；与澳门多个慈善机构开展长期合作，通过定期捐款、举办活动等形式，帮助弱势群体缓解生活困顿、融入社会。每年用于相关慈善事务的款项逾 500 万澳门元。

在香港，我加入香港最具规模的慈善团体之一——香港保良局，并曾于 2014—2015 年担任主席一职，任内促成保良局兴建青年宿舍、兴建保良局何鸿燊社区书院，捐赠兴建"梁安琪幼稚园"等多个项目。

在内地，2008 年，我在四川广元捐建了"梁安琪小学"和"广元石桥小学"，并先后向两所学校捐赠 50 余万元人民币学习用品；2013 年与井冈山小学合作设立了"梁安琪奖学金"，累计资助了近 1000 名学生；2020 年新冠肺炎疫

2017 年 5 月，梁安琪组织员工访问井冈山小学

情暴发初期、2021 年河南特大洪涝灾害时，我率旗下公司向内地相关地区捐款逾 3000 万澳门元。同时，作为澳门委员召集人，组织在澳门的江西政协委员积极捐款捐物。

　　"饮水思源、心系国家"是我们每个港澳居民、炎黄子孙都应当铭记于心的，也是澳门长期繁荣稳定的必要前提。作为一名来自澳门的政协委员，近 20 年的委员履职生涯中，我始终谨记以爱国精神传承为先。我也衷心希望，我的工作能够助力澳门社会形成广泛而统一的爱国战线，助力红土地为中华民族伟大复兴略尽绵力。

梁安琪委员履职故事

在凝聚共识中爱国爱港

戴德丰
广东省政协常委，香港四洲集团主席

今年是香港回归祖国二十五周年，香港回归祖国后，经济发展敢为天下先，战胜各种风雨挑战，实现真正的当家作主。我是祖国改革开放和香港回归的亲历者、参与者、受益者，我个人从事的事业一直与香港以及祖国的命运紧密相连。在这个伟大的时代，能亲眼见证祖国的蓬勃发展、香港的繁荣稳定，能为国家和香港的发展奉献心力，是我最大的荣幸。

在政协舞台上为国为港效力

2006 年，《中共中央关于加强人民政协工作的意见》颁布后，时任全国政协主席贾庆林呼吁，要进一步发挥政协委员的作用。但当时，在香港的省、市、自治区以至地级市的各级政协委员等有近 5000 人，但却没有一个统一的平台来凝聚整合这股强大的爱国爱港力量。"民本在心，使命于怀"，我深深体会到要更加自觉地为国为港，积极履行职责，多作贡献；要努力创造条件，把在港区的众多政协委员组织起来，构建平台，凝聚力量，更好地发挥政协委员的独特优势和作用，共同推进新时代人民政协事业的发展。

2006 年，香港首次被纳入"十一五规划"中。在国家的大力支持下，香港经济更加兴旺，港人对国家认同感和向心力大大增加，正是在此"天时、地利、人和"的有利环境下，作为全国政协常委兼广东省政协常委，我与一班志同道合的港区政协委员共同发起组织"香港广东各级政协委员联谊会"和"港区省级政协委员联谊会"。2006 年 5 月"香港广东各级政协委员联谊会"得到香港政府注册处首个批准而宣告成立。作为创办人，本人荣幸当选为首席会长；2006 年 9 月，"港区省级政协委员联谊会"亦获批准成立，我被推举为首届联谊会主席及基金会主席。在此担任 8 年主席和会长期间，能够推动成立政协联谊会，开创港区政协委员履职新平台，推进人民政协事业迈上新台阶，我感到万分骄傲。

两个"联谊会"平台成立 16 年来，不负众望，不辱使命，成绩有目共睹。维护国家统一以及香港繁荣稳定，推进海峡两岸和香港、澳门经贸人文交流，积极援助内地自然灾害地区，特别是新冠肺炎疫情发生以来，团结广大政协委员力量，为国家和香港作出积极贡献。近期，我更是发动"香港广东各级政协委员联谊会"开展地区基层工作，充分发挥政协委员联系界别群众优势，向全港十八区超过 60 个社区、团体赠送爱心食品及抗疫物资。为贯彻落实习近平总书记重要指示精神，贵州省政协与中国经济社会理事会、全国政协港澳台侨委员会共同发起"黔港澳同心慈善专项基金"，我积极呼吁"港区省级政协委员联谊会"以及"香港广东各级政协委员联谊会"委员捐款支援基金会的工作，支持贵州巩固拓展脱贫攻坚成果、推动乡村振兴等慈善公益事业。

两个"联谊会"平台团结、协调、组织政协委员发挥"双重积极作用"，已成为特区维护"一国两制"方针和基本法的鲜明旗帜、爱国爱港中坚骨干力量、推动香港经济升级转型的重要表率和促进香港人心回归的引领力量。

在卸任"港区省级政协委员联谊会"主席和会长一职后，作为"共和国同龄人"，我始终心系祖国、心系香港，用全心去做香港最优秀的市民，为维护

戴德丰站街支持全国人大决定，完善选举制度

香港和谐稳定付出努力。从 2013 年起，我荣幸当选香港友好协进会会长，友好协进会是港区政协委员开展交流的重要平台之一，同时也是香港一支庞大的爱国爱港力量。针对香港复杂的社会问题，我率领友好协进会同人做了大量既实时又全方位的工作，群策群力传递友好正能量，在支持中央决定、支持特区政府推行政策方面积极发声，为区议会、立法会选举保驾护航等。

支持"一国两制"，维护香港繁荣稳定

香港由和平稳定走向繁荣发展，靠的是"一国两制"这一中国特色社会主义的伟大创举，"一国两制"成功实践的经验和历史取得的成就，向我们表明了这是香港、澳门回归后保持长期繁荣稳定的最佳制度安排，我们必然毫无保

留长期坚持。

　　多年来，鉴于我在促进香港经济发展和维护社会稳定上积极作为，2017 年香港特区政府颁授我大紫荆勋章。我深知这不仅仅是一项荣誉，更是一种责任和一份使命。而作为全国政协常委和广东政协常委，我们更有责任和义务进一步凝聚香港同胞共识，宣传贯彻落实"一国两制"制度。本人领导的香港广东各级政协委员联谊会，在报纸多次发表声明坚决维护"一国两制"根本制度，支持爱国者治港。例如：2019 年登报发表声明强烈谴责破坏"一国两制"的暴行；2021 年登报支持全国人大全体会议审议关于完善香港特别行政区选举制度的决定；支持全国人大常委会修订基本法附件一、附件二，完善行政长官及立法会产生办法；支持香港立法会通过完善选举制度条例等。

　　此外我还多次向全体会员发出呼吁信，呼吁会员发挥自身影响力，动员香港市民共同维护"一国两制"，并多次在关键时期或重要节庆日期，到一线设

戴德丰组织香港青少年在驻港部队军营举行军事夏令营

立街站，呼吁市民一同支持特区政府依法施政，维护香港和平安定，为"一国两制"在香港行稳致远，推进香港繁荣发展贡献应有的力量。

用心栽培，做好香港青年人心回归工作

青年者，人生之王，人生之春，人生之华也。青年人是香港的未来，增强年青一代对祖国的认同感和向心力，做好青年人心回归工作，才是对国家好，对香港好。

由我担任会长，与全国政协副主席董建华夫人董赵洪娉联合创办的群力资源中心，积极组织香港青少年在驻港部队军营举行军事夏令营，至今每年600 名中学生参加。基于此还成立了香港青少年军总会，参照部队管理为香港青少年提供部队生活体验，这些活动已然成为香港青少年爱国爱港教育的响

自 2011 年起，戴德丰每年资助并组织暨南大学优秀学生访港团到港访问

亮品牌。

　　同时，我一直以来十分关心关注和积极推动内地与香港青年的交流合作。从 2011 年起，我每年资助并组织暨南大学优秀学生访港团到港访问，深入了解香港的经济、教育、社会服务等多方面的情况，亲身感受"一国两制"在香港的成功实践与精彩绽放。优秀学生访港团作为一项富有人文内涵的交流项目，现已发展成为暨大师生走进香港、了解香港的重要平台。

坚守初心　筑梦前行

罗韶颖

重庆市政协常委、市政协港澳台侨和外事委副主任，重庆市迪马实业股份有限公司董事长兼总裁

今年是习近平总书记提出"中国梦"的第十年，也是我担任重庆市政协委员的第十年。作为港澳地区的重庆市政协委员，十年来，我在立足企业做大做强，助推重庆经济社会发展的同时，始终坚持为国履职、为民尽责的情怀，广泛凝聚爱国爱港人士，把维护祖国统一和履行企业社会责任时刻牢记心中，积极发挥港澳委员"双重积极作用"。

积极建言献策　履行委员职责

学习是政协委员履职尽责的必然要求。我积极参加市长座谈会、市民政局座谈会、政协委员责任担当交流座谈会等，以及因疫情，市政协举办的各类线上学习、宣讲、会议等活动，抓住学习机会，每次都积极发言，撰写学习心得，提高自身思想水平和认识能力，不断增进对中国共产党和中国特色社会主义的政治认同、思想认同、理论认同、情感认同。

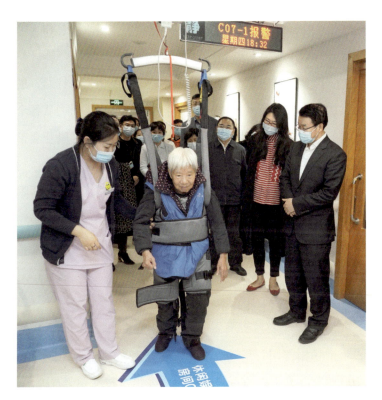

罗韶颖（右二）参加调研并撰写相关提案

　　回顾五年来的履职路，参加市政协组织的各类会议活动 70 余次，参加主席会协商、常委视察意见交换会、议政性协商会等专题协商会 8 次，大会书面发言 7 份、常委会书面发言 6 份，在界别联组会上发言 5 次，在小组会上发言 10 余次，共提意见建议 50 余条。为了让发言更贴近实际，更具可操作性，在每次动笔前，我都深入调查研究，并咨询相关专业人士的意见，把每一件都当作为国家建言献策，为人民排忧解难、化解矛盾的机会。

　　随着国家开始积极推进养老产业服务，以及推动成渝地区双城经济圈作为国家重大区域发展战略，去年我以养老产业为切入口，与该领域各方参与者进行交流探讨，从个人、企业和政府三个维度了解养老行业的发展痛点和需求。在大量实地调研的基础上，我撰写了《推动成渝养老产业高质量融合快速发展，优化社区机构协调融通，畅通金融支持和人才支撑政策》和《依托大数据管理，打造社区样板工程，助推基层组织开展社区居家"医—养—护—险"整合服务建议》的提案，提出了成渝顶层融通，养老机构医保打通，创新两地候鸟养老服务，加强养老服务人才教育培训等方面的建议，着力从各个方面扭转社会对养老服务人才的偏见，提升专业自信心和荣誉感，鼓励社会参与形成多样化的服务包，探索多层次的费率调整机制。在军民融合背景下撰写的《让民营企业报国援军之路更顺畅》提案，提出了打破传统的军工行业界限，让民营企业有更多科技与业务发展空间。我共提交提案并立案 10 份，多件提案被评选为政协优秀提案或重点督办提案。

凝心聚力　坚决维护祖国统一

发挥"双重积极作用"是港澳委员义不容辞的责任。2019 年 6 月，香港发生"修例风波"以来，作为一名港区政协委员，我深知"有国才有家"，第一时间在报刊媒体上旗帜鲜明地发表声明，坚决拥护"一国两制"，坚决落实"爱国者治港"原则，维护香港地区繁荣稳定。随着香港国安法的颁布实施，我广泛联系各界民众，走上街头宣传香港国安法的重大意义，坚定支持中央决策和港区政府依法施政，带头响应、宣传香港疫情防控各项措施，并要求在港员工坚决拥护和全力支持香港国安法的颁布实施，积极配合香港特区政府疫情防控各项工作。

同时，我参与发起组建了第一个重庆香港企业家联谊会，并担任副会长。我与其他企业家共同担任起有关香港政策的解疑释惑工作，通过举办国安法座谈会、落实"爱国者治港"原则座谈会、完善香港选举制度解说会等，让会员深入学习领会相关精神，引导他们针对事关国家主权、安全和发展利益的涉港重大问题，主动、及时、广泛发声，在港社会弘扬主旋律、传播正能量，团结更多爱国爱港力量。

2021 年 12 月，香港立法会选举投票开始时，正值香港疫情暴发高峰期，联谊会组织在渝的香港企业家回港参与立法会换届选举，我第一时间响应号召，并发动身边的香港企业家回港投下自己神圣的一票，为推进"一国两制"行稳致远，维护香港繁荣稳定贡献自己的力量。

做优做强企业　践行社会责任

作为一名企业家，我深知把企业做优做强，才能更好地发挥政协委员的影响力。三年来，面对新冠肺炎疫情、俄乌冲突和经济周期下行等影响，所属企业迪马股份在全国纳税超过 110 亿元，提供就业岗位 1 万余个，作为重庆第一家上市民营企业和中国第一家上市特种车公司，积极担当起企业的社会责任。

新冠肺炎疫情来袭时，我迅速号召公司员工共同抗击疫情，旗下的迪马工业与病毒抢时间，将生产时长从 10 天缩减至 3 天，生产出消杀车、负压救护车、4G 基站车、无人机应急空中通信平台等投入抗疫一线。我和同事们共同出

罗韶颖（中）与员工交流工作

资 500 万元，与公司一起捐赠 1000 万元，成立了迪马医护关爱慈善信托，为抗疫一线的医护人员提供全面的医护关怀和保障，为他们在国家政策外提供其他必要支持，其中包括医护人员的父母赡养和子女教育等。这不仅是疫情期间国内首个落地的抗疫慈善信托，也是目前全国单体量最大的慈善信托。

医护关爱慈善信托的经验，被我们很快就运用到了更多领域。2020 年，我们和五矿信托共同成立了"三江源忘不了慈善信托"，这是国内第一个针对阿尔茨海默病的慈善信托，也是我公益愿景在康养领域的延伸。在 2021 年河南特大洪涝灾害中，我们又和中建投信托共同成立了善泉一号慈善信托，用于以后内地突发自然灾害。

2022 年 8 月，重庆多地相继发生山火，我们迅速响应号召，旗下的迪马工业、东原仁知服务投入行动，第一时间出动 500 人次应急队伍前往火灾现场，同消防官兵一起砍伐隔离带、运送物资、做好火情隔离，以及协助火灾救援等后勤工作。

10 年前，我们发起了持续关注大学贫困学生和山区留守儿童的"薪火计

2020 年，罗韶颖（左）在重庆民政局的指导下成立迪马泥溪儿童关爱中心

划"。2020 年，在重庆民政局的指导下，在重庆云阳打造了迪马泥溪儿童关爱中心，也是中国首个乡村儿童关爱中心。这是一次将我所擅长的社区运营和现代城市更新的理念引入乡村振兴的有益尝试。2021 年，我们公司获得了中国民政部在慈善领域的最高奖项中华慈善奖。

作为新时代的政协委员，我们时刻在面对宏大的命题、复杂的国际局势和全球经济动荡，但只要能坚守住自己的本心，始终坚持正确的方向、设定有限的目标、依靠专业的探索，在能力范围内以委员之职尽担当之责，定能同心筑梦，绘就新时代最大同心圆。

罗韶颖委员履职故事

唱好政协和谐曲　共画最大同心圆

郑翔玲

全国政协参政议政人才库特聘专家、陕西省政协常委

作为最广泛的爱国统一战线组织，人民政协是大团结大联合的象征。党的十八大以来，全国政协不断创新方式方法，凝聚各方之力，坚持与党同频共振、与群众贴心互动，把委员作用发挥到党和政府最关心、群众最需要的地方。一位位委员汇聚起了同心奋进的正能量，交出了亮眼的履职成绩单。

身为十三届全国政协参政议政人才库特聘专家，我非常荣幸。在这个平台上，我全面加强对党史的学习和认识，坚持从习近平总书记系列重要讲话中汲取"养分"，提升自己的政治站位，夯实港澳委员"双重积极作用"。同时，我也深刻感受到，讲好中国故事、传播好政协声音不仅是责任重大，更是使命光荣。我将全力架起内地与港澳台侨之间的连心桥，全力画好最大同心圆，实现双向发力的新突破。

积极履职　构建民生同心圆

人民政协的本质是为人民，实现人民对美好生活的向往，是我们不懈努力

的奋斗目标。作为全国政协特聘专家，我一方面认真学习汪洋主席重要讲话和夏宝龙副主席关于港澳问题的系列指示，另一方面通过迎国安立法、拥护香港选举制度完善、积极参与三场重要选举等实际行动，贯彻落实中央和全国政协的指示精神；作为陕西省政协常委，认真履行常委的职责和义务，通过定期走访、结对联系、座谈交流、调查研究等方式，深入界别、勤下基层，听取意见建议。

结合自身的医药行业和国家经济发展的背景，我提出了多份有质量、有分量的提案及建议。包括将治疗尘肺病的创新药列入"十四五"相关规划；资本招商打开陕西"十四五"新局面、提升中欧班列的辐射带动作用等。

此外，我利用担任港区省级政协委员联谊主席、香港"一带一路"总商会会长和秦商总会会长等职务，通过积极参加社会活动，凝聚民族情感，推动了大量的国际交流、招商引资，先后带动了一批投资项目，更带动了中国与各国企业、社团间的国际交流，为祖国的经济发展作出了应有贡献。

郑翔玲（右三）带领港澳台侨百人代表团赴家乡陕西开展精准扶贫帮困活动，并设立千善基金

为助力陕西走完扶贫"最后一公里"，2019 年 12 月，我带领港澳台侨百人代表团赴家乡陕西开展精准扶贫帮困活动，设立 2000 万元扶贫专项基金——千善基金，个人捐赠 800 万元，实行人对人、点对点的精准扶贫。同时积极搭建陕港澳合作桥梁，为全力推动陕港澳全方位合作作出贡献，荣幸地被陕西省评为"三秦慈善家"。

作为发起人之一，我与同人一道在 2018 年成立香港"一带一路"总商会，以积极凝聚港澳台侨工商界力量，为国家战略作出积极贡献，积极促进内地和港澳与泰国、马来西亚、越南、缅甸、新加坡等国的友好往来、为互惠互利的经济发展牵线搭桥。

主动担当　筑起公益同心圆

2003 年非典、2005 年陕西渭河水灾、2008 年汶川地震、2010 年玉树地震、2013 年延安水灾、2017 年绥德水灾发生后，个人在香港和内地都踊跃捐款捐物，救助灾区。我希望能够尽己所能、无悔付出，真正做到哪里有需要，哪里就能"看得见委员的身影、听得到委员的声音"。

2020 年新冠肺炎疫情暴发后，我第一时间组织正大制药集团及下属企业，捐赠现金及药品、口罩、消毒液、负压救护车等物资，全方位驰援抗疫，并向中国医学科学院捐赠 1000 万元，累计捐赠超过 3000 万元。

同时，作为港区省级政协委员联谊会主席，我积极动员联谊会各界委员开展抗击新冠肺炎疫情的捐款捐物活动，累计捐赠口罩近 80 万件，10 辆负压救护车。除了联谊会本身组织的捐赠救援活动以外，还号召每位委员在各自领域开展捐款捐资活动。

2021 年 7 月 22 日，在河南连降暴雨、多地受灾后，秉持"一方有难、八方支援"的大爱精神和高度的社会责任感，我们中国生物制药率先宣布向受灾地区捐赠 500 万元现金和 500 万元赈灾物资，用于支援当地全力开展紧急医学救援，确保"大灾之后无大疫"，保障受灾同胞的生命安全和身心健康。

凝聚共识　共绘团结"同心圆"

加强思想政治引领是习近平总书记对政协工作的重要要求，这要体现在政协履职的全过程、各方面。作为政协委员，要最大限度调动一切积极因素，团结一切可以团结的人，找到最大公约数，画出最大同心圆，把总书记的重要指示要求落到实处。

近年来，全国政协和陕西省政协先后举办了各种类型的活动，呼吁港澳委员要发挥"双重积极作用"。对于这个命题，我认为政协委员就应该不断扩大自己的"朋友圈"，坚持深化和党外知识分子、非公有制经济人士、新社会阶层人士的沟通联络，将其作为日常履职的一项重要工作。

郑翔玲（左四）组织在港陕西各界学习宣传贯彻习近平主席重要讲话精神座谈会

坚定一致性"圆心",拉长多样性"半径"。身为港区省级政协委员联谊会主席,在 2019 年香港"修例事件"中,我带领联谊会 3000 多名委员,支持特区政府依法施政、支持警队坚决执法、广泛团结爱国爱港人士,为守护香港的安全与稳定奔走呼吁;在 2020 年香港国安立法期间,我和在港委员们深入社区一线,多次组织、参加撑国安立法活动,宣传国安法的重要性,并个人捐款支持相关活动。

与此同时,从撑香港国安立法到完善选举制度,从爱国者治港到三场选举的顺利完成,我全力投身在每一个需要爱国爱港力量支持的重要活动上。一方面利用主流媒体积极发声,另一方面主持联谊会工作,持续组织和参加各类社会公众活动。为确保香港长期繁荣稳定、"一国两制"行稳致远殚精竭虑、尽己所能。

深入基层,倾听民意也是政协委员联系群众最主要的渠道。我多次组织港区政协委员开设街站,宣传落实"爱国者治港"原则、宣传完善香港选举制度,通过与市民亲切互动,阐述落实爱国者治港,推动良政善治的重要意义,

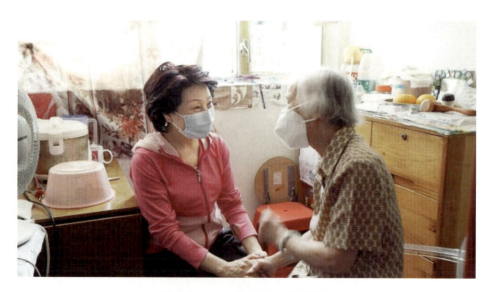

郑翔玲(左)深入基层,倾听民意

展望新制度下香港美好未来；在香港特区选举委员会选举期间，我参加了第五界别分组选举，同时动员各位委员积极参与到各项工作中来，发挥联谊会联系广泛的优势，利用各种平台，广泛动员市民。

　　"同心圆"是习近平新时代中国特色社会主义思想的关键词之一，这将成为我们政协委员责无旁贷的义务。作为港区委员，我们更需要延展自己的交际圈、关系链，团结更多香港普通市民、积极为特区政府依法施政献计献策，为实现"一国两制"行稳致远、贯彻落实"爱国者治港"原则倾己所有、贡献所能！

郑翔玲委员履职故事

与"延高"同心共筑中国梦

罗掌权

陕西省政协常委，澳门施美兰集团主席

自有幸成为陕西省政协常委那一刻，我就一直在思考如何利用自身长期投入慈善事业的资源和优势，为陕西教育事业的发展作出贡献。通过与延安教育部门和延安新区高级中学（以下简称"延高"）的合作，经过多年的努力，我们终于取得了丰硕的成果。这是一个从无到有、与时俱进、跨时近十年的履职故事。

与延高结缘

2011年底，陕西省委省政府领导来澳门招商引资，我为陕西全心全意开发大西北的诚意和热情所打动，此后便不远万里、满怀信心、义无反顾地来到陕西，在这里投入资金、人力、物力和国际化资源，参与到本省的政治和经济建设中。

2012年，我将目光放到了教育上。身在澳门，我深感港澳青少年需要更多地亲身接触祖国的优秀文化，实地感受新中国改革开放的巨变。为此，我慕名来到延安实地参观学习党的发展和革命历程，其间得知延安新区将创办一所全新的高级中学，我便主动和当地政府教育部门联系，表达投资意向。当年我去时，学校还只是一片空地。

经过几年努力，2015 年 8 月，延高正式建成并招生。延高位于延安新区北区，占地 148.93 亩，是延安市委、市政府投资建设的全日制公办学校。延安市人民政府和北京师范大学签署了相互支持的框架合作协议，该校成为"北京师范大学基础教育实验学校"，享受北师大优质教育资源。校园建有 400 米环形跑道的室外高标准塑胶体育场、室内高标准体育馆、假山、人工湖、凉亭等，室外景观中还设计有植物园、步行小道等。

在这里，我出资 1200 万人民币，在校内建成了"罗掌权教学楼"，并创建了世界华侨华人学习基地。2015 年 7 月 20 日，延高举办了世界华侨华人学习教育基地及罗掌权教学楼开幕仪式，中国侨联副主席乔卫、陕西省委常委兼延安市委书记徐新荣、陕西省政协副主席郑小明、延安市委副书记兼市长梁宏

罗掌权（右）在教学楼捐赠仪式上

贤、中国侨联组织人事部长李杰、中国华侨公益基金会副理事长兼秘书长何继宁、陕西省委统战部副部长张雷等省市领导和学校师生代表出席了仪式，梁宏贤向我和儿子罗俊隆颁发了"延安市荣誉市民"证书。

国情教育上日程

世界华侨华人学习基地通过举办短期班，推动世界华侨华人特别是海外青少年利用假期到延安学习中国传统文化、认知延安精神、了解祖（籍）国当地发展。

2015 年 7 月，我带领"2015 年港澳青少年爱国主义考察学习班"一行共52 人赴陕参观学习，增强了港澳同学对民族文化的认同感，提高了民族自豪感。陕西各地的城镇建设和繁荣的经济发展，令同学们亲身感受到以陕西为代表的新中国改革开放成果，增加了同学们对国情的认知和认同。此次活动得到

2015 年港澳青少年爱国主义考察学习班一行

了港澳社会及媒体的高度关注，同学们返回港澳后，将在陕西的所见所闻、所感所想，和身边的师友们分享，在港澳地区掀起了爱国主义学习热潮。

2018年10月，我再次回到延安新区高级中学探访师生，捐赠30万元人民币。一方面用于资助贫困家庭学生，为他们改善学习和生活条件；另一方面希望学校着重培养优秀学生，为国家选拔栋梁人才，为他们提供机会和帮助，让他们将来能迈向更广阔的舞台报效国家和社会。

2018年12月10日，中央电视台第四台国际频道在全球播出《走遍中国》系列片《四海共潮生》第6集《播种希望》，讲述了我心系祖国，长期热心公益，慷慨捐资助学、赈灾、扶贫，为内地公益事业贡献力量的事迹。当时摄制组和我共赴延高拍摄了我与延高的感人故事，播出后在全世界范围内影响巨大。

2019年3月，延高授予我"荣誉校长"称号。经过多年的不懈努力，学校不断完善校园环境建设，提高了教学质量，取得了巨大的发展和进步。特别是

拍摄《四海共潮生》时罗掌权（中）与校领导在延高合影

在近几年的高考中取得了优异成绩：多名同学成为当年延安市文理科状元，考取北大等一流高校，2022年一本上线率高达99%，为国家和社会培养了大批优秀人才。我资助的贫困生高荧荧同学2021年考取了西北工业大学，实现了个人的人生飞跃。

围绕延高开展政协活动

2021年陕西省政协开展委员自主调研活动，我选择与延高合作，开展了从9月中旬开始、历时一个月左右的调研。通过学校自查、走访学生和家长、咨询老师和学校管理层等形式，深入实际、深入基层、密切联系群众，多方听取意见，摸清了学校综合情况，并了解了典型案例，总结经验发现问题。并于10月向省政协提交了名为"扎实落实'双减'，重塑教育生态"的调研报告。除此之外，我还多次向政协提交了关于教育和慈善方面的提案和社情民意信息，尽力为本省的文化慈善教育事业建言献策。

政协的履职工作说来容易，做来不易；一时容易，坚持不易。在陕西省政协的信任和领导们的支持和帮助下，我从2012年与延高结缘到今天近十个年头，从硬件建设到软件投入，从学校一片空地到育人成才，我致力于将慈善、教育和政协工作结合，一路走来虽充满艰辛和汗水，但每当看到同学们在优美的环境努力学习，进而实现人生理想，我都倍感欣慰。这就是我和延高同心共筑的中国梦！

罗掌权委员履职故事

爱国爱港　永远不变的初心

周玟秀

香港甘肃省政协委员，香港甘肃联谊会副会长兼秘书长

2022 年 7 月 1 日，香港，五星红旗和紫荆花区旗迎风招展……看着街头巷尾洋溢的喜庆氛围，我深深地沉浸在喜悦之中。

1997 年亲历香港回归祖国，我感受深刻，之后积极参加各社团举办的活动，再到成为一名港区政协委员和香港甘肃联谊会秘书长，"爱国爱港"是我不懈的追求。

初心，在风雨中砥砺，历久弥坚

2019 年香港甘肃联谊会成立。彼时，"港独"猖獗、"黑暴"肆虐，香港陷入回归祖国以来最严峻的局面。作为香港甘肃联谊会秘书长，我深感责任重大。在非常时期，搁下繁忙的工作，带领联谊会的政协委员们和理事会成员走上街头，向广大市民派发宣传单张，宣传国安法及完善选举制度的重要性。我们"不惧酷暑暴雨、不顾及个人安危，直面'港独''黑暴'，坚决亮相发声，面向社会开展宣传，坚决同暴力分子和违法行为说不"。那时，正值香港梅雨

2019 年，周玫秀（右一）和理事架构成员一起在街站宣传国安法

季节，潮湿闷热，我们整月在不同的社区开设街头摊位摆街站，呼吁市民签名表达支持国安法，并在现场向市民解释完善选举制度的重要性，其间还不时遭到"港独"分子的挑衅。经过全港各界的不懈努力，香港社会逐步恢复稳定。

越是危急时刻，政协委员的担当愈要彰显

2020 年初，新冠肺炎疫情袭来，香港也经历了一波又一波的疫情。踏入 2022 年春节的阳春二月，随着一道冷风下降华南地区，香港春寒料峭，整月阴雨连绵，第五波疫情从几何式增长至海啸式蔓延，确诊者从每天数以千计增至几万计，医疗系统逼近饱和状态，整个香港弥漫着沉重的气息，愈演愈烈的疫情阴影笼罩整座城市。

在习近平主席的重要指示下，我所在的香港甘肃联谊会全力投入参与"全

周玫秀（左五）在疫情期间向市民派发口罩，共同抗疫

港十八区抗疫物资爱心大派送"联盟，发动联谊会的委员和理事会成员多方采购抗疫物资，组织义工队冒雨奔走在港九新界各社区派发抗疫物资，冒着可能被感染的风险，第一时间为确诊人员或家庭送上抗疫物资和药品，帮助他们安心治疗，解决他们的后顾之忧。

同时，在此期间，我们还将一批又一批抗疫物资捐赠予安老院舍、社区组织，带领年青一代共同投入抗疫的各项行动，积极参与到政府在全港包装及派发防疫服务包的行动中来，众志成城、团结力量共同抗疫。在中央政府的倾力支持和国家专家组及医疗团队的驰援下，在香港全社会共同努力下，第五波疫情得以稳控，社会渐渐恢复正常秩序。

守望相助，心手相连。反反复复的疫情，时晴时雨的天气，越是危急时刻，政协委员的担当越要彰显。这是我们的责任，更是我们的荣耀。

结缘甘肃，结缘政协，打开工作生活新境界

2022年是香港回归祖国25周年，也是新中国成立73周年。为此，香港民政事务总署在7月份举办了"同乡名胜文化展"。在得知这一消息后，我立即多方协调联络，做好统筹策划，香港甘肃联谊会代表甘肃省参加展览。

甘肃展厅以"大美甘肃、绿色甘肃、奋进甘肃"为布展主题，在展厅内大屏幕循环播放甘肃文化旅游形象宣传片、"中国兰州投资贸易洽谈会"宣传片及"文明丝路 如意甘肃"宣传片，展示了甘肃自然风光和社会发展取得的成就。为期一周的展览，前来参观的市民多达43万人，络绎不绝，带有甘肃地方特色的著名庆阳香包等小礼品，深受民众喜爱，通过展览讲好甘肃故事，圆满完成了对甘肃的宣传推介计划。

2022年7月1日，习近平主席在参加香港回归祖国25周年庆典时发表了重要讲话，提出了"四个必须"和"四点希望"，为香港做好新阶段工作指明了前进方向。在本职工作和社会活动中，我都积极学习贯彻落实"四个必须"

周玟秀参加香港甘肃联谊会学习二十大精神分享会

和"四点希望",把握香港在粤港澳大湾区的优势,用自身专业服务陇港互惠互利发展,深入探讨陇港不断增强发展的动能,以及进一步合作发展的新思路,介绍和引领甘肃企业把握时机,加快融入粤港澳大湾区,把粤港澳大湾区打造为甘肃对外开放的新高地,为促进陇港经济文化交流多做实事,为推广甘肃走向世界发挥桥梁纽带作用。

香港甘肃联谊会成立三年多以来,在中央驻香港联络办和港区省级政协委员联谊会的领导和支持下,在全体同人的共同努力下,成为省级社团并得到兄弟社团一致认可。在港区省级政协委员联谊会的评选活动中,我也获得优秀政协委员荣誉。获得荣誉是各级领导对我长期服务社区社团组织的认可及肯定,成绩来之不易,我将再接再厉,继续努力;将不忘初心,一如既往在自己的专业领域发挥桥梁纽带作用,认真履行委员职责,助力香港融入国家发展大局,在加强香港与甘肃的联系方面发挥更加积极的作用。

周桂香委员履职故事

第二章 | **建言资政**
我为祖国发展出谋划策

一片丹心为报国

王惠贞

十三届全国政协委员、提案委员会副主任

我与政协结缘，算起来快 20 年了。2003 年，我成为广西壮族自治区政协委员，2010 年增补为全国政协委员，2018 年担任全国政协提案委员会副主任。20 年来，我始终牢记"懂政协、会协商、善议政"的要求，提醒自己要把履职尽责写在脚下、写在路上、写在为群众做实事上，用心服务香港、奉献国家。

回顾十三届全国政协以来的履职经历，我深感这是极不平凡的五年，也是十分充实的五年。从国家来看，面对百年变局和世纪疫情叠加的复杂局面，党中央带领全国人民全面建成小康社会，实现了第一个百年奋斗目标，开启全面建设社会主义现代化国家新征程。从香港来看，2019 年发生"修例风波"，出现回归以来最严峻的局面。中央审时度势，实施香港国安法，完善选举制度，落实"爱国者治港"，香港局势实现由乱到治的重大转折，开启由治及兴新篇章。在此过程中，我是见证者，也是亲历者，始终不忘身为全国政协委员的情怀责任，全心全意投入国家发展和"一国两制"事业。

全力参与脱贫攻坚让我成就感满满

见证四川南江县脱贫是让我很有成就感的一件事。2018 年，为响应国家脱贫攻坚政策，我同几位港区委员联名提交了《发挥香港各界人士在国家脱贫攻坚战中的作用》提案，该提案成为当年重点提案之一。我与几位同好成立了"香港各界扶贫促进会"，该会是在全国打响扶贫攻坚战、决胜全面建成小康社会宏伟目标的大背景下，香港首个投身内地扶贫最前线的民间组织，各界人士一呼百应，筹款约 1 亿港元。

我们选择四川省巴中市南江县作为第一个扶贫点，签订了 7 个公益项目，包括：黄羊产业扶贫基金、关爱留守儿童"童伴计划"、白内障/青光眼复明计

2019 年 6 月 15 日，"香港青年上海实习计划 2019"正式启动，时任九龙社团联会理事长王惠贞牵头多方企业机构，连续第九个年头开展大学生实习计划。该计划让香港青年有机会进入祖国内地工作与生活，开阔眼界，亲身体会内地日新月异的发展变化，更好融入国家发展大局

2021 年 2 月 2 日，王惠贞（右）到访西九龙警察总部，再次慰问警队

划、乡村医生培训等。成员们多次奔赴南江考察当地经济特色，定点扶贫。比如，当地盛产优质黄羊，但信息不畅，销售不广。我们通过香港的宣传推广和销售管道，使黄羊走出大山、走向国际。在 2019 年 10 月中国扶贫国际论坛上，南江黄羊产业扶贫项目入选联合国全球减贫最佳案例奖，"借羊还羊"的脱贫攻坚模式得到了国际赞誉；教育扶贫方面，建成"童伴之家"50 个，招聘 50 名"童伴妈妈"为逾 1600 名留守儿童送温暖，救助贫困学生 500 余人，改善 72 所村小办学条件；卫生扶贫方面，开展乡村医生能力提升培训，首期有 90 名乡村医生接受培训。

在香港各界帮扶下，南江县于 2019 年 4 月完成了 45 个村、1.95 万人的脱贫任务，正式宣布脱贫"摘帽"。我们马不停蹄，又将扶贫计划推进到贵州等地贫困山区，为国家打赢脱贫攻坚战贡献香港力量。

政协培养了我"国之大者"的眼界胸怀

五年来，我积极参加全国政协组织的各种会议、调研、考察等活动，努力履行好委员责任。2022年5月，我参加了十三届全国政协第62次双周协商座谈会，围绕"进一步提升爱国爱港爱澳力量能力建设"主题，结合多年从事香港地区社团工作体会，提出了改革基层治理结构、优化政府资源分配机制、建立健全政府与基层社团交流机制、加强国家安全及国民教育推广等建议。6月，我随同汪洋主席赴青海进行考察调研，并作为7名委员之一，就"在城乡建设中加强历史文化保护传承"主题，在重点提案督办协商会上发言。结合香港古迹"保育活化"模式，提出要注重历史文化资源保护利用的实用性、共享性、包容性和参与性，并发挥"以史资政"功效等建议，中央广播电视总台对发言做了摘播。7月，我应邀到广州市天河区委统战部，就学习贯彻习近平主席重要讲话精神作宣讲报告。8月，我作为副团长，参加港区全国政协委员赴江苏考察团，围绕"推动长三角高质量一体化发展"主题开展调研并作交流发言。

我深深体会到，如果说养育我的家族是血脉亲情之家，公司是"事业之家"，那么政协就是我的"政治之家"——政协培养了我"国之大者"的眼界胸怀。通过政协这个平台，我亲身感受到国家发展进步，也历练出了从国家治理角度看待香港治理和"一国两制"实践的视野高度。我提出的不少提案和建议，得到了全国政协领导及有关方面的重视和肯定，有的已经转化为促发展惠民生的实际举措。

多项公职助我发挥双重积极作用

作为港区委员，我积极投身香港社会政治事务，发挥"双重积极作用"。我身兼多项公职，连续四届担任九龙社团联会理事长，2021年担任会长。刚接手时，会员不到10万人，现已发展到33万人，210个地区属会。居民在生活中或者在内地遇到困难，都可通过我们的地区办事处寻求帮助。我推动"青年跃动——大学生内地实习计划"，每年帮助一批香港年轻人到内地实习交流。十余年来共有 3150 名香港青年参与，已成品牌项目。不少人加入内地企业，成就个人事业，投身国家建设。我还与特区政府合作举办青年创业计划，第一期挑选 12 个团队提供资助，四年来大部分初创企业取得成功，有些还到内地发展。

我也担任香港中华总商会常务副会长，多次举办高峰论坛、组团外访，邀请海内外政商学界精英，探讨香港在粤港澳大湾区和"一带一路"建设中的机遇。我身体力行，利用家族在内地的项目，吸引"一带一路"国家来中国设立商贸机构，目前有 25 个国家在我国内地项目设立商贸馆。

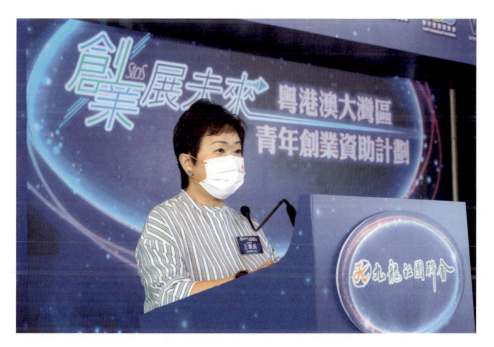

2021 年 10 月 16 日，"创业展未来　粤港澳大湾区青年创业资助计划"启动，王惠贞鼓励香港青年投身大湾区创新创业，并在资助计划下为青年团队提供创业资金、师友辅导、专业咨询、内地双创基地配对等全方位服务

在香港重大政治斗争和大是大非问题上，我始终站稳爱国爱港立场，关键时靠得住、站得出、敢发声，旗帜鲜明支持中央重大决策部署。2014年非法"占中"期间，我牵头发起"爱心妈妈"行动，同30多名母亲到金钟，与在场青年倾谈，劝吁他们尽快撤离。2019年"修例风波"期间，我带领社团公开声明谴责暴行，支持慰问警队，组织义工清除路障。中央作出香港国安立法、完善选举制度等重大决策，我第一时间接受媒体采访、公开发表文章表达支持。并上街摆街站、落区听意见，向市民宣介中央精神。每年全国"两会"后，我都要到社团、企业和学校宣讲两会精神。新冠疫情暴发之初，我自费从海外购买防护物资支持武汉，并作为发起人之一成立"全港社区抗疫连线"，在全港十八区卅展抗疫行动。

我还在媒体开设"惠言真语"专栏，配合落实中央对港方针政策和特区政府依法施政，发挥正能量。迄今发表文章70余篇，多篇被《人民政协报》转载，还接受《中国政协》杂志等媒体采访。

习近平主席在庆祝香港回归祖国25周年大会上的重要讲话，为"一国两制"发展指明了方向，也为新时期港澳委员发挥"双重积极作用"提供了指引。"一国两制"实践进入新阶段。作为港区政协委员，我深感使命光荣、责任重大。我将始终牢记"坚持为国履职、为民尽责的情怀，把事业放在心上，把责任扛在肩上"，以这份政协缘，践行服务香港、报效国家的家国情。

止暴制乱不惧死亡威胁　深耕基层促进人心回归

吴良好

十三届全国政协常委、香港福建社团联会荣誉主席

说起担任第十三届全国政协委员的履职工作，最令我难忘的时刻，是 2021 年 "两会" 期间，本人有幸在全国政协大会以 "爱国者治港" 为题发言，表达对 "国安法——法安香江" 的感恩之情，表达对 "爱国者治港" 的衷心拥护，短短七八分钟的发言，得到了 7 次热烈的掌声。我心里非常清楚：这是大会为习近平主席和中央的英明决策鼓掌，为香港进入 "爱国者治港" 的长治久安年代鼓掌！

始终站在支持国安法新选制最前线

2019 年香港的 "修例风波" 期间发生的 "黑暴"，不仅破坏了香港的社会秩序和法治，更直接冲击了 "一国两制" 底线，威胁香港的安全。这是对我们港区政协委员的一个严峻考验。我以全国政协常委和福建社团联会主要负责人的身份，与福建社团的各位负责人一起，带领福建社团始终坚定支持特区政府和警队止暴制乱。我不会忘记，"黑暴" 势力当时对我发出 "杀你全家" 的死

亡威胁。但我毫不畏惧，一直站在止暴制乱的第一线。香港福建社团组织"止暴制乱、反独保家"誓师大会，245 个团体、近千名代表发出"守护家园，人人有责""人若犯我，我必自卫"的怒吼，传遍整个香港，发挥了"壮我士气、灭黑气焰"的作用，充分显示香港福建社团召之即来、来之能战、战之能胜的"铁军"本色，在爱国爱港阵营中树立起一面敢于斗争的旗帜！

制定香港国安法和完善选举制度，是中央推动实现香港由乱及治重大转折的组合拳。福建社团开展支持香港国安立法的街头签名和网络联署活动，收集乡亲和市民签名 20 多万个。"百万闽籍乡亲撑国安立法宣誓大会"，在港九、新界共 21 个分会场全面展开，声势浩大。福建社团收集市民签名，支持完善香港选举制度，累计设立街站 237 个，共收集签名（包括网络签名）144419 个。

本人还以全国政协常委的身份积极发声，引导舆论发挥正能量，支持实施香港国安法和完善香港选举制度。2020 年和 2021 年，本人在香港媒体撰写文

吴良好（左三）在街头征集签名支持落实国安法

章，接受人民日报、新华社、中央广播电视总台等中央媒体和香港主流媒体及网站访问达 230 次。这些采访报道和文章在社会上产生了积极的影响，弘扬了正能量。

落实中央为人民谋幸福理念

这些年来，我一直致力推动深耕基层的工作，把中央、特区政府、香港社会和有关机构的关怀与温暖带给香港基层群众，既为爱国爱港阵营拓展票源、夯实基础，也助力特区政府弥补基层治理"短板"，落实中央为人民谋幸福理念，为推动人心回归作贡献。

从政协委员发挥作用的层面来讲，我觉得有许多政协委员直接参与的"千人千村"工作，特别有意义。我担任核心小组组长，牵头组织指导香港闽籍全国人大代表、全国政协委员和省市县政协委员以及部分代表人士，共 1000 名左右，到闽籍乡亲人数较多的村、社区（1000 个左右），开展联系服务基层社团和乡亲工作，深入拓展闽籍乡亲在香港的人脉关系。通过一段时间的努力，这方面的工作网络已初步建立。在疫情全面缓和后，"千人千村"工作将与有关部门密切配合，全面深入推动。

我参与和推动成立的两个基层组织"的总爱心基金会"和"公屋居民关爱会"，也在服务香港基层市民方面发挥特殊作用。"的总爱心基金会"是"的士司机从业员总会"（简称"的总"）辖下的非营利慈善机构，主要目的是为"的总"会员家庭提供救助，会员已达 53000 人。"的总爱心基金会"为遇到交通意外及疾病停工造成生活困难的的士司机提供财力支持，以及为成绩优异的子女设立奖学金。基金共筹得 2 亿元，至今批出 290 宗申请。

2020 年 3 月，在北京市委统战部支持下，我参与推动共建"公屋居民关爱会"。这是专为公屋居民注册会员及其家庭成员服务的非营利慈善机构，先后在香港新界东的沙田、将军澳、粉岭共建 9 个办事处，专职工作人员 37 人，

吴良好（左三）参与推动共建"公屋居民关爱会"

覆盖公屋 23 个、居屋 14 个，居民总数为 390074 人。截至 2020 年 12 月 31 日，共发展会员 90703 人，选民人数占 88.8%，共发展义工 233 人，其中楼长 49 人。这是祖国内地统战部门支持香港基层工作的新尝试，深得香港基层老百姓的喜爱。

我在担任福建社团联会主席期间，主持创立香港乐群慈善会和香港乐群慈善基金会，把服务闽籍乡亲逐步扩大到服务香港社会，以实际行动建设和谐社区。"香港乐群慈善基金会"获香港政府批准为非营利慈善机构，根据《税务条例》第 88 条获税务局豁免税项。该基金会成立至今，支持慈善项目款项达数千万元。

积极建言献策　认真履行委员职责

我认真履行全国政协委员职责，按时出席全国政协全体大会和常委会的全部会议，并积极建言献策。2020 年全国"两会"期间，提交了《借鉴香港经验推动"多元共治"提升城市治理水平》的政协提案，并在政协常委会提交了《香港抓住"十四五"机遇　谱写"一国两制"崭新篇章》等多篇发言。这些发言被摘发在会议简报上。2021 年，本人提交了《提升香港国际金融中心地位　服务国家发展大局》的政协提案，亦在政协常委会提交了《实行高水平对外开放：充分发挥港澳台侨同胞在构建新发展格局中的优势和作用》《全面深入实施香港国安法，确保"一国两制"实践行稳致远》等多篇发言，同时在全国政协读书群积极发言，包括在大湾区主题议政群，提出香港必须用好大湾区为香港创设的良好条件推动经济转型升级等意见建议。

2021 年 3 月，吴良好在全国政协十三届四次会议上发言

2021 年是中国共产党百年华诞，也是"十四五"规划的开局之年。我不仅牵头组织福建社团联会"深入学习贯彻习近平总书记'七一'重要讲话精神"座谈会，推动各属会举办形式多样的庆祝活动，而且参加"国家和福建省'十四五'规划，闽港合作新机遇"研讨会，就"十四五"规划赋予香港的角色任务和新定位，提出与福建省"十四五"规划相融合的新一轮闽港合作方向和项目，以推动"十四五"规划下的两地合作。

在这里，我想用 2021 年全国"两会"期间政协大会发言的最后几句作为这篇文章的结尾：我坚信，有习近平主席和中央的关心支持，有伟大祖国做坚强后盾，有"爱国者治港"，香港的明天一定会更美好！

与祖国同心勇向前　与香港同行筑新篇

陈清霞

十三届全国政协委员，香港特别行政区行政会议成员，港区省级政协委员会联谊会永远名誉主席

政协委员是一份荣誉，更是一份沉甸甸的责任。5 年来，作为港区全国政协委员，我始终以饱满的政治热情，认真撰写提案，主动担当作为，用心用情履职尽责，充分发挥"双重积极作用"，为祖国发展建设、香港繁荣稳定贡献力量。

夯实理论　建言资政

作为全国政协委员，我始终把学习政治理论放在首位，按照全国政协港澳台侨委员会要求，坚持学习与履职相结合、与香港实际情况相结合，认真掌握政协和港澳台侨工作知识，积极参加全国政协、中央统战部和天津市政协、市委统战部学习培训、调研考察、读书交流等活动，提升履职水平，增强议政能力。

5 年来，围绕国家改革开放、香港融入国家发展大局、维护香港社会大局

陈清霞

稳定等专题，我深入调研，在全国两会上共提交提案 10 余件，其中在港设立亚洲碳交易中心等提案及有关《外商投资法》条款建议，专报中央领导审阅；一些事关大事要事的提案，被新华社、中新社、《人民政协报》、《经济日报》等作了报道和刊载；有多个提案获得众多港澳委员的联名支持，形成较大影响。我的《关于加强陆港法律交流，促进"一国两制"实践发展》提案，被评为全国政协成立 70 年来有影响力重要提案，受到表彰后，我备受鼓舞鞭策。

全国两会期间，中央政治局常委、国务院副总理韩正与港澳委员座谈，我作为其中一位发言代表，针对外部势力干预香港事务问题发言，深入分析、认真研判，提出建议对策，得到全国政协有关负责人和香港中联办领导的充分肯定。就香港第七届立法会因疫情选举延期问题提出 4 点建议，受到有关方面关注。在新时代港区委员如何更好履职尽责方面，我经过深入思考，撰写了《坚定信念，推进"一国两制"实践行稳致远》《新形势下港区政协委员履职要提质增效》《完善香港选举制度为"爱国者治港"提供坚强保障》《强化责任担当是委员履职的必然要求》等文章，刊登在《人民政协报》《中国政协》及《瞭望》杂志上，并在中国政协网及省市政协网等转登。

担当尽责　助力竞选

我曾担任林郑月娥、李家超竞选办公室负责人，为两位行政长官成功当选付出努力。尤其是第六届特区行政长官选举是实施新选举制度后的首次特首选举，我作为李家超竞选办副主任兼其竞选代理人，责任重大、任务艰巨。但我勇敢挑起这副重担，满怀激情投入助选工作。

我坚持以往助选工作好做法好经验，从李家超竞选实际情况出发，认真、深入参与竞选纲领、参选时和当选后新闻发言稿的起草和审修，竞选纲领英文版的译文等工作，策划、布置并参加同社会各界的座谈、咨询、宣讲等竞选活动，提出有建设性、针对性的建议和对策。在香港中联办的指导下，我与竞选办团队发挥业务优势，妥善处理与竞选活动相关的法律事务，协调解决竞选中出现的各种问题，沟通做好与特区选举事务部门的工作，经常工作到深夜，以团结、汇聚各方支持力量，确保李先生高票当选，把"爱国者治港"原则落到实处，展现了新选制新气象，构建、发展香港特色的优质民主。

与此同时，我积极参与其他选举事务，深入基层，广泛动员专业界人士和亲朋好友登记做选民，站街派发传单为候选人造势拉票，尽最大努力以各种形式支持爱国爱港人士参选。我任香港中资企业协会法律顾问30余年，服务中资企业发展、壮大，使其参与香港政治社会事务作用越来越大，获得"杰出贡献奖"。

持之以恒　铿锵发声

我一直把勇于担当、释放正能量作为政协委员履职尽责、发挥作用的重要表现。通过在内地和香港报纸杂志上发表文章、接受中央人民广播电台和新华社、中新社等主流媒体采访、与香港专业界社团和驻港外国机构人士交流等形式，坚持对国家、香港的重大事件发声表态，宣讲中央对港方针政策，宣介全国人大及其常委会立法、修法、释法，起到引导香港社会舆论的积极作用。

5年来，围绕学习习近平主席涉港的一系列重要讲话，针对香港"修例风波"、实施香港国安法和新选举制度，我积极在媒体发声，采访内容在中央广播电视总台新闻频道、国际频道和新华社播出、刊发近70次（篇）；在《人民日报》《人民政协报》《中国政协》杂志及相关网站发表稿件20多篇；在中新社及《香港文汇报》《经济日报》《紫荆》杂志等媒体发表近300篇。

在香港局势严峻时期，我义无反顾地在内地和香港主流媒体强烈发声，对违法言行和暴力行为进行严厉批评、谴责，对特区政府依法实施管治、香港警队严格执法惩治暴徒表示坚决支持。我多次带队到香港警署总部捐赠慰问品支持前线警队人员，表达我们的关心和支持，激励他们提高士气止暴制乱。也正因为勇敢发声，我曾多次接到不明身份人打来的骚扰甚至威胁性电话，国外亲属也受到牵连。

实施香港国安法后，我加大对外宣传力度，在中央广播电视总台国际频道及其他海外媒体，介绍国安法对捍卫国家主权、安全和发展利益及对维护香港社会稳定的重大意义；有的放矢地向外国驻港机构人士进行宣介，强调中央依法实施全面管治权；启发、动员长期在港知名度较高的外国人士站出来发声，产生积极影响；在全国两会及委员通道接受采访，第一时间表态坚决拥护、支持香港国安法。我高度警觉海外媒体对新选制后首次行政长官选举的关注，分秒必争地将竞选纲领译成英文版传送媒体，有力抑制了别有用心外媒的企图。

关注青年 融入大局

习近平主席对香港青年关心关爱，寄予厚望。为此，我在担任港区省级政协委员联谊会主席时，成立了香港政协青年联会，专注做政协委员后代及培养青年人才工作，几年下来成效显现。我利用香港未来之星同学会荣誉主席身

陈清霞曾获得优秀提案奖

份，与香港大公文汇传媒集团筹划、组织香港青年赴内地参访交流，坚持数年效果凸显。2019年香港"明日之星"交流团60名大中学生赴天津，共同建立"津港澳青少年交流基地"。此后，天津政协开展了12次三地青少年交流活动，形成特色品牌项目。

为做好香港青年工作，我与几位朋友共同出资出力，成立"WE LIKE HK"并担任会长，谋划、设计形式多样、喜闻乐见的活动，吸引10多万青年人参与，寓教育于活动之中。2020年，我们组织北京、香港及冰岛足总联合举办"足球发展伙伴计划"活动，京港青年加深了情感，增强了民族自豪感。

加快融入国家发展大局、参与粤港澳大湾区建设，亦是我作为政协委员发挥作用的着力点、用力点：我带领香港专业界人士多次赴广州、深圳，商研探索建立粤港澳商事纠纷解决机制问题，为推进制度机制创新做出努力；参加粤港澳大湾区发展论坛，提出关于深化粤港澳合作、推进大湾区保险业建设的建议；支持、协助香港国际专业机构建立大湾区创新生态圈，搭建政府、企业、学者和导师智库平台；大力推进香港及海外知名机构在大湾区拓展业务，提供国际化专业服务；发挥专业优势，为内地企业走出去，参与"一带一路"建设提供国际法律服务；倾心助力天津高质量发展，在招商引资、招才引智、专业服务、慈善公益等方面作出应有贡献。

国家启航新征程，香港进入新阶段。我担任第六届特区行政会议成员，获香港特区行政长官颁授"金紫荆星章"，激励自己在新的起点上，以更大作为履职尽责，发挥更好作用、贡献更大力量。

陈清霞委员履职故事

为国为港为民承担　助力"一国两制"实践

谭锦球

> 十三届全国政协常委、广西壮族自治区政协常委，香港义工
> 联盟主席

我少年时从广东来到香港，国家的改革开放成就了我的企业家梦想，让我更深地感受到，香港能为国家改革开放作出重大贡献，一代香港人心中有为国承担的情怀，是重要原因。

"承担"是狮子山下精神基因，是港人对乡亲、家乡、亲人的质朴情感与责任；"承担"是爱的开始，是行动的动力，是勇气与力量的源泉，也是唤醒更多人合作行动的旗帜。

担任政协委员这30多年，自己深深感受到，政协委员不仅是政治荣誉，更是神圣的社会责任和担当，尤其是新时代新征程，政协委员要胸怀国之大者，把握中华民族伟大复兴大局，更应主动地为国、为港、为民承担，助力"一国两制"伟大实践行稳致远，画好中华民族最大同心圆。

为民承担脱贫攻坚出份力

多年来，我创办了广西社团总会、成立了香港义工联盟，担任多个香港主要社团主要职务。历任广西港区政协委员和常委、十一届全国政协港区委员、十二届全国政协文史与学习委员会副主任、十三届全国政协常委等。在政协委员履职中，通过参与脱贫攻坚、带领全港义工参与香港爱国爱港工作，在爱国者治港，香港由乱及治而兴的转折点，更深刻地理解到，以人民为中心，是我们祖国不断强大的坚强根基。

2014年，我深感香港爱国爱港社团需要一个涵盖全港各界的义工团体，因此发起成立香港义工联盟，以团结凝聚香港各界义工团体及组织，以扶持弱势社群，宣扬关爱文化，支持特区政府依法施政、维护香港繁荣稳定为宗旨。八年的会务发展，得到党中央、香港中联办、特区政府和社会各界的大力支持，

谭锦球（右三）发起成立香港义工联盟

义工联盟现有团体会员45个，义工团队逾900支，义工人数逾10万人，合办及资助义工活动超过3500项，受惠市民逾380万人。建立了义工联盟品牌活动，"全港义工服务日"及"杰出义工嘉许礼"。

2018年"两会"期间，为响应国家脱贫攻坚战，我和多位政协委员提交《发挥香港各界人士在国家脱贫攻坚战中作用》联名提案，被列为全国政协重点提案。其后，在中联办的推动下，确定选择四川巴中南江县为首个扶贫地区，并多次实地考察贫困情况，确定产业、医疗卫生、教育科技扶贫方向。2018年6月，香港各界扶贫促进会正式成立，共筹集资金近1亿元。2020年是脱贫攻坚战决胜年，我作为扶贫促进会召集人兼监事长，负责扶贫项目总指挥，扶贫点包括四川、广西、江西、贵州、云南等五省六县七个点的工作，全部摘帽，协助完成国家脱贫攻坚任务。

为港承担关键时刻舍我其谁

香港义工联盟的架构成员，几乎都是政协委员和人大代表。多年来大家共同努力，打造了召之即来、来之能战的十万义工大军，为社会提供专业、高效、优质和接地气的义工服务。

2019年香港"修例风波"，我看到受政治病毒毒害的青少年冲上街头暴力冲击立法会、袭警，深感心痛，觉得义工联盟要站出来，给社会和义工以希望，支持止暴制乱、维护国家安全、支持特区政府有效管治。于是率领义工领袖并全体总动员，组织大型反占中、反港独、反暴力、撑警、撑释法活动。记得8月中旬那一天，风雨交加，我和联盟许多负责人带领几十万义工振臂高呼"反暴力救香港"，在阴霾中亮剑弘扬正气鼓舞士气，我为爱国勇敢的义工感到自豪。

2020年，以全国政协副主席董建华、梁振英为总召集人的"香港再出发大联盟"正式成立。我作为发起人之一并担任大联盟副秘书长，牵头组建内地宣

谭锦球（右）参加"香港再出发大联盟"成立仪式

传工作小组并任召集人，策划一系列的宣传推广，如制作了《香港事　中国心》专题片、《我和我的家乡》电视专题片、"活力之都，魅力香港"宣传片、"香港竭诚相待的国际城市"宣传片、20集《香港再出发》系列短片等，向内地及世界传递了香港"一国两制"再出发的清晰信号、坚强信心。

　　同是这一年，我接任了香港各界庆典委员会主席，成立基金会募集庆典经费，壮大庆委会团体会员架构，每年庆典主题均对接中央和香港的重大事务，如2020年香港国安立法、2021年建党百年、2022年香港回归祖国25周年等，举办了丰富多彩、影响面广的庆典活动，成为庆回归的一道亮丽风景线。

2020 年伊始，新冠肺炎疫情冲击香港，我们迅速成立香港义工联盟"全港防疫筹委会"，实时筹集善款千万元，于世界各地筹集抗疫物资，将 10 万个口罩分发予各义工团派发给地区基层人士，之后再向长者、综援户及伤残人士派发 5 万个口罩，于 2 月初捐赠医护用口罩给前线医护人员，及向"香港纪律部队义工服务队"捐赠抗疫物资等。

2021 年 7 月，义工联盟分别成立社会事务基金及青年发展基金会，即筹办首个纾困行动，面向地区基层市民和学生，于 9 月至 11 月期间分别向全港十区共万名市民派发"爱心米"、为千名市民派发免费饭餐；向 3000 多位清贫学生送赠开学新校服。9 月开课，联盟又为全港 150 间中、小学校免费派赠共 500 万个防疫口罩，受惠学生近 10 万人。联盟还设立"义工关爱基金"，为抗疫活动中染疫的义工提供应急援助，为义工们提供坚强的后盾。

2022 年初疫情再次汹涌而至，香港义工团体关键时刻挺身而出，香港义工联盟及全港社区抗疫连线等爱国爱港义工队伍 3 月成立"全港抗疫义工同盟"，逾万名义工在抗疫旗帜下大集结、大联合，聚焦"三减三重一优先"，持续开展九大义工行动，其中协助政府包装及派发"防疫服务包"行动，短短两天为全港 300 多万个家庭送上防疫服务包，带动香港社会同心抗疫，成为在维港两岸、狮子山下传递香港抗疫战中官民合作、爱国爱港力量，众志成城的亮丽风景。

为什么我们义工团体在香港遭受"黑暴"及世纪疫情之际，总能率先冲出、成为美丽的逆行者？这是因为，我们一直坚信：危机来临，此刻行动是最好的宣言，是最美丽的旗帜，是最激动人心的战鼓。

我们能够这样坚守、拥有这样的信念，是因为我们知道，我们不是孤军，我们始终被注视、被关怀，始终有最坚强最强大的后盾，中华民族生生不息的文明传递、肩负神圣使命的记忆，总是在最关键时刻在我们内心深处苏醒、召唤、呼喊，激励我们敢于承担、勇于行动地冲出去。

为国承担建言献策画好同心圆

作为全国政协常委，我积极参加全国政协活动，认真调研提交政协提案，就国家发展提交大会发言、专题发言，每个月都在媒体发表文章、接受采访等，建言献策、为国承担。多年来，提案、发言等涉及主题包括：发挥香港各界人士在国家脱贫攻坚战中作用、更好发挥爱国社团政团积极作用、系统培育青年提升爱国爱港力量能力、发挥政协委员作用铸牢中华民族共同体意识、集聚各界力量探索产业扶贫"香港方案"、支持香港加入自贸协定打造高质量发展开放龙头、支持香港与内地教育合作助港青融入国家、加快绿色科技革命加强区域协调发展和对外交流合作、建设更高水平开放型经济新体制形成深度融

谭锦球（前排右二）接受媒体采访

合的互利合作格局、坚持"爱国者治港"、推动"一国两制"行稳致远等。个人署名文章和接受采访涉及所有香港爱国爱港重大事件，关键时刻及时发声，支持国家对港重大政策，坚定拥护国安法、爱国者治港新选制等等。

新时代新征程，我们对实现中华民族伟大复兴更有信心。胸怀国之大者、勇于为国承担，是时代使命，是我们的光荣责任。有承担的人生是幸福的、开心的、美好的，因为在承担者心中，祖国永远是最大的牵挂，而与亿万同胞同心向前、共同手挽手贡献民族伟大复兴，正是这世界最美的风景。

关注民生献良策　不辱使命促发展

黄华康

十三届全国政协委员，香港坤康实业有限公司董事长

以全国政协委员身份参与国家大事，为国家发展积极参政议政、建言献策、作出贡献，这是每位全国政协委员的荣誉和责任。成为十三届全国政协委员以来，转瞬间已近五年，在疫情的严峻考验下，全国两会仍然能够在国家的严谨安排和对委员们的关怀下顺利召开，我深刻体会到大家对全国两会的重视以及我们朝着共同目标前进的力量。为此，在履职过程中，我更加注重学习，作为港区委员，我更加能够发挥"双重积极作用"，凝聚不同界别社会人士，充分发挥影响力和号召力，成为最坚定的爱国爱港的中坚力量。

聚焦青少年健康成长

在成为全国政协委员的第一年，我提出了《关于加强中小学校法治教育的建议》的提案，今天很开心地看到，这一提案建议的内容已在香港开展，并得到社会各界重视。我提出该提案源于2014年发生的非法"占中"，很难相信身为大学法律教授，竟公然鼓吹年轻人去做"违法达义"的事，香港法治教育如

黄华康（中）到街坊宣传香港国安法

此匮乏，故特意在全国两会上提出。

我在提案中提出 5 点建议，包括在全社会营造尊法学法守法用法的氛围；多途径、多渠道加强中、小学学校法治意识教育培养，加强学校法治教育教师队伍建设，全面构建学校、家庭、社会"三位一体"的法治教育体系，以及营造校园法治文化建设。特别建议要加强青少年的法治教育，他们尚未成年，思想尚未成熟，极易误入歧途，希望社会各界共同努力，做好青少年群体的法治教育工作，确保他们在正确的道路上健康成长。

人民健康能使国家富强昌盛，构建健全健康教育体系，可以引导群众建立正确健康观，建立健康的生活方式，提高人民健康水平。在第二年，我又将目光聚焦于青少年的身体健康上，提出了《关于推进实施中小学健康促进行动，减轻中小学不必要课外负担，增加体育健康课和课外锻炼，强化场地、设施、师资配备的提案》，非常荣幸这份提案能够成为全国政协 2020 年优秀提案，引导广大群众全面了解国家发展，让社会各界关注构建人民健康生活并为此共同努力。通过选写提案的过程，令我对国家社会现状有了更深刻的领悟。

今年，我提出了《关于关注强化优质网络文化供给，营造有利于高校学生健康向上的网络生态的提案》。互联网普及率高，手机更是青少年生活不可或缺的部分。他们以手机沟通联系，在社交平台分享生活及建立社交圈子，可见网络对青少年的影响力。为此，我们必须要推动全社会行动起来，关注网络对青少年的危害，共同构建健康网络文化，进一步强化优质网络文化供给、营造有利于青年学生健康向上的网络生态。我们要善用互联网，使它成为排忧解难的好工具，共同为青少年有一个健康的成长环境而努力。

为打赢脱贫攻坚战助力

近些年来，为打好脱贫攻坚战，我国实施了一系列重要措施，体现了中国共产党全心全意为人民服务，全面建成小康社会的决心。

身为港区全国政协委员，我们也一同参与到国家脱贫攻坚中来。在香港，全国政协常委谭锦球牵头召集组成香港各界扶贫促进会，我有幸担任该会秘书长，在参与国家脱贫攻坚进程的同时，也会积极关注香港本地扶贫，援助本港基层弱势群体。

不仅如此，多位全国政协香港委员以"发挥香港各界人士在国家脱贫攻坚战中作用"为题联名提案，2018 年开完政协会议便开始着手筹备，先后到四川省巴中市南江县考察，扶贫点包括四川、贵州、广西等地。我们能够为国家打赢脱贫攻坚战尽一点绵力、贡献一份力量，何其光荣。

在打赢脱贫攻坚战、全面建成小康社会后，进一步巩固拓展脱贫攻坚成果，接续推动脱贫地区发展和乡村全面振兴，是"十四五"期间农村工作特别是脱贫地区农村工作的重点任务。我们同样会积极参与，努力担当有为。

积极在港宣讲两会精神

这 5 年来，每一年在北京参加完全国两会后，回港后我都会利用自己担任校监和社团领袖的有利条件，立刻在学校和社团向教职员学生及乡亲开展两会的宣讲分享工作。

我感到最开心和成效最大的便是到学校进行宣讲，把两会的重点带进校园与老师和同学分享。由于香港的年轻人对两会的了解不多，我们通过亲身讲解分享，可以把信息传递给他们，增强他们的认知。老师和同学们也很积极好学，会主动提问，这让他们对国家和中国共产党有更全面的认识。

在重大议题上，如《中华人民共和国香港特别行政区维护国家安全法》的实施和粤港澳大湾区的发展等，我都会走进校园，与青年们做解说，把清晰正

2019 年，黄华康在学校宣讲两会精神

黄华康（中）在学校分享习近平主席在庆祝香港回归祖国 25 周年大会暨香港特别行政区第六届政府就职典礼上讲话精神

确的观点带给他们，使他们免受不当信息误解，能够认清方向，加强对国家发展的认识，并提早规划未来，在毕业后更好融入国家发展大局。

2022 年 7 月 15 日，我还以全国政协委员及校监身份到学校举办讲座，分享习近平主席在庆祝香港回归祖国 25 周年大会暨香港特别行政区第六届政府就职典礼上的讲话精神。未来，我也会进一步加强推进香港青年宣讲工作，将工作做得更好、做得更到位。

在五年履职的过程中，我深刻体会到作为政协委员责任之重大。我们必须要有作为，积极地发声，向世界讲好中国的故事、香港的故事。在面对世界大变局中，国家的强大必须要全国人民大团结同奋斗，全国人民必定风雨同路，一起携手，同心为中华民族伟大复兴前进。让我们齐心合力，贡献祖国，建设香港，同心共圆中国梦。

了解国情国策　在港积极履职

邱达昌

十三届全国政协社会和法制委员会副主任，香港远东发展有限公司主席兼行政总裁，香港有线宽频通讯有限公司原主席

近年来，国际形势多变，地区冲突不断升级，贸易保护主义、单边主义等逆全球化暗流涌动，世界经济重心及政治格局都面临前所未有的人变革。

令人欣喜的是，在国家主席习近平的领导下，我国正走向世界舞台中心，国际话语权和影响力显著提升，尤其是在面对席卷全球的新冠肺炎疫情，国家始终把人民生命安全和身体健康放在第一位，统筹疫情防控和经济社会发展。作为一名爱国商人，我对此感到非常骄傲自豪。

在履职中，我通过列席每年的全国政协常委会和履职能力培训班，深入学习、宣传中央的重要会议精神，对国情和重大国策有了更加深刻的了解。在参政议政时，结合个人专长和经验，更有针对性地提出有建设性的建议，包括《关于进一步改善中小企业发展环境的建议》《关于以软实力加强中国与欧洲国家间国际形象的建议》《关于增加内地电视频道在香港转播的建议》等，其中《关于放宽内地对外投资政策和促进人民币国际化的建议》获选年度重点提案。

2021年，我有幸受邀参加中国共产党成立100周年系列庆祝活动，在北京

天安门广场现场聆听国家主席习近平"七一"重要讲话，深受教育和洗礼，心中激动不已，为党的百年奋斗光辉历程感到自豪。历史已充分证明，没有中国共产党，就没有中华民族伟大复兴。

2022 年是香港回归祖国 25 周年，国家主席习近平莅临香港，出席庆祝大会暨第六届特区政府就职典礼并发表重要讲话。我同样获邀参加，在现场真切感受到习近平主席对港人的亲切关怀、对特区的重视支持、对香港未来发展的鼓励和期望。

在积极履职中宣传爱国爱港

过去几年，无论是 2019 年"黑暴"动荡或是新冠肺炎疫情的冲击，香港经历了多次严峻考验，幸而有习近平主席的关怀和中央政府的强力支持，我们

2021 年 9 月，邱达昌到观塘区设立街站，派发宣传单张，向广大市民讲解完善选举制度的优势

战胜了一个又一个风险和挑战。眼见自己的家园被部分"港独"暴力分子肆意破坏，我深刻意识到，作为港区全国政协委员，一定要发挥主体作用。

一方面，我积极参加反黑暴集会、街站活动；另一方面，以接受媒体采访、撰写文章方式积极发声，撰写数十篇评论文章，坚决支持香港国安法颁布实施、支持全国人大常委会修订基本法完善特区选举制度，鼓励香港市民守护"一国两制"并积极融入国家发展大局、传承爱国精神。

犹记得，我在 2020 年跟随香港特区政府代表团前往瑞士达沃斯出席世界经济论坛年会，与会外国嘉宾多数因为听信西方传媒歪曲报道，随意指摘香港人权自由。我当场向他们提出，香港事务纯属中国内政，任何外部势力都无权干涉，真正希望香港稳定繁荣的人都不愿香港陷入政治斗争旋涡，香港是开放包容的国际金融中心，绝不应该成为西方政客"反中"基地。在整个代表团的不懈努力和宣传下，成功扭转了不少外国企业家对香港的偏见。

因为公司业务原因，我与澳洲等国家驻港领事保持着友好关系，近期受邀参加活动时我正式向他们提出三点意见：希望澳洲不要盲目跟从美国，进行一些破坏两国关系行为，我们应该始终秉持相互尊重、求同存异精神，互惠互利；台湾问题完全是中国内政，外国势力不应插手；在两国留学生方面，学术交流是民间文化交流的重要方式，澳洲政府不应效仿美国，以各种非正当理由拒绝中国学生入境。我再次表示香港是国际金融中心，绝不应该被政治议题绑架，获得与会人士的一致认同。

在联络海外华侨方面，新加坡和马来西亚都是主要华侨聚居地，我凭借当地商业优势，一直进行联络团结华人工作，包括近期协助香港立法会议员与新加坡、马来西亚商会等民间团体会面，共同探讨促进与香港在经济发展等各方面的合作机会。

2019 年"修例风波"期间，不仅是外国企业家受到部分媒体影响，香港本地也充斥着虚假信息，我时任香港本地三大电视台之一——有线电视的董事会主席，清楚舆论的重要性，在接受各大媒体访问同时，对有线新闻台内容和人

2021 年 7 月，在邱达昌的积极推动下，香港有线电视成功引入电视剧《觉醒年代》，向香港年轻人传递正能量，宣传爱国爱港内容

员进行调整，坚决防止公众平台被别有用心的人恶意利用。

经过调整，有线电视新闻部于 2020 年制作《依法自讲》《声东击西》及《守护香港的故事》等专题节目。在我积极推动下，中央有关部门与香港有线电视合作，成功在港播出庆祝建党百年的献礼重头电视剧《觉醒年代》，向香港年轻人传递正能量，宣传爱国爱港内容，帮助年轻人增强国民意识及对国家的认同感。

作为港区全国政协委员，同时也是香港特区新选举制度下选举委员会的选委，自 2021 年 3 月起，我积极参加各类活动全力支持落实"爱国者治港"，曾到观塘区设立街站，派发宣传单张，向广大市民讲解完善选举制度的优势，得到了很多积极的响应，我感受到香港社会绝大多数市民都迫切盼望香港早日回到发展经济、改善民生的正轨，同时也被大家对香港这个共同家园热切的爱而感动。

发挥自身力量贡献社会

在新冠肺炎疫情暴发时期，全社会携手抗疫是头等大事。作为全国政协委员更要身先士卒，积极作出贡献，我随即安排旗下多家酒店作为检疫隔离设施，配合抗疫。

公司旗下的武汉及上海帝盛酒店，为早期滞留武汉人士、医护人员及上海有需要的人士提供住宿及照顾其膳食；在香港，集团配合特区政府措施，在2022年初香港本地疫情最严重时，将旗下香港9家酒店全部转为社区隔离设施、指定强制检疫酒店等，提供近3000间客房，至今已为数十万名医护、警务人员、外籍佣工及有需要隔离人士提供援助，全力支持特区政府工作，履行社会责任。

2021年7月，邱达昌参加中国共产党成立100周年的系列庆祝活动

我非常自豪目睹国家经济实力、科技实力、综合国力、国际影响力持续增强。令我印象最深的是在习近平主席的领导下，多年间国家实施了大规模、有计划、有组织的扶贫开发，着力保障和改善民生，目前现行标准下近 1 亿农村贫困人口全部脱贫。

我在香港出生，虽自幼接受西方教育，但时刻谨遵"爱国爱港　自强不息"家训，在两届全国政协委员任期内，接受到更全方位的国情教育，对自己的国家有了更深的了解，受益良多，也有幸与各位政协委员同僚为国家发展出谋划策，未来我将继续利用自己在新加坡和马来西亚等东南亚等国的经营优势，全力支持和配合国家"一带一路"建设。

祖国已经开启了全面建设社会主义现代化国家新征程，我相信，实现中华民族伟大复兴的中国梦指日可待！

知责于心　担责于身　履责于行

贺定一

十三届全国政协港澳台侨委员会副主任，全国妇联常委，澳门妇女联合总会永远会长，澳门中华总商会副会长，澳门贺田工业股份有限公司董事长

时光荏苒，转眼第十三届全国政协委员任期已近尾声。去年我有幸获得全国政协委员优秀履职奖，得到全国政协对我履职工作的肯定，深感荣幸，也深受鼓舞。

近年来，人民政协工作不断加强和改进，特别是党的十八大以来，习近平主席对政协工作发表一系列重要讲话、提出一系列重要论述、作出一系列重大部署，形成关于加强和改进人民政协工作的重要思想。我在不断学习中成长，对新时代人民政协工作的认识不断加深，时刻要求自己做到知责于心、担责于身、履责于行，爱国爱澳拥党，在大是大非面前坚守正确政治方向，坚决维护国家利益，关注青少年爱国主义教育，确保爱国爱澳核心价值薪火相传，"一国两制"事业后继有人。

五年间的履职工作，一桩桩一件件，历历在目……

让爱国爱澳光荣传统薪火相传

"1.6 亿网友阅读观看，1.1 万人参与讨论……" 2020 年全国两会期间，我的大会发言意外走红网络。当时，我作了题为"推进'一国两制'实践在澳门行稳致远"的发言，介绍澳门回归祖国 20 年来，在中央政府和祖国内地的大力支持下，坚定贯彻落实"一国两制"方针，创造了"澳门特色、澳门亮点、澳门经验"，将在新时代继续推进"一国两制"实践在澳门行稳致远。我在发言中提到"目前澳门共计 87 所大中小学已实现升降国旗、奏唱国歌全覆盖"。经各大媒体报道后，这份发言内容被广泛转载，当天就登上了热搜榜，网友们纷纷为澳门青少年的爱国主义教育点赞。没想到政协的大会发言有如此巨大的影响力，这也从侧面反映了在当时内外复杂形势下，全国人民对澳门的关心重视以及对澳门青少年爱国主义教育工作的认可。

贺定一向妇联总会青年协会国培班传达两会精神

一直以来，我把关心关爱青年成长当作一项十分重要的工作。每年全国两会结束回澳后，我都到各社团、机构、青年团体、学校等进行 20 多场的两会精神宣讲，宣介习近平新时代中国特色社会主义思想，讲好中国共产党治国理政的故事、人民政协制度和新型政党制度的故事，讲解国家重大战略，包括粤港澳大湾区、横琴粤澳深度合作区建设等给澳门带来的重大历史机遇，鼓励他们抓住机遇，融入国家发展大局。平时我也经常和青年们谈心，与他们零距离接触、面对面交流，以他们喜闻乐见的方式与他们沟通，了解他们的所思所想，倾听他们的看法意见、所求所需，为他们的成才搭梯搭桥、提供帮助，努力做青年朋友的知心人、热心人和引路人。

作为澳门多个主要社团的领导人，我一直坚守爱国爱澳立场，努力多做加强团结、释疑解惑、化解矛盾、人心回归的工作，更把培养爱国爱澳青年骨干作为社团工作的重点，鼓励青年深入基层一线吃苦磨炼，放手让青年在重要领域和重要岗位上施展才华，引导他们在实践中深化认识、感悟真理、成长成才。

澳门的"一国两制"实践能否不走样、不变形，并且不断取得更大成功，关键在于不断加强对青少年的教育培养，加深年青一代的爱国爱澳情怀，增强对"一国两制"事业的责任感和使命感，培养更多优秀的具有爱国爱澳情怀、国际视野、德才兼备、奋发有为的治澳建澳人才和国家需要的人才，使爱国爱澳光荣传统薪火相传，使"一国两制"伟大事业后继有人，使"一国两制"实践行稳致远。

为深化横琴与澳门合作积极建言

加快横琴粤澳深度合作区建设是以习近平同志为核心的党中央作出的重大决策部署。横琴既是推进澳门融入国家发展大局的重要平台，又是丰富"一国两制"实践内涵的积极探索，还见证着澳区全国政协委员履职尽责，在建言资

贺定一在 2020 年全国两会上作大会发言

政和凝聚共识上双向发力的不懈努力。

近十年来，我最关心的就是横琴的发展。早在 2012 年，我就对深化横琴与澳门合作有关具体实施细则问题进行调研，广泛听取澳门业界的意见，于 2012 年全国两会期间提交了《建议尽快出台横琴开发优惠政策落实细则》的提案，得到了中央的高度重视。提案中的四点建议都一一得到落实，为推动横琴与澳门的务实合作提供了积极帮助。2019 年，在人民政协成立 70 周年之际，政协第十三届全国委员会从全国政协成立 70 年来的 14 万多件提案中，评选表彰了 100 件有影响力的重要提案。这篇提案有幸入选。

之后，我持续关注和深入调研，始终把深化横琴与澳门合作放在重要位置。澳门与内地存在体制机制的差异，制约了琴澳便捷流通，这需要从顶层设计出发、解决制约横琴发展的体制机制障碍，加快对接。

2019 年全国两会期间，我提交了《关于深化琴澳合作、促进琴澳发展的提案》，它被列为 2019 年全国政协 12 件重点督办提案之一。当年 11 月，全国政协副主席马飚、港澳台侨委员会主任朱小丹一行围绕"推进澳门横琴深度合作"主题，专程赴澳门和横琴开展重点提案督办调研。这是贯彻落实习近平主席关于推进澳门横琴深度合作、促进澳门经济适度多元发展系列重要指示精神的具体行动，也是澳区政协委员勇担使命、履职尽责的重要体现。通过这次重点提案督办调研，综合各方意见，调研组提出一系列重要意见建议，得到有关部门高度重视并积极研究推动落实。

2021年9月，我激动地看到，国家出台了《横琴粤澳深度合作区建设总体方案》，横琴粤澳深度合作区正式揭牌运作，采用粤澳共商共建共管共享的新模式，这是中央政府支持澳门经济适度多元发展、丰富"一国两制"实践的重大部署。欣慰之余，我更深刻地感受到责任感和使命感，感受到中央对澳门发展的关怀和重视。

今年两会，我又提交了《关于尽快制订出台横琴粤澳深度合作区法的提案》《关于尽快出台支持深合区产业的政策的提案》等，建议以促进澳门经济适度多元发展为主线，加大对深合区的政策扶持，推动深合区建设迈上新台阶。

优秀履职奖是一份珍贵的荣誉，更是一份沉甸甸的责任。尽管这已是我担

贺定一向学校传达两会精神

任十三届全国政协委员的最后一年，但我认为责任永远不会结束，一届政协委员，一生政协情缘，初心仍在，使命依然。我依然会坚定爱国爱澳拥党立场，在社会政治事务中发挥模范带头作用，继续发挥"双重积极作用"，为加快推动澳门融入国家发展大局，为推动"一国两制"实践行稳致远，为祖国的建设和进步，发挥应有之作用，不负优秀履职奖的称号！

贺定一委员履职故事

紧扣创新脉动　奋楫复兴征程

张泽熙

十三届全国政协常委，台盟中央副主席、浙江省原主委，全国台联副会长

能够成为一名全国政协委员，意味着可以参与到一系列事关国计民生重大决策的协商过程，意味着可以在全国两会等多个协商平台发表自己的意见建议，这无疑是一份莫大的荣耀。如何站在国家层面对国内外重大问题提出建设性的思考和建议，如何在社会各界面前展现出港澳台侨委员的新样子，是我长期思考的问题。

随着改革开放的不断深入和经济社会的快速发展，委员履职的舞台极为宽广，涉及的领域极为丰富，可选的议题极为多元。中共十八大以来，在习近平总书记的亲自关心指导下，关于新时代加强和改进人民政协工作的意见等一系列重要文件相继出台，"高质量建言"日益成为各级政协新的工作导向。在这种情况下，只会做"加法"，追求数量，是无法胜任新时代履职需求的。而要做好"减法"，提高质量，则需要准确把握国之所需与己之所能的契合点。

在政协履职工作的切入点上，习近平总书记关于科技创新的一系列重要讲话内容给了我很大的启发。早在浙江工作期间，习近平总书记提出"八八战

略"重大决策部署，就已经锚定了打造创新型省份和推进科技强省建设的大方向。并且，在如何主动抓住科技创新这个"牛鼻子"方面，提出了很多极有预见性的科学论断。特别是 2016 年 5 月 30 日，习近平总书记在全国科技创新大会上指出："科技是国之利器，国家赖之以强，企业赖之以赢，人民生活赖之以好。中国要强，中国人民生活要好，必须有强大科技。"我本人在通信行业工作多年，曾任普天东方通信集团有限公司总经理，深知科技创新对于一家企业积蓄发展后劲，建立竞争优势的关键作用。推而广之，从企业竞争到省域竞争，再到国际竞争，科技在其中发挥的作用都是基础性、决定性的。"谁牵住了科技创新这个牛鼻子，谁走好了科技创新这步先手棋，谁就能占领先机、赢得优势。"

然而，想要在实践中真正"牵牢牛鼻子""下好先手棋"并不简单。而要在科技创新领域拿出有分量、有说服力的对策建议，也需要久久为功。于是，我决定紧紧抓住科技创新这条主线，力求把相关课题做深做透，持续助力科技强国建设。

自 2016 年起，我就带领课题组跟踪研究 R&D 经费投入强度与区域内国民生产总值、财政收入、发明专利授权量、高科技产品出口额占出口总额比重、全员劳动生产率等系列指标数据间的钩稽关系。最开始，我们以长三角区域的省域为研究对象，从连续多个五年规划期间相关指标数据变化入手，逐步厘清 R&D 经费投入强度与经济社会总体发展质量之间的相关性，并得出了 R&D 经费投入强度这一关键指标不仅直接拉动区域科技创新水平提升，且与区域经济高质量发展具有正相关性的初步结论。此后，我们又在市域、县域等样本群体上，持续从不同视角、不同层次、不同切口入手，反复对这个结论进行验证和完善，力求把问题研究透彻，把建议做精做实。在这一过程中的阶段性研究成果，连续得到三任中共浙江省委书记，共计五次批示肯定。2020年，我在历年研究成果的基础上向台盟中央提交了《实施创新驱动发展战略，加强"十四五"规划科技发展顶层设计》的调研报告，得到了台盟中央的肯

2022 年 3 月，张泽熙代表台盟中央作《团结广大台湾同胞　推进两岸融合发展》大会发言

定。在全国政协十三届常委会第十三次专题会议"制定国民经济和社会发展'十四五'规划"主题协商会上，由我代表台盟中央作《优化创新驱动指标设置　推动经济高质量发展》大会口头发言。

　　近年来，世界百年未有之大变局加速演进，国际环境日趋错综复杂，国内外各领域的突发状况层出不穷。对于政协委员而言，既需要紧跟动态，及时捕捉一些典型性热点问题，同时，还得善于做"长考"，通过面前纷繁复杂的碎片化信息，梳理出趋势性、战略性的问题，往深处想，往远处谋。

　　2018 年 3 月，美国政府宣布，将向中国出口美国的大约 500 亿美元到 600 亿美元的高端产品征收 25% 的特别关税。作为反制措施，我们随后也宣布将向美国出口到中国的部分商品征收 15% 到 25% 不等的关税。通过分析中美之间中长期的贸易结构和科技实力对比，我认为这次贸易领域的摩擦只是表象，加征关税也可能只是一个开始。以美国为首的西方传统科创强国可能并不甘心坐等中国在高科技领域的加速追赶，必将采取一切手段迟滞我们的复兴进程。据此，我先后向全国政协报送了《加快提升研发投入强度 早日赢得国际贸易主动权》《提升研发投入强度是实现强国梦的根本保证》等一系列针对性建议。

2020年初，新冠肺炎疫情暴发初期，围绕如何防控疫情蔓延、研制新冠疫苗等问题，很多委员纷纷建言献策。作为一名全国政协委员，我也极为关注疫情的发展变化。虽然在医疗卫生领域我没有太多发言权，但经过一段时间的观察和思考，我发现疫情对国际国内经济社会的影响不断加深，并且与此前已经露出苗头的西方国家打压我国高科技企业等围堵动向产生了叠加效应，对我国的产业链安全造成了较大威胁。结合此前对于国际战略博弈中科技创新领域的态势研究，我在当年的两会前，向中央提交了《关于提升战略性产业链和区域经济体"内循环"能力的建议》的信息专报，会议期间又正式提交《关于后疫情时期应注重提升战略性产业链和区域经济体"内循环"能力的提案》。这份

张泽熙个人提案获全国政协2020年度好提案

提案与中央提出构建"以内循环为主体，促进国内国际双循环"的战略格局
高度契合，经十三届全国政协提案委员会推荐，被评为全国政协2020年度好
提案。

2020年下半年，围绕"十四五"规划的制订，我主动谋划了关于新能源汽
车产业高质量发展的系列调研。当时，新能源汽车产业还没有进入爆发式增长
期，各类技术路线也远未成熟，行业协会和各个厂商对于补能模式的选择还有
很多争议。我认为新能源汽车产业是我国在全球高端制造领域实现换道超车的
关键所在，并与城市能源结构的重塑息息相关。在先后调研比亚迪、北汽新能
源、吉利、蔚来等多家新能源企业之后，我形成了《撬动新能源汽车产业关键
支点　加速形成内生性国际战略竞争优势》《关于进一步加强顶层设计　确保新
能源汽车产业安全》等建言成果，对于积极引领新能源汽车产业链的系统性重

2022年7月11日，张泽熙（左二）带队赴浙江省衢州市"一亩耘心"自然农场，实地了
解衢州在推进乡村振兴、加快现代农业示范区建设和搭建浙台农业融合发展平台等方面情况

塑、主动抢占技术和标准制高点等方面进行了前瞻性建议。

此外，我曾多次建言政府加强生活服务性机器人产业的规划引导。这既是应对老龄化社会加速到来的科学之策，也是更好满足人民群众对美好生活向往的睿智之举。我们在面对社会结构重塑带来的前所未有的系统性问题时，也可以依靠科技进步的力量加以解决。

发挥专业优势　用心履职尽责

杨毅周

十三届全国政协委员，中华全国台湾同胞联谊会副会长、党组成员

作为一名全国政协委员，5年来，我着重在提高政治把握本领和提高协商议政本领上下功夫，努力提高自身履职能力，注重将学习习近平新时代中国特色社会主义思想、人民政协基本理论知识与学习新时代党解决台湾问题总体方略有效结合起来，紧扣对台热点、难点和台胞关注的主要议题，把自身的对台专业优势融入履职建言之中。

坚持政协情怀　广泛凝聚共识

我在全国台联工作，在日常工作中，能接触到许多来自岛内、海外的台胞乡亲，最常听到的是"同胞血脉相连、亲望亲好"。

2018年我在全国政协委员履职之初，恰逢国家推出"31条"惠台利民政策措施。我立即想到，一个庞大的常住大陆台胞群体将逐步形成，一个新的两岸统一局面将逐步形成。为此，我在当年全国两会上，提交了题为《让"两岸

杨毅周在全国两会上发言

一家亲"深入人心　让台胞顺利融入祖国大陆》的大会发言。

随着各项惠台利民政策措施的落实，越来越多台胞到祖国大陆学习、创业、就业、生活，形成常住大陆台胞群体。如何让他们顺利融入祖国大陆，对深化两岸融合发展具有重大的意义。2019 年，我在全国两会上提交了《深入学习习总书记"1·2 讲话"　加快推动祖国和平统一进程》的大会发言。在 2021 年全国两会上，我结合自身工作经历及调研情况，提交了题为《推动台胞深度融入祖国大陆　深化两岸融合发展　推进祖国和平统一》的大会发言，提出了提高政治站位、注重深度融入、增强两岸共识、探索融合新路等建议。随着两岸融合发展的不断深化，通过中华文化的创造性转化、创新性发展，达到两岸同胞的心灵契合，增进和平统一认同的重要性不断显现，因此，我在今年全国两会上，提交了《发挥中华文化精神力量　增进两岸同胞心灵契合》的大会发言。

深入调查研究　注重发展成效

调查研究是政协委员参政议政、建言献策、履行职能的根本前提。我在履职过程中，非常重视深入界别群众开展调研，注重发挥台联系统合力和应用全国政协考察调研等机制，围绕广大台胞关注的热点、难点、重点议题开展调研。同时，密切关注职能部门落实情况，推动调研成果转化为发展成效。

这几年来，我围绕深化两岸融合发展主题，动员全国政协台联界别委员赴多地开展专项调研和考察。2019 年，全国政协台联界别赴福建就福建省"探索海峡两岸融合发展新路"开展考察。在 2020 年全国两会上，我根据考察报告及日常工作掌握情况，发起提交了《关于支持将闽南师大圆山学院打造成为两

2020 年 11 月，杨毅周（右一）参加十三届全国政协台联界别赴海南考察组与在琼常住台胞座谈交流

岸融合发展基地的提案》的界别提案，建议以打造深化两岸融合发展实践基地为抓手，着力培养深化两岸融合发展、促进祖国和平统一的两岸人才。2021年，我们又在2020年赴海南开展界别考察的基础上，以界别的名义，提交了《关于赋予海南探索创建两岸融合综合试验区的提案》，旨在建议支持海南探索两岸融合发展新路，赋予海南探索创建两岸融合发展综合试验区任务，以区域先行先试，推动惠台利民政策措施落细落实。

在国家推进脱贫攻坚、乡村振兴的进程中，台胞台企的参与同样具有特殊意义。为此，我在和全国政协台联界别委员讨论2021年度界别考察和年度调研主题时，建议将主题定为引导台胞参与乡村振兴战略，得到了全体界别委员的赞同。在今年全国两会，我在赴广东开展界别考察形成调研报告的基础上，发起提交了题为"关于鼓励和支持台胞台企参与乡村振兴的提案"的界别提案，全国政协将这一提案列入今年的重点提案、重点督办。国台办、农业农村部和乡村振兴局等承办单位对该提案高度重视，专程走访全国台联，围绕该提案办理情况进行交流。

关注民生热点　反映台胞诉求

提案是人民政协履行职能最直接、最广泛、最有效的重要方式。要做到建言建在需要时，就要做到聚焦党和国家发展大局中的重要问题、人民群众普遍关心的问题。

2018年以来，围绕各项惠台利民政策措施落细落实，我先后向大会提交了多份提案，其中，以界别召集人名义，发动全国政协台联界别委员提交的界别提案有3件，包括《将〈关于促进两岸经济文化交流合作的若干措施〉落实列入政协监督性调研的建议》《有关落实〈关于促进两岸经济文化交流合作的若干措施〉的几点建议》《关于举办台湾青年就业创业博览会的提案》，这些提案都聚焦为更好地落实各项惠台利民政策措施，打通政策上令下效的最后一公里，使之能够真正落地产生实效。这些提案均得到有关部门高度重视和积极回应，推动措施更好更快落实落地。例如，2018 年提出的监督性调研建议，当年，全国政协就组织以"逐步实现台湾同胞与大陆同胞同等待遇"为主题的民主监督性调研。

近几年，我利用出差机会，在各地走访常住大陆台胞，召开各种形式的座谈会，倾听他们反映的意见问题；与台商、台湾青年和台生保持经常性联系，了解他们在经营、生活和求学中存在的困难和诉求。坚持每年全国两会前参加与常住大陆台胞座谈会。这些都为我能在全国两会上提出有质量的提案奠定了坚实的基础。我先后提交了《关于开放台湾地区护士和康复治疗师获得大陆执业资格认定的提案》《关于规范涉及港澳台地区人员的影视节目演职人员字幕

2021 年 10 月，十三届全国政协台联界别委员赴广东考察组一行在两岸乡村农业产业合作示范区连樟村考察

的建议》《关于将漳州古城整体打包设立国家级"海峡两岸交流基地"的提案》等多件个人提案。

有时，为推动有关问题落实解决，在与相关部门认真沟通基础上，也会持续多年提案，例如，关于发挥好"中华文化论坛"作用和加强台生国情教育两个主题，就分别连续两年提案。一届的履职将满，在回顾总结时，感觉有必要把40多年来，祖国大陆高度重视台湾同胞权益的保护和同等待遇政策的落实做进一步的法规梳理，进一步完善相关法律政策体系。因此，我于今年全国两会上，发起提交了《关于制定〈台湾同胞权益保护法〉的提案》的界别提案，建议形成一套保障台湾同胞合法权益的完整的法律制度体系。这些提案内容都能紧贴对台工作实际，具有较强的可操作性，许多建议已被有关部门采纳并付诸实施。

履职经历，使我感到了全国政协委员肩负的责任。首先，必须密切联系群众，广泛听取意见建议，认真反映愿望诉求，发挥团结引导、解疑释惑作用。其次，必须熟练掌握履职的方式方法，并不断提升自身履职能力，才能更好地履职尽责。最后，必须充分发挥委员的桥梁纽带作用，在联系群众中把握方向，在依靠群众中凝聚力量。

通过履职，使我领悟了政协委员的责任，勤勉尽责，驱使我更加能动地去履职。

祖国永远是台湾青年的坚强后盾

江尔雄

十三届全国政协委员，福建省台联会长

　　2018 年，我光荣地成为一名全国政协委员。为国履职，为民尽责，沟通两岸，服务乡亲，是我的职责所在，身份使然，其中也寄托着一份家国情怀。

　　作为福建省台联会长，同时又是一名台籍政协委员，我常常会接触到许多台湾青年，有机会与他们交朋友。每年台联界别组织调研，无论到哪里，无论时间再紧，我们都会安排行程走访看望台青，或与他们座谈交流，听听他们的心里话，了解他们在大陆生活、工作、发展得好不好，有什么诉求和难事，也时时为他们鼓与呼。

　　可以说，年轻的台胞乡亲始终是我们台籍政协委员的牵挂。这些年，台联界别委员顺应台湾青年西进大陆分享大陆发展机遇的期盼，积极为台湾青年来大陆发展搭建平台、创造条件、提供机会。比如完善台湾学生在大陆学习的有关规定，解决"就学难"问题；取消就业许可，解决"就业难"问题；启用台胞居民身份证，解决"出行难""办事难"问题，在创业启动资金、融资、办公场所、公租房等方面给予支持，解决"创业难"问题等。

当好畅通台青就业创业之路的"养路工"

党的十九大报告对台湾同胞做出庄严承诺，"我们将扩大两岸经济文化交流合作，实现互利互惠，逐步为台湾同胞在大陆学习、创业、就业、生活提供与大陆同胞同等的待遇，增进台湾同胞福祉"。这些年，我们言必信、行必果，以最大诚意、尽最大努力推动同等待遇落地见效，持续不断推出"31条""26条""11条""农林22条"等惠台利民政策措施，完善保障台湾同胞福祉和在大陆享受同等待遇的制度和政策，这些政策举措的力度之大、覆盖面之广、含金量之高前所未有。

令我感到欣慰和高兴的是，在这其中我也贡献了一份力量。在全国政协十三届一次会议期间的小组讨论中，我向其他委员介绍，一直以来，台港澳人员到内地就业实行就业许可制度，内地用人单位拟聘请台港澳人员时，必须

江尔雄在全国两会期间接受媒体采访留影

先为其申请办理《台港澳人员就业证》。而就业证办理手续相当烦琐复杂，很多内地企业考虑到办理就业证的麻烦，便不愿意聘请台港澳人员。这一情况引起大家关注，最终决定由我撰写，以台联界别的名义向全国政协十三届一次会议提交了《取消台港澳同胞就业许可制度的建议》界别集体提案。建议一经提出，当年8月份，国务院即出台了"取消台港澳人员在内地就业许可审批"的决定。非常荣幸，这件提案还被评为全国政协成立70年来100件有影响力重要提案之一。随后，为了从法律层面为常住台胞提供同等待遇，我提出了《关于制定常住台湾同胞权益保护法的建议》，这件提案被评为本届一百篇优秀提案之一。

做好服务台青投身新兴领域的"护航员"

今天的祖国大陆，经济长期向好，物质基础雄厚，人力资源丰厚，市场空间广阔，发展韧性强大，社会大局稳定。祖国大陆有能力、有条件也有意愿为台湾青年在大陆发展创造更多机遇和条件，让台湾年轻人"站在巨人肩膀上"，获得更多发展机会。

2018年，十三届全国政协台联界别调研团前往浙江，围绕海峡两岸青年就业创业基地发展情况等议题展开调研。特别是对杭州云栖小镇和智新泽地——浙江互联网产业园进行的实地调研，让我思考了很多。长期以来，我十分关注新兴领域在促进台青前来大陆创业就业方面的巨大作用。早在2015年，我就推动福建省台联开始举办两岸青年电子商务实训营，至今已举办14期，吸引了余名两岸青年参加。自从举办以来就是"一票难求"。这让我看到，直播电商是台青实现"短、平、快"就业创业途径，对台青的吸引力巨大，容易成为推动台青来大陆就业创业的热门业态，是推动两岸青年交流的新载体、新抓手。

我总结了近年来举办两岸青年电子商务实训营"火爆"的历程，并结合广

江尔雄（第二排右九）参加"建行杯"海峡两岸青年网红主播大赛颁奖盛典

泛调研，提出了《把握时与势　推动台湾青年搭上大陆直播电商发展"快车"》的提案。让我备受鼓舞的是，这份提案被遴选为2020年全国政协重点提案，受到关注和重视。在这份提案的直接促成下，我们推动海峡两岸（厦门）直播电商产业合作园落户厦门集美，建有包括"厦门两岸青年直播电商就业创业基地"等在内的"四基地一中心"。2021年，我们再接再厉，促成"厦门市两岸青创联盟"成立，为两岸青年创业提供数字化一站式服务。

干好鼓励台青投身乡村振兴的"宣传员"

越来越多的台湾青年选择"登陆"发展，他们的脚步从城市走向乡村，从写字楼走向社区，从求学工作到参与社会治理，他们把智慧和力量汇入两岸交流发展、融合发展的潮流中。我很早就关注到这一趋势，2018 年提出《关于在台湾农民创业园中设立两岸青年创业就业示范和培训中心的建议》，在建议提出的当年，促成福建省漳平台创园被国台办授牌"海峡两岸青年就业创业基地"。

2021 年，我跟随全国政协台联界别调研组一行前往开展农业林业两岸交流较早的广东省进行专题调研。这次调研我很受益，也有思考。台胞台企参与乡村振兴的优势强项是什么？我认为重点在于乡村建设里的环境整治、文化旅游、乡村规划上，台胞台企应该找准定位，发挥自身优势，为美丽乡村建设贡献力量。福建在闽台乡建乡创融合发展上走出了一条新路，我积极推动一批台青团队参与到这些乡村的规划建设中来。同时，还主导举办了"跨越海峡来乡建乡村振兴交流会"等一系列乡村振兴交流培训活动，为吸引更多台青投身到

江尔雄（左）参加 2020 年海峡两岸台胞青少年夏令营开幕仪式

福建乡村振兴事业铺路搭桥。在此基础上，我们对两岸乡创乡建福建新模式进行归纳提炼。这些新经验被吸收到全国政协十三届五次会议台联界别《关于鼓励和支持台胞台企参与乡村振兴的提案》中。令人高兴的是，这件提案被作为2022年重点提案进行落实和办理，进一步推动更多台胞在祖国乡村振兴领域大展拳脚。

海峡再深，也挡不住台湾青年西进大陆追求真理、追求梦想的脚步，他们就像一颗颗火热的种子，在祖国大陆这片充满生机的广袤土地上，辛勤耕耘、扎根融入、茁壮成长。两岸青年共同生活、共享机遇、共同打拼，点亮了两岸交流的新希望，也在"生活你我他"中奏响了中华儿女大团结的赞歌。

回首过去，中国青年从来没有辜负中华民族的期望，一代又一代爱国青年肩负起中华民族伟大复兴的光荣责任，将最美的青春挥洒在祖国最需要的地方。展望未来，我们相信两岸青年一定能够把握历史大势，秉持民族大义，勇当时代先锋，积极投身于祖国统一和民族复兴的伟大事业中来。祖国永远是台湾青年坚强的后盾。

铮铮家国志　浓浓两岸情

高　峰
十三届全国政协委员，北京市台联会长

数载履职路，一生政协情。自 1997 年我成为北京市政协委员起，到 2018 年荣幸成为全国政协委员，不知不觉已有 20 余年。回首那些难忘的历程，特别是党的十九大以来的履职经历，我深深地感到，政协委员不仅是一份无比珍贵的荣誉，更是一份沉甸甸的责任，我唯有通过不懈的努力和勤奋工作、履职尽职，才能不辜负嘱托与期望。

5 年来，身为全国政协委员、台联会成员和工程建设一线工作者，我时刻牢记"懂政协、会协商、善议政，守纪律、讲规矩、重品行"的要求，勤耕不辍，精业笃行，不断提高思想水平和认识能力，全面增强履职本领，尽心竭力履行好一名政协委员的职责与使命。

筑实思想根基　锤炼履职能力

新时代有着新要求，新要求需要新能力。成为全国政协委员以来，我勤勉学习，提升本领，力求从局中思考，从局外切入，识局识情，更好地凝练提

高峰（右三）率队赴江浙沪地区开展专题调研，现场热烈交流

案，供决策参考，助问题解决。5 年来，已先后提交了多份提案，努力交出一份无愧于政协委员身份、无愧于时代使命的"履职作业"。

在我看来，政协委员做好履职首先要有浓厚的家国情怀。祖国必须统一，也必然统一。这是 70 载两岸关系发展历程的历史定论，也是新时代中华民族伟大复兴的必然要求。就两岸关系，我在全国政协和北京市政协先后提交了《关于加强海峡两岸行业协会交流交往的提案》《发挥北京全国文化中心优势，促进海峡两岸文化交流融合发展》等提案。并参与了"北京市东城区台湾企业家协会"座谈，"进一步促进两岸经济文化交流合作的落实情况"对口协商座谈会等，并提交了相关建议。推进祖国统一事业不断前进，我要尽到亲历者、参与者、推动者、奉献者的绵薄之力。

参政参到关键处，议政议到点子上，深入做好调研工作非常必要。扑下身子，沉到一线，既是政协前辈对我的谆谆教诲，也是我开展工作的基本遵循。

高峰（中）深入铝模板生产企业一线调研，听取基层心声

党的十九大以来，我勤于各种形式的调研活动 100 余次，走访政府机构、事业单位、科研院所、大中小微企业 200 余家，通过走访、座谈、实地考察等方式，掌握翔实的一手资料，努力提高履职提案的精确性、实效性。

做好本职工作 彰显担当有为

政协委员履职，更应把本职工作做优做好。我从事建筑行业，重点聚焦于模板脚手架领域，专业技术密集，经济规模巨大，从业人员众多。城市住宅、公共建筑、工业建筑、水利工程、地铁隧道、道路桥梁等都离不开模架。21 世纪以来，随着我国经济高速发展，人民对建筑品质、居住品质有了更高的期盼和需求，工程建设等项目升级，也推动了模架行业品质提升和技术进步。

我在科研一线和行业组织协调、管理中，密切关注技术前沿进展，注重广泛汇集各方面需求建议，重视提炼升华行业困境与难题，通过政协提案、委员发言、汇报座谈会等方式为行业发声，向国家相关部委积极建言献策。我先后提交了《关于加强工程建设行业审计监督的建议》《共建行业信用体系，助力中小微企业融资》《关于将废旧建筑铝模板纳入资源综合利用产品和劳务增值税优惠目录的建议》，得到多位领导的重要关注和相关部门的重视和回复。

政协委员做好履职同样要彰显新担当。在国家部委"双碳"指标制定的过程中，我向工信部建材司领导视频会议提交了《双碳背景下模架行业的发展与挑战》的汇报，前期向钢铁行业有关领导汇报沟通了《钢铁产业绿色节能》《推广钢结构住宅》《中美贸易战稀土领域建议》等内容。在建筑铝模板领域，以国际模架巨头对标对表，推动行业精密化、智能化升级等主题，已连续多年在全国两会期间接受央媒采访，发表了《我国铝模板市场前景可期》《疫情之下，铝模板为什么依然迎来高速增长》《铝模板，青山常在，生机盎然》《船到中流，铝模板发展之路走向何方》等多篇报道，提出的建议得到有关部门重视和积极回应，为行业发展提供了有益的建议与参考。

凝聚广阔力量 搭好桥梁纽带

作为政协委员，我们要始终把履职与统战紧密衔接起来，"圆心"定得越牢，团结的半径可以拉得越长，团结的局面可以保得越稳。为此，我自觉做好会议精神的宣传工作，做好上情下达和下情上达的沟通协调工作，多次受邀在中冶建研院大讲、台联会、台湾会馆讲堂等平台进行会议精神传达，切实把党中央决策部署传达下去，把群众的智慧和力量凝聚上来。我要以身作则，让广大人民群众感到政协委员就在身边、人民政协离自己很近。

作为科技人员、工程人员、新社会阶层联系的桥梁和纽带，我积极协助、处理、提交反映社情民意和民生福祉的提案，如《关于建立"一带一路"服务中心的建议》《科研院所转制改企招收研究生招生学位安排》《关于加强医护人

冬奥会开幕当天，高峰在大运河进行冬奥会火炬传递

员人身安全的建议》《推动大运河文化带朝阳段创新发展》《加强外卖食品安全建议》等。努力协调各方关系，从源头上促进各方力量更加团结。

过去的 5 年，是跨越历史、欣逢盛世的一个重要节点。作为委员代表，我非常荣幸参加了中华人民共和国成立 70 周年招待会，幸运地亲历了中华人民共和国成立 70 周年阅兵式，并在彩车上参与了群众游行。2022 年，我荣幸成为一名冬奥火炬手，参与了大运河点位的火炬传递。在几次重要的时刻，我看到天安门广场国旗高高飘扬，内心感慨万千，中华民族一步步坚实地踔厉奋发，逐步自信、自强屹立于世界之林。

时光流转，转瞬即逝，一晃即到本届全国政协委员履职的收官之年，让人更加珍惜宝贵的时间。5 年来，惟日孜孜，无敢逸豫，恪尽职守，未敢懈怠。政协委员的履职，是经历，是淬炼，更是升华，一切过往，皆为序章；所有未来，皆是可期。让我们在未来以新的角度，向着中华民族伟大复兴的中国梦，共同奋勇前进！

发挥中央和国家机关归侨侨眷优势
尽心竭力为党和国家事业履职尽责

邵旭军

十三届全国政协委员，中国侨联副主席

作为全国政协侨联界委员，同时也是中国侨联副主席、中央和国家机关侨联主席，我牢记使命担当，认真履职尽责，同时注重发挥中央和国家机关归侨侨眷独特优势，积极引导大家为党和国家中心工作献计出力。

在加强政治引领、凝聚思想共识上体现对党忠诚

中央和国家机关归侨侨眷海外联系广泛，接受信息渠道多样，思想多元。针对这样的实际，我在深入学习贯彻习近平新时代中国特色社会主义思想，做到笃信笃行的基础上，积极推动中央和国家机关各级侨联组织加强对广大归侨侨眷的思想政治引领，团结带领大家坚定不移听党话、跟党走。指导中央和国家机关各部门侨联组织配合好本部门党组织，深入学习领会党的十九大和十九届历次全会精神，认真开展好"不忘初心、牢记使命"主题教育、党史学习教

2015 年 11 月 9—10 日，邵旭军在中央国家机关侨联召开常委（扩大）学习贯彻十八届五中全会精神会议上讲话

育活动。在"不忘初心、牢记使命"主题教育活动中，中央和国家机关侨联积极配合中央和国家机关工委主题教育领导小组办公室，向 90 余位侨联干部、归侨侨眷代表征求意见建议，在主题教育"回头看"期间，通过电话向 20 个部门机关党委做了访谈，了解党建带侨建工作开展情况，形成报告报工委领导。

注重抓住重大时间节点，营造良好氛围。2021 年，以"侨这 100 年：爱国报国之路"为主题，举办中央和国家机关侨联庆祝中国共产党成立 100 周年故事分享会。中央和国家机关各部门的统战、侨联干部，归侨侨眷代表 200 余人现场参加活动，网上浏览量超过 10 万次。2022 年，举办"侨心永向党　喜迎二十大"征文现场交流活动，来自 59 个部门的 104 名归侨侨眷踊跃投稿，经专家评审，8 位优秀征文作者现场分享自己在党为党、爱国报国的经历，他们的事迹深深感染了现场的近 300 名听众，大家纷纷表示要以先进典型为榜样，争做新时代的奋斗者，以优异成绩迎接党的二十大胜利召开。

在建言献策、出计出力中彰显责任担当

作为政协委员，通过各种方式建言献策是履职尽责的重要方式，也是"会协商、善议政"的重要体现。2018 年以来，我积极向全国政协提交各类提案、建议，荣获 2021 年度全国政协委员优秀履职提名奖。一是围绕党政所需积极建言献策。先后提交了破解油料产业"卡脖子"技术、强化粮食安全省长责任制考核等提案，为有关部门决策提供有益参考。参与全国政协组织的国家海外利益保护专题调研，调研报告得到中央领导同志重要批示。二是围绕侨胞所急建言献策。先后提交了促进中西部地区侨联组织发展、在海外开展中国国际学校建设等提案。作为全国政法队伍教育整顿中央第八督导组副组长，在工作中了解到大量侨胞银行卡被多地公安机关冻结，严重影响到了海外正常贸易的情况后，立即提交了《关于尽快解决侨胞银行卡被大面积冻结问题的建议》，全国政协领导同志作出重要批示，推动人民银行、公安部等部门出台措施解决问题。工作中还发现部分地方纪检监察机关办理案件、组织人事部门处理处分违纪违法干部时单纯为办案而办案，未能达到"查办一案、警示一片、治理一域、修复生态"的目的，提交了要重视案件查办"后半篇文章"的建议，中央领导同志作出批示。三是围绕群众所盼建言献策。先后提交了要重视通过税收手段推动"共同富裕"、规范养老行业运作、将国家公共卫生安全纳入基本国策等提案，引起相关职能部门重视。除了政协提案，我还通过调研报告等载体、中国侨联《侨情专报》等平台以书面形式，或在全国政协双周座谈会、界别联组会等多个场合以口头形式踊跃发言，积极发声。其中关于广西华侨农场改革发展面临的问题及建议，得到地方有关部门的重视，部分归难侨的住房困难、交通困境得到改善，农场的产业发展得到数百万元国家扶贫项目资金的支持。《关于新冠肺炎疫情暴发后海外侨胞、留学生思想动态的情况反映》，得到

中央领导同志的重要批示，推动相关部门制定措施解决有关问题。今年就"维护好归侨侨眷权益"赴广东、福建调研，在做好主题调研的同时，思考如何更好服务党和国家工作大局，服务地方经济社会发展，服务归侨侨眷，通过与中央党史和文献研究院、中央广电总台、中国工商银行等部门有关同志沟通，积极推动将"华侨精神"纳入共产党人精神谱系，发掘并宣传侨批中的红色记忆，保护好、运用好华侨华人海外资金，畅通资金回国渠道等工作。

不仅鼓而呼，更要立而行。新冠肺炎疫情暴发后，团结引导中央和国家机关广大归侨侨眷发挥联系广泛、资源汇集的优势，在大战大考中书写"侨联答卷"。组织中央和国家机关各部门侨联组织发挥桥梁纽带作用，从物质、精神两方面及时传递以习近平同志为核心的党中央对海外侨胞、留学生的关心关怀；号召中央和国家机关广大归侨侨眷立足本职岗位，积极投身于防疫抗疫工作中；国家卫生健康委等部门的侨界医疗专家逆行武汉，驰援抗疫……

邵旭军（右二）看望慰问国资委老归侨

在服务归侨侨眷中践行初心使命

作为侨联界委员、侨联干部，我始终把归侨侨眷放在心上，以服务归侨侨眷为工作生命线，竭力协助解决他们日常工作生活中最关心、最直接、最现实的利益问题和最困难、最操心、最忧虑的实际问题，得到广大归侨侨眷的认可，也多次获得中央和国家机关工委领导的肯定。

一是围绕急难愁盼，深入开展"暖心"工作：近4年来，指导55个部门侨联组织开展好"侨胞之家"项目建设，增强了侨联组织凝聚力、向心力；坚持走访慰问，先后走访中国侨界十大杰出人物谷建芬、"人民楷模"王文教、"七一勋章"获得者瞿独伊以及多位年老、有病、有特殊贡献的归侨侨眷。二是心系基层，认真开展"贴心"工作：开展中央国家机关侨情调研；开展中央和国家机关归侨侨眷统计；定期举办"新侨沙龙"活动，为归侨侨眷搭建相互交流的平台等。三是搭建成长成才平台，扎实开展"励心"工作。积极推荐侨联干部参加各类培训班、研讨班，推评130余个集体或个人参加各类表彰活动，通过培训、表彰等方式，激励归侨侨眷发挥好独特优势，凝聚起各方面智慧和力量。

回顾这几年的履职历程，作为一名全国政协委员，要不负党、国家和人民的重托，要始终保持责任、热情、激情，必须要有高昂的精神状态，使出逆水行舟的劲儿，不断前行。要永葆爱国精神，爱国主义是民族精神的核心，爱国也是归侨侨眷最鲜明的特点，必须大力继承好、发扬好。要永葆改革精神，面对世界政治经济格局深刻变革的重要时间窗口，必须走在时代前列，在改革发展稳定第一线建功立业。要永葆创新精神，改革进入深水区、攻坚期，作为政协委员，必须具有大无畏的创新精神，才能提出具有前瞻性、针对性、可操作性的意见建议，推动纵深发展。要永葆奉献精神，只要祖国需要，我必全力以赴！

强化责任担当　践行为侨服务使命

徐西鹏

十三届全国政协委员，华侨大学党委书记

　　刚刚过去的五年，在我的人生旅程中是十分难忘的五年——我以全国政协委员的身份，站在人民政协的平台上为国家发展建言资政、履职尽责。每年进京参会，每程深入调研，每个提案建议，每次凝聚共识……五年来，我始终珍惜这份荣誉，牢记委员使命，认真履职尽责，积极建言献策，努力做一名合格的政协委员。

第一次参会，总书记来到我们的会场

　　至今仍十分激动和难忘的是，2018 年 3 月 4 日下午，习近平总书记看望参加全国政协十二届一次会议的民盟、致公党、无党派人士、侨联界委员，并参加联组会，听取意见和建议。会上，习近平总书记对"广泛凝聚侨心、侨力、侨智，团结动员广大归侨侨眷和海外侨胞为改革开放和社会主义现代化建设贡献力量"提出了要求。

　　我 1992 年进入华侨大学工作，始终是华侨高等教育事业的一分子，对侨

务工作的感情是不言而喻的。没想到我第一次参加全国两会，就在联组会现场聆听了习近平总书记的重要讲话，更加深切体会到以习近平同志为核心的党中央对侨务工作的重视，深受激励和鼓舞，也坚定了自己履行好侨界委员职责的信心。我借助组织上给予的为侨服务、参政议政新平台，积极把习近平总书记的关怀转化为做好各项工作的实际行动。

从读书群主到"全国政协委员读书积极分子"

作为全国政协大家庭的新成员，我从"进门"第一天便以虚心、认真的心态开始新的学习。通过学习，帮助我在政协组织中更好地发挥专长、贡献力量。比如，按照习近平总书记关于全国政协开展委员读书活动的重要指示精神，我把参加委员读书活动作为增强能力素质、提高履职本领的重要抓手，多次参加网上书院，作主题导读，参加语音领读活动，发表读书心得，并参与省政协读书活动。

2021 年，我受邀担任全国政协港澳台侨委员会第五期读书群"发挥侨胞作用，共建人类命运共同体"群主。其间，我组织读书群重点围绕习近平总书记关于侨务工作重要论述，线上开展 17 个专题学习、4 次专家辅导，并在防疫工作许可的范围内克服困难组织委员线下读书交流、举办"中国共产党百年历史与华侨华人"理论研讨会暨读书群学习交流活动。多位委员表示，通过读书群的活动，深化了对华侨华人在百年党史中的作用以及"新时期打好'侨'牌"的认识。我本人也荣幸地被评为"全国政协委员读书积极分子"。

做调研者，聚焦港澳台侨热点话题建言献策

"懂政协、会协商、善议政，守纪律、讲规矩、重品行"，是习近平总书记对政协委员提出的明确要求和殷切期望。作为全国政协侨界委员，我结合学校

徐西鹏（左二）参加 2022 年全国政协会议期间与驻闽政协委员讨论交流

面向海外、面向港澳台办学的实际，着眼于凝聚侨心、侨力、侨智，围绕师生、群众和港澳台侨青年关心的热点话题，积极开展调研，提出意见建议。

针对海外华侨与国内联系交往频繁、但护照使用不够便利的情况，我提出了优化华侨身份证件管理、进行试点改革、试行年审制度等建议。针对新生代港澳台海外青年的升学需求，结合内地高校工作实际，我提出了加强海外华裔青年来华留学培养、扶持"中华文化海外传播"学科建设、做好疫情形势下港澳台侨学生返校复学准备等提案。针对"鼓浪屿历史国际社区"申遗成功后如何守护好独特的文化遗产，我对照习近平总书记就厦门鼓浪屿申遗成功和保护文化遗产所作的重要指示精神，提出进一步推动鼓浪屿华侨文化保护与传承的联名提案。

近些年来，随着中外交流的不断增加，海外"中文热"持续升温，"一带一路"的建设带来了新的发展机遇，我提出了筹建"海上丝绸之路华文教育联盟"、畅通国际中文教师职业发展渠道、加快"丝路海运"建设工作等建议。此外，我认真学习习近平总书记关于中国教育走出去和加快建设中国特色海外国际学校的指示精神，并在全国政协双周协商座谈会上围绕这一主题作了发言。

我作为住闽全国政协委员，关注两岸关系话题，促进两岸融合发展，责无旁贷。受全国政协港澳台侨委委托，我围绕"疫情背景下探索两岸青年融合发展新路面临的调整及建议"开展了自主调研。通过调研发现疫情下台湾青年实习培训缩减、政策措施不够完善等情况，我提出做好台湾青年实习培训促进两岸青年融合发展的提案，以及支持厦门建设对台综合铁路枢纽的联名提案。围绕福建全方位推进高质量发展超越，提出发挥我省港口企业整合优势进一步做大做强厦门国际集装箱干线港、调整金融业增加值核算指标口径等建议，并作为联名人参与了《关于将厦门翔安机场打造成为国际航空枢纽》等多个提案。在省政协十二届常委会第二十一次会议上，我以"借力、发力、助力：多元驱动企业走向'一带一路'国家，赋能福建省科技创新能力提升"为题汇报相关

徐西鹏委员在全国政协十三届三次会议期间接受媒体采访

调研成果和政策建议。

几年来，我参加了全国政协侨界委员赴江西、上海、浙江、福建、甘肃、湖南等地的考察调研活动，以及住闽全国政协委员赴山东的学习调研，考察学习脱贫攻坚和乡村振兴、参与"一带一路"建设、少数民族地区侨务、中华文化海外传播、优秀传统文化保护与利用等工作，对于新时代委员履职有了进一步的认识。何厚铧副主席 2020 年率领澳门特别行政区全国政协委员考察团到华侨大学考察，全国政协调研组 2022 年来校调研，我结合学校港澳台学生培养、产教融合创新等情况，认真向委员们汇报请教，探讨新时代如何推动华侨高等教育事业发展。

做实践者，努力提升侨校办学水平

"为侨服务，传播中华文化"是华侨大学的办学宗旨。如何将委员履职与立足岗位结合起来，是我一直在思考与实践的问题。

这些年，我在参加全国两会返校之后，多次通过辅导报告、座谈会等方式，向境内外师生传达学习习近平总书记的重要讲话和两会主要精神，介绍自己的履职情况。我也结合自身参会经历，多次和学校政协委员、人大代表进行交流，推动大家更好地把委员责任与岗位责任有机融合起来。全国政协十三届四次会议期间，习近平总书记在看望医药卫生界、教育界委员并参加联组会时就上好思政课作出重要指示，我及时与学校相关学院和部门进行学习并研究提出贯彻落实举措。近几年来，华侨大学围绕习近平新时代中国特色社会主义思想概论课、以党史为重点的"四史"教育、境外生课程体系建设、新编教材、教学创新、思政课大中小一体化建设等进行了系列改革，努力上好侨校思政课。

人才培养是大学的首要任务。62 年来，华侨大学培养了各类人才 20 多万名，其中有 6 万多名分布在港澳台和海外各地，成为促进中外交流合作的友好

徐西鹏委员出席全国政协十三届五次会议在人民大会堂留影

使者。这些年，我除了提交相关提案，还积极向参加全国两会的代表、委员和
海外侨胞学习请教，介绍学校境内外学生的培养情况以及在文化传播、文明互
鉴方面的优势和成效，结合世情、国情和海外侨情的变化，探讨中外交流人才
培养的新举措新途径。目前，我和同事们正在探索如何进一步深化人才培养改
革，推进实施分类融合培养，促进境内外学生同向融合发展，这项工作也得到
有关部门的肯定。

　　我们在学习贯彻全国两会精神的时候，注意与贯彻落实习近平总书记重要
指示精神紧密结合，通过加强学科专业和人才队伍建设、拓展海外招生和办
学、建设特色新型智库、推动海外华文教育创新发展、开展中华文化海外传播
实践、探索港澳台及海外交流合作的新路径、鼓励师生讲好中国故事，在多个

方面积极谋划新作为。我也多次接受《人民政协报》等多家中央和省市媒体的采访，分享履职体会，讲述华侨故事，发出"华大声音"。

五年来的履职让我深深体会到，作为全国政协委员，既是一份珍贵的荣誉，更是一份沉甸甸的责任。一届履职路，一生政协情。在今后的工作中，我将紧紧围绕党的二十大决策部署，进一步发挥桥梁作用，认真总结委员履职经验并运用到"坚持以侨立校为侨服务、不断提高办学质量和水平"的实践中，助力加强海外爱国力量建设，促进中外文化文明交流互鉴，为全面建设社会主义现代化国家、推动构建人类命运共同体贡献自己的力量。

用心用情履职

高 杰

十一、十二、十三届全国政协委员，中科院高能物理研究所研究员，北京市侨联副主席

自 2018 年 3 月成为第十三届全国政协委员和全国政协港澳台侨委员会委员以来，我始终不忘一名政协委员的初心，牢记一名政协委员的使命，在五年的政协工作与本职科研工作的实践与结合中，努力做到政协履职有担当，实际工作有作为。

倾情帮扶　助力振兴

2018 年 3 月 4 日，习近平主席看望了参加全国政协十三届一次会议的民盟、致公党、无党派人士、侨联界委员，并参加联组会，听取意见和建议。他强调，中国特色社会主义进入新时代，要求我们坚定不移巩固和发展中国共产党领导的多党合作和政治协商制度，发挥多党合作独特优势，发展社会主义民主政治，为决胜全面建成小康社会而团结奋斗。

荣幸的是，我作为联组会 8 位发言者之一，做了关于"涵养侨海高端智力

高杰在人民大会堂前留影

资源，助力我国创新型国家建设"的发言，在发言中我围绕发挥侨智助力创新型国家建设、加强大科学工程建造和研究的国际合作等问题发表了一些具体建议。座谈会结束后，习近平主席与大家一一握手致意，在互动交谈中，我感受到习近平主席对政协委员和科学家的关心和重视。

2018年12月，我参加了全国政协港澳台侨委员会副主任耿惠昌带队的全国政协侨联界别委员赴湖南考察团，在考察期间对长株潭城市一体化建设的过程和发展前景方面留下深刻印象。在这里，我接受了一次难得的红色传统教育，对湖南省侨情有了更深入的了解，更加清晰了对"惟楚有材　以侨为桥"的认识。

考察期间，关于我国科学家提出的未来环形正负电子对撞机（CEPC）落户湖南长沙的议题，我代表CEPC团队与湖南省政府开始进行面对面的具体讨论与研究。这次讨论与湖南省对中国发起的国际合作大科学计划和大科学工程高度重视是分不开的，这次访问为 CEPC 将长沙作为选址地之一打下了重要基础。

2019 年 3 月 31 日至 4 月 4 日，我有幸参加了全国政协副主席邵鸿率领的全国政协代表团，访问南美洲古巴共和国和苏里南共和国。这次出访是我本人第一次来到南美洲国家，通过访问，深深感到通过"一带一路"加深了我国与世界各国的友好互信，感受到了互利共赢的和平发展理念的重要性，大大增强了坚持改革开放不动摇、巩固和扩大我国改革开放取得的来之不易的历史成果的决心与信心。通过在苏里南共和国访问也更多地了解到华侨华人在促进当地经济、社会和政治等多方面发展所起到的重要作用，为进一步向国家进行相关的建言献策打下了很好的基础。

高杰（右一）在苏里南共和国访问

用心思考　写好提案

2019 年 7 月，我参加了中国侨联副主席李卓彬为团长的全国政协侨联界别委员赴江西考察团，这次考察主题为"为决胜脱贫攻坚有'侨'助力"。江西，作为著名的革命老区，也是全国脱贫攻坚的主战场之一。留守儿童是广大贫困地区不容忽视的特殊群体，对他们的教育工作是扶贫工作的重要组成部分。通过这次实地考察，对响应党中央关于坚决打赢脱贫攻坚战的任务要求的必要性和紧迫性有了更加深刻的认识，也提出了自己的相关建议。

2019 年 3 月，我在全国两会期间提出了《关于进一步加强我国优秀文化遗存与文化遗产保护的提案》，该提案被列为 2019 年度主席督办提案。2019 年全国政协修订重点提案遴选与督办办法，将走访提案承办单位，明确作为一项提案督办方式固定下来。同年 11 月 27 日，全国政协副主席邵鸿率队，全国政协提案委员会邀请了我和 10 多位政协委员走访国家文物局。这次走访特意增加了一项具体内容：督办全国政协十三届三次会议第 3237 号提案，提案人高杰。对于这种主席督办重点提案的新形式，我感到非常必要，也感到非常荣幸。

在这五年履职中，结合本职科研工作，围绕国家发展长远战略，我提出了一系列相关提案：例如，《关于"十四五"期间安排 2035 远景目标大科学工程的建议》《关于"十四五"规划项目立项过程透明和程序监督的建议》《关于进一步加强我国优秀文化遗存与文化遗产保护的提案》《关于以人类共同体理念应对人类共同的挑战研究发起成立全球合作行动国际组织的建议》《关于全面提升我国基础科学研究国家队硬实力的建议》《关于如何强化国家科技战略力量加强体系化竞争优势的提案》《关于设立我国牵头发起国际大科学计划和大科学工程培育专项的建议》等，这些提案引起相关部门的高度重视，也取得了很好的实际效果。

2022 年 1 月 21 日，我参加全国政协主题读书会，并应邀作了题为"物质、宇宙与对撞机"的重点书面发言，向全国政协委员们介绍粒子物理研究的重要性、国际发展态势和我国需要采取的战略应对措施，得到了委员们的热烈响应。

在这五年履职期间，我也通过在《人民政协报》发表文章的形式发出政协委员的心声。例如：《誓做巨变的创造者——全国政协委员高杰讲述留学归国的故事》《高杰委员：弘扬新时代科学家精神正当其时》《高杰委员："闲"出质量》等文章。

全力科研　尽责担当

在本职科研工作方面，作为中国科学院高能物理研究所研究员、CEPC（未来环形正负电子对撞机）机构委员会副主席、CEPC 加速器负责人之一，我对未来我国的国之重器科研工作勇于担当，带领科研团队开展 CEPC 概念设计报

高杰（左四）与参加全国政协第十三届第四次会议的全体侨联界委员在人民大会堂前合影

告（CDR），并于 2018 年 11 月正式对外发布；开展 CEPC 技术设计报告（TDR）阶段预制研究，在优化设计和关键技术突破等方面取得了重要成果，TDR 将于 2022 年底完成。于 2019 年和 2022 年出版两本学术专著：1）高杰：《高能粒子对撞机加速器物理与设计》，上海交通大学出版社，2019 年出版；2）高杰、李煜辉、翟纪元：《高能粒子加速器关键技术》。在重要国际组织内任职并发挥重要作用。我还担任了亚洲直线对撞机指导委员会主席；于 2022 年 1 月任欧洲核子中心（CERN）加速器国际顾问委员会委员（全球 8 位，中国 1 位）；2022 年 5 月任（中文名）TTC 国际组织执委会委员（全球 7 位，其中亚洲 2 位），并通过这些国际学术平台开展广泛深入的国际合作。

回想自己取得的工作成绩，这些都离不开全国政协和全国政协港澳台侨委员会这一大平台所给予的机会与锻炼，离不开本届全体侨联界委员们的帮助与支持，在此再次表示衷心感谢。

积极为山西发展献计出力

王维卿

山西省政协委员，山西省侨联党组书记、主席

作为一名山西省政协委员，肩负着党和人民的重托，为人民尽责、为山西发展献策是我的光荣使命。过去五年来，我一直坚持将本职工作与委员职责紧密结合，充分发挥侨务资源优势，围绕中心、服务大局，认真履职。

发挥侨界优势，凝聚侨界共识合力

2021 年 12 月，党的十九届六中全会召开后，我利用访问澳门之机，深入侨界社团，向澳门侨界和山西省政协港澳委员宣讲党的十九届六中全会精神和山西省第十二次党代会精神，共同回顾中国共产党走过的百年奋斗历程、党的十八大以来党和国家事业取得的历史性成就和发生的历史性变革，深化对党的百年奋斗重大成就和历史经验的认知，夯实实现第二个百年奋斗目标的侨界基础。同时，我还积极与侨界人士进行深入交流，引导广大侨胞关心祖国和山西改革开放，支持、参与祖国和山西经济社会建设，形成勠力同心为实现中国梦而奋斗的思想共识。

中格经贸文化论坛

新冠肺炎疫情发生后，我积极号召海内外侨胞充分展现爱国爱乡的赤子情怀，组织海内外侨胞捐赠款物累计超过 1800 万元，全部用于山西疫情防控一线。在全球疫情日益严重形势下，我将帮助海外侨团和留学生群体抗击疫情调整为工作重点，向海外华侨华人、留学生群体寄送"侨爱心防疫包"，将祖国的关爱送到海外游子心中。

侨界具有人才荟萃、智力密集、联系广泛的优势。我聚焦山西改革发展，曾提交《关于将我省各级侨联组织列入全省各级人才工作领导小组的建议》《打造健康城市典范，助力山西转型发展》《关于农村光伏产业的建议》《关于加快山西省小语种人才培养的提案》等多个提案，全部得到了相关部门的回复。

2019 年山西两会期间，我又提交《打好"新侨牌"，唱响"凤还巢"，助力构建内陆地区对外开放新高地》提案，并在山西省政协"进一步优化营商环境树立山西对外开放新形象"专题议政会上作《动员侨界力量，优化营商环境，

树立山西对外开放新形象》主题发言。2021 年组织举办山西（上海）侨台资
企业恳谈会和"传承千年 共话未来"中国—格鲁吉亚经贸文化论坛主题活动，
服务山西发展大局。

依托三晋文化，助推山西对外开放

习近平总书记指出，博大精深的中华文化是海内外中华儿女共同的魂。山
西历史悠久、文化底蕴深厚，是中华文明发祥地之一。

如何依托山西厚重的历史文化资源，推进文化"走出去"步伐，扩大三晋
文化在海外的知名度和影响力，助推山西对外开放，我多次与山西省政协港澳
台侨和外事委员会研究三晋文化"走出去"事宜，并开展专题调研。在此基础

王维卿组织海外华裔青少年参加"中国寻根之旅"夏令营

上，我提出了《关于重视和加强对林迈可、李效黎革命历史研究的建议》《构建山西省文物大数据体系，促进文物艺术品数字化保护》《加强对外文化交流，讲好山西故事，助力山西经济转型发展》等提案，并得到了有关部门的关切和回应。

依托中国侨联"亲情中华"品牌，组团赴台湾进行三晋文化巡演，邀请约5000名海外华裔青少年参加"中国寻根之旅"实体夏令营和"亲情中华·云游三晋"网上夏令营，扩大三晋文化在海（境）外的知名度和影响力。我在出访美国、加拿大等国家期间，讲述山西故事、传播山西声音。同时，还邀请2000余名海外侨胞来晋参加文化交流活动，近距离感知山西，用文化符号加深海外侨胞对山西的认知了解。

广泛关注民生，维护社会和谐稳定

广泛关注民生是我这几年来履职的又一个重点。在我国全面建成小康社会基础上实现共同富裕的进程中，困难群体尤其是成年重度智力残疾人成为社会保障的重点。为防止因残致贫、因病返贫现象发生，我在深入研究现有保障制度尤其是低保政策基础上，提出了《关于完善现有低保政策，将成年重度智力残疾人进一步合理纳入最低生活保障范畴的建议》，得到了有关部门的高度重视。

儿童青少年是祖国的未来、民族的希望，针对当前太原市小学校内午间托管空白、午间集中离校外出就餐存在问题和青少年儿童患近视的人数呈递增趋势、且近视度数大增的现象，我提出了《关于太原市小学生午间学校集中供餐问题的提案》《关于进一步加强儿童青少年近视防控工作的建议》。

在当前常态化疫情防控条件下，基层公共卫生服务作用更加凸显，我在认真梳理当前基层公共卫生服务存在的问题基础上，深入查找问题根源，提出了《关于基层公共卫生项目的建议》，对提高基层公共卫生服务能力具有很好的借

王维卿组织医疗、法学专家学者开展"侨爱心—送温暖医疗队"义诊宣传活动

鉴意义。组织医疗、法学专家、学者在全省范围内开展"侨爱心—送温暖医疗队"义诊宣传活动，4000余名群众受益。

作为一名侨联界政协委员，今后我将充分利用自身优势，持续强化责任担当，不断提升履职本领，涵养更多侨务资源，广泛凝聚侨心侨力侨智，为山西全方位推动高质量发展和社会主义现代化建设贡献智慧和力量。

王维卿委员履职故事

奋楫笃行向未来

王金狮

吉林省政协常委，中国侨联常委，第四届中国经济社会理事会理事，吉林省港资企业协会会长，香港博大东方集团董事局主席

港澳政协委员有着"双重积极作用"，即在内地为国家经济社会发展发挥积极作用，在港澳地区为维护香港、澳门长期繁荣稳定发挥积极作用。这些年，我有幸参与到人民政协工作之中，深感自豪且责任重大。

2022 年是香港回归祖国 25 周年。25 年前，香港回到祖国的怀抱，洗刷了民族百年耻辱，完成了实现祖国完全统一的重要一步。从此，香港重新纳入国家治理体系，走上了同祖国内地优势互补、共同发展的宽广道路，开启了"一国两制"、"港人治港"、高度自治的历史新纪元。

走过泥泞，方知大道珍贵；经历风雨，更觉阳光美好。香港回归祖国 25 年不平凡的历程充分证明，实行"一国两制"，有利于维护国家根本利益，有利于维护香港根本利益，有利于维护广大香港同胞根本利益。

深怀爱国爱港之心　助推吉港两地交流

香港作为促进内地与世界各地贸易和投资的重要桥梁，多年来一直是内地企业拓展业务至国际市场的重要门廊。特别是随着"一带一路"倡议和粤港澳大湾区发展建设，内地与香港合作交流日益频繁。其中，作为经济文化具有高度依存度和互补性的香港和吉林两地，其交流合作也日益紧密。

20世纪90年代初，我开始在内地投资发展，先后在福建、上海、湖北和吉林等地投资创业，可以说是亲眼见证了改革开放以来祖国的发展与进步，尤其是在吉林工作和生活的这十多年，让我深切地感受到了吉林这片黑土地所拥有的那份厚重与质朴的浓郁气息。

十多年来，我创办的香港博大东方集团累计在吉林省投资20多亿元，涉及纳米材料、农业、高科技新材料等多个领域。同时，连续三届担任吉林省政协委员、常委，还兼任中国侨联常委、第四届中国经济社会理事会理事、吉林省港资企业协会会长。

虽然多年来主要在内地创业发展，但我一直深怀爱国爱港之心，积极发挥自身优势，以实际行动支持香港特区政府依法施政，支持香港与内地开展互利共赢的交流合作，为香港繁荣稳定、吉港合作发展凝聚正能量。在香港与内地合作交流中，充分发挥桥梁和纽带作用，以高度的责任感和使命感，助推吉港两地繁荣。

在担任政协委员期间，我积极参加政协会议，并且积极调研撰写提案，共提交提案20余件，相关提案得到吉林省政府相关部门的答复和采纳。曾多次在吉林省政协全会期间举行的港澳委员座谈会中，围绕"优化营商环境""保护耕地中的'大熊猫'，加快实现农业现代化"积极建言资政。还多次围绕《充分发挥港澳及侨务资源优势助推吉林全面振兴全方位振兴》《造福人类，变废为宝，锻造世界级二氧化碳基生物降解塑料产业基地》等内容在政协全会期间作大会发言。

2018 年 6 月，王金狮在北京参加第四届中国经济社会理事会第五次会议

2015 年 3 月，我曾以中国经济社会理事会理事的身份列席了全国政协十二届三次会议，感触很深，学习和收获也很多。

发挥港资企业优势 齐心助力抗击疫情

为积极推进吉港两地在经济、文化等方面的交流与合作，2017 年，在吉林省政府和香港特区政府驻京办的推动下，在吉林省投资的港资企业的大力支持下，我牵头创建了吉林省港资企业协会，致力于为吉港两地搭建商务、文化、社交等多方面的交流平台，促进吉港交流领域更加多元化。

为充分发挥协会作用，2017、2018 年连续两年，我们积极协办了首届吉港澳经贸文化交流洽谈会、吉港澳暨国际金融合作交流会，着力深化重点领域投资合作，让更多的港澳经济、科技、文化等各方力量参与吉林省多领域建设，共同开创经贸合作新局面。

2022 年 3 月，凛冬刚过，疫情骤袭，初春的吉林遭遇了一场突如其来的"寒潮"。吉林省港资企业协会积极响应吉林省委、省政府、省民政厅社管局、省工商联等部门发出的社会各界积极参与抗疫救灾工作的通知，并积极组织动员协会各企业及个人踊跃参与捐款捐物合计人民币 6447 万余元，齐心助力抗击疫情。我还带头发起捐赠医用方舱智能服务机器人活动，随着 32 台价值 300 万元的方舱智能服务机器人"小吉"在吉林市和长春市方舱医院的投入使用，也开启了吉林省科技抗疫的新篇章。

为尽快遏制疫情蔓延，我还提交了《关于提高干部应急防控能力及全民防疫意识的提案》《关于建立健全永久性应急防疫隔离设施体系的提案》，提出了将防疫纳入全民普及教育，列入幼儿园、中小学到大学的课程体系，定期开展

2019 年 1 月，王金狮在吉林省政协十二届二次会议第二次全体会议上作大会发言

疫情防控应急演练，以"实战模拟"的方式全面提升学校和学生疫情防控应急处置能力；利用现代传播平台和传播手段，进一步增强社会"防疫"正确认知等建议，得到了省委、省政府及相关承办部门的高度重视与迅速回应，相关建议被采纳落实，为坚决打赢疫情防控阻击战贡献了政协智慧。

推动科技成果转化　服务吉林振兴发展

众所周知，吉林在工业基础、现代农业、生态资源、科学技术、人才教育等领域拥有得天独厚的竞争优势。中科院长春光机所、中科院长春应用化学研究所、吉林大学等科研院校拥有很多可转化的科研成果，而且部分科研成果是领先世界的前沿技术。

一个偶然机会，我了解到，中国科学院长春应用化学研究所生态高分子材料重点实验室，经过长达 20 年的攻坚克难，成功研发出技术领先世界且性价比优良的 PPC 生物降解塑料产品，这是一种以二氧化碳和环氧丙烷为主要原料生产的高分子二氧化碳基生物降解塑料，并荣获中国科学院"科技贡献二等奖"。

可以说，这个项目将为解决世界难题白色污染提供理想的解决方案，高分子二氧化碳基生物降解塑料产品经过一年左右土壤填埋，就可以降解为二氧化碳和水，不会造成任何污染。

为此，省委、省政府、省政协和有关部门积极推动科技成果转化，而高分子二氧化碳基生物降解塑料项目作为"负碳经济"化工材料产业，被列入了吉林省"十四五"规划中的新兴产业重点项目，这对于吉林省实现可持续发展、高质量发展，我国实现碳达峰碳中和目标具有重要意义，将成为推动吉林经济高质量发展的一支新兴力量。

深耕一片沃土，就要厚爱这片热土。在吉林发展，不止致力于投资兴业，在慈善事业上我也不遗余力。2010 年，吉林发生特大水灾，我积极响应政协号召，向灾区捐款 100 万元。同年，出资 1000 万元成立了博大东方助学慈善基

2017 年 6 月，王金狮在吉林省政协十一届十八
次常委会会议上，围绕"深入推进全省农业供给侧
结构性改革"进行建言资政

金。多年来，通过吉林省慈善总会，向吉林省孤儿学校、吉林市丰满区、农安
县第十中学等资助数百名贫困家庭学生圆梦大学。

吉林是我的第二故乡，我伴随着吉林的发展走过了风风雨雨十几年。这是
一片充满希望的田野，也是一片大有可为的热土。

王金狮委员履职故事

百姓关心的就是我关注的

何 勇

新疆维吾尔自治区政协常委，新疆台联会长，新疆天富能源
发电产业党委委员工会主席

在担任新疆维吾尔自治区政协常委这五年的时间里，我提交了不少提案，除了每年的政协常委会发言和专题协商会发言外，如何将提案落实到位、如何在为群众解决实际困难中发挥作用是我思考最多的问题。作为政协委员，不仅要写提案，更迫切希望通过提案发挥参政议政作用，推动社会发展，为群众排忧解难。提案落实了，我们心里才踏实。

专业敬业，把建议提到点上

委员履职，既要专业，也要敬业，只有专业和敬业，问题和建议才能提到点上，建言献策才能转化为实效。

我的职业是国有企业的工会主席，涉及的内容大部分跟企业民主管理和发展相关。这些年来，我积极发挥自身的业务优势，聚焦国资国企改革和转型升级、改善和保障民生等领域和重点、热点问题，积极开展各项调研活动和实地

何勇在撰写提案

考察，精心组织撰写调研报告、提案和建议。

《关于推广使用天然气重卡清洁能源车辆的提案》《电动汽车充电设施建设应纳入规划》《关于完善高速公路遮光板，保障车辆安全行驶的提案》《关于完善劳模和工匠人才的培养、激励机制的提案》《关于加强企业青年人才队伍建设的建议》等提案就是在这种情况下完成的，得到了相关部门的关注和重视。

例如，在工作中，我注意到要让劳模精神和工匠精神发扬光大，仍有许多现实问题亟待破解。为此，2019 年 1 月到 2 月，我通过调查问卷的方式，调研了 267 名劳模工匠和高技能人才的情况。他们普遍反映，各种荣誉主要体现在精神层面，物质激励没有得到充分体现，导致劳模工匠的获得感和幸福感不足。像获得全国劳动模范、中华技能大奖、全国技术能手这样的荣誉，除了精神鼓励外，在国家层面都是一次性向获奖人发放物质奖励，存在激励作用不足、持续性不够、示范作用不强、导向作用不明确等问题。此外，各

乌奎高速路段加装遮光板提案获通过执行

地区、各行业、各单位重视程度不一，在配套奖励的额度方面，也体现出很大的差异性。

从调研结果来看，劳模工匠普遍希望加大物质方面的激励力度，通过二次分配，充分彰显劳动致富、创新致富、奉献致富。对此，我提交了《关于完善劳模和工匠人才的培养、激励机制的提案》，建议设立职工创新补助资金，持续完善对高技能人才培养和激励的相关政策措施，同时建立更加多元的培养体系，使更多青年走技能报国、技能成才之路。提案一经提出，便得到广泛关注，自治区总工会、人社部等相关部门认真研究后给予回复，并根据各地实际情况出台相应激励政策，同时也为各行各业工匠人才搭建了一个交流平台。

何勇（右二）向上级相关部门介绍劳模工匠培养激励机制情况

反映民意，为党和政府决策建真言

委员履职要做有心人，察民情，解民心，反映民意，才能更好地为党和政府决策建真言、献良策。

民生问题切入点小，看起来好像简单，但 100 个家庭可能有 101 种困难，更要求我们实实在在投入时间和精力调研。这几年的提案中，让我印象最深的就是关于石河子北工业园区北十三路上"肠梗阻"的那条社情民意信息。

说起北工业园区北十三路上的"肠梗阻"——天业工业铁路道口，自 2004 年往北工业区方向的北十三路开通以来，就成为居民往返工业区和生活区的必经之路，每天上下班高峰期，天业工业铁路道口封闭都在 30 分钟以上，人员车辆拥堵严重时可达三四公里。

我作为政协委员，应当站出来做点事情。经过 10 余天的调研和相关数据的查阅，2021 年 8 月，我向石河子政协提交了《关于解决石河子北工业区北十三路天业工业铁路道口交通拥堵的提案》社情民意信息，建议将原有铁路桥段由平交方式改为立交方式（公路下穿铁路），提案很快得到回复。北十三路天业工业铁路道口改造项目通过市交通运输局审批投入施工，仅两个月时间就完成全部改造工作，整个北工业园区交通状况得到明显改观，群众出行自然顺畅多了。

履职尽责，将工作落到实处

委员的履职，既要做实，更要落实。问题不能只停留在口头反映和书面提案，还得跟踪提案能否得到政府职能部门重视，落到实处。

我出生在大陆，故乡在台湾，亲人在两岸，作为自治区为数不多的台联界别政协委员，同时也是全国台联理事，为两岸融合发声，为两岸交流牵线，义不容辞。

2021 年 5 月，我作为新疆台联会会长参加了全国台联系统参政议政重点课题开题会，围绕《支持台胞台企参与乡村振兴以促进两岸融合发展》课题，结合本地区的实际和新疆台联的实践思考，递交了《支持鼓励台胞台企参与乡村振兴大有作为》的书面发言材料。

我提出以打造"新疆是个好地方"亮丽名片为契机，借助越来越多惠及台胞措施的出台，吸引台商来疆投资，支持鼓励台胞台企参与新疆农业林业高质量发展，助力乡村振兴。为此，也多次向岛内亲朋好友介绍新疆发展的真实情况，让更多台湾同胞了解新疆的发展趋势。同时，通过全国台联这一平台呼吁广大台商台胞到新疆进行实地考察。

让我没想到的是，2022 年 5 月，中国国民党前主席、中华青雁和平教育基金会董事长洪秀柱到访新疆，她用自己在新疆的亲身经历，直接回应美国对于新疆的质疑，戳破三大谎言，带给大家一个真实的、美丽的新疆。正是因为大陆的治疆政策让大家看到了民族的和乐，在 2022 年全国台联组织的调研中，我了解到越来越多的内地台商有意愿来到大美新疆，投资建厂建企。

还有关于台湾青年在大陆就业、双创问题，台青由于不熟悉大陆政治制度、体制机制和社会观念，"水土不服"现象突出。除此之外，对台青来说，获得种子基金和用户贷款确属不易，金融服务也难以满足台青的融资需求。

对此，我将调研的内容以及翔实的数据整理成调研报告，在全国台联理事会进行发声，建议在政策方面，加强对各地惠台政策分类梳理，发挥各项政策的协同性作用，支持台青用好用足优惠政策。

个人一生是短暂的，组织是长久的。历史回过头来看我们，可能不会说我们个人做了什么，但是会说台联做了什么，政协推动了什么。我作为政协委员、全国台联的理事，一个出发点就是，不论在哪个岗位，做什么事情，都必须认认真真地把事情做好，做一个"懂政协、会协商、善议政"的政协委员，做一个有政治定力、有爱国情怀、有责任担当、为民履职的委员，努力讲好政协故事、中国故事、新疆故事。

何勇委员履职故事

第三章 | **团结联谊**
共创政协特色交流品牌

搭建联谊桥梁 助力家国发展

施荣怀

十三届全国政协人口资源环境委员会副主任、北京市政协常委，香港北京交流协进会会长

2022 年是香港回归祖国 25 周年，也是我成为全国政协委员的第 10 个年头。我的父亲施子清是全国政协的老委员，我的兄弟四人均为政协委员，我们一家人对于政协这个大家庭有着深深的情感。回顾这些年作为政协委员的故事，"团结联谊，共创政协特色交流品牌"一直是我深耕的履职主线。怀揣这份初心，我在十三届全国政协委员履职工作中，亦作为港区省级政协委员联谊会会长、香港北京交流协进会会长，努力团结各方力量，在各方面履行自己的委员职务。

传递中央声音 支持特区依法施政

回首走过的路，面对 2014 年非法"占中"、2019 年"修例风波"时，我义无反顾地站在前线，公开声明谴责暴行；在 2020 年"撑国安立法"、落实"爱国者治港"、支持完善香港选举制度时，我们同样积极发声、广泛宣传，团结社会各界，支持中央涉港决定，支持特区政府和行政长官依法施政。在此期

施荣怀（发言席）在立法会选举期间举办见面会

间，我还委托大数据公司追踪每日民情，了解不同市民的关注点，以及建制派声音在社会中的反应，希望有助突破"同温层"效应。同时，每日在群组推送新闻简报，让委员更加熟悉内地和香港新闻，了解真实情况，拉近彼此距离。

此外，在面对美国实施所谓制裁的霸凌行径、欧洲议会的无理指控以及佩洛西窜访中国台湾事件时，我都号召本会第一时间发出声明谴责和反驳。在第五波疫情来临之时，本人也坚定落实习近平总书记对新型冠状病毒感染的肺炎疫情作出的重要指示，实时行动，积极支持和配合本港的防疫抗疫工作，组织政协联会先后捐赠及派发逾 1000 万元的抗疫物资和现金予有需要群体。这些行动也是作为政协委员对"要把尽快稳控疫情作为当前压倒一切的任务"的最好回应。

加强联络沟通　促进双向交流

按照全国政协主席汪洋的要求，我一直将努力提升政治把握能力、调查研究能力、联系群众能力、合作共事能力，助推特区实现良政善治，确保"一国两制"实践行稳致远当成对自己委员履职的要求。在过去五年里，我亦带领举办多场与特区政府官员的交流座谈活动，并且多次带领联谊会核心成员拜访外交部驻港特派员公署特派员及行政长官，在立法会选举期间曾举办多场选举论坛和见面会。今年，在行政长官选举期间，也举办了与李家超先生的交流会，委员们亦积极为政纲建言献策，并在李家超特首上任仅一个多月时，我与政协联会多名领导层人员拜访李家超先生，就内地事务、防疫等事宜交流，希望未来本会能担当港澳与内地事务发展沟通的桥梁，助力政府及各驻内地办事处人员都可与省级政协委员加强沟通联系，建立更多合作关系。

作为"跑"了几十年内地的香港人，我深知双向交流的重要性。在这五年里，我积极组织政协联会不断与全国政协以及各地方政协开展交流，坚持不懈地每年都在国家行政学院、上海浦东干部学院、北京社会主义学院、延安干部学院以及井冈山干部学院等地举办国情班，至今为止已经是第34期，共有1600多位委员从国情班顺利毕业。

施荣怀组织在中国井冈山干部学院举办国情班学习现场

在这五年里，我深感双向交流学习增强了内地对香港目前社会形势的了解和港区委员们对内地发展的了解，有利于为本会、为委员们在港推进工作发挥助力。同时，也为内地招商引资搭建了平台，有利于促进内地和香港共同发展。

积极建言献策　重视青年培育

"为者常成，成者常至"，在十三届全国政协履职期间，我亦提出《关于中央统筹做好参与香港反修例运动中的更生青年人心回归的提案》《关于建立香港与内地协调防疫指挥机制的提案》《关于统筹推进粤港澳大湾区科创成果中试转化基地建设的提案》《关于加强劳务派遣企业监管的提案》等内容。在这个过程中，我深感提案落实的背后彰显着人民政协这一国家治理体系中独特安排的无限价值。并在委员读书平台认真学习，与其他委员一同热烈讨论，自己更了解内地的同时，也认真传递香港故事，让内地同胞更了解香港，提出更有利于内地和香港发展的政策。

在过去五年里，我带领政协联会属会——香港政协青年联会将爱国爱港精神薪火相传，会务蓬勃发展，形成了"旅学团""政情班""导师计划"等多个品牌项目，团结凝聚了大批青年专业人士，激发爱国爱港热情。同时我也推动香港北京交流协会组织开展"三年百人"计划，希望让香港的年轻人更直接地认识内地，了解北京，知道内地企业发展的状况，发现更多机会。

此外，我也于去年底推出"同心圆计划"帮助愿意改过自新的青年，包括协助部分已承担罪责的青年重投社会，协助重返校园，配对工作机会。我于今年9月初同其中一位青年见面，他感激"同心圆计划"让他有机会重新投入社会、找到合适工作，能令妈妈安心。这段对话让我很受感动，也深切体会到这个计划的意义，以后也将继续推动此计划，相信年轻人即使犯错，只要社会给予机会，多加引导，他们就会重回正轨。

作为十三届全国政协委员，这五年里，我深感香港一定要背靠祖国，利用

施荣怀（左二）组织第八期青年政情班学习现场

好自身优势，在金融、消费零售、航运贸易等领域都要和"祖国母亲"一起，才可以走得更远。回顾这五年，我也在一路不停摸索如何真正为国家为香港做更多事情，在未来我也将更加努力，牢记习近平总书记在"七一"讲话中提到的"四个必须"和"四点希望"，将自己作为国家的政治生活中的桥梁纽带、催化剂、润滑剂，团结联谊，凝聚和激发更多政协力量，稳固香港金融和专业服务中心的地位，助力香港融入国家发展大局，能够乘势发展，再创辉煌！

施荣杯委员履职故事

倾力打造品牌　倾情为侨服务

陈式海

十三届全国政协委员，中国侨联副主席，福建省侨联党组书记、主席

作为全国政协委员，履职五年来，我一直在思考和探索一个问题：如何发挥好福建重点侨乡的优势，如何履行好侨联主体责任，围绕省委省政府中心工作，找到契合点，找准发力点，在新福建建设中展现侨联组织的担当作为。为此，我和同事们对照侨联组织职能调查研究、集思广益、挖掘资源，在涉侨多个领域搭建载体，创立品牌，倾情为侨服务、为大局服务。

凝心聚力，让"侨"的品牌亮起来

2013 年，福建省侨联开始实施"百侨帮百村"行动，将其作为福建侨界扶贫的抓手。2021 年实现脱贫后，如何巩固成效、提升帮扶，成为新课题。为此，我们提出将"百侨帮百村"拓展为"双联双帮"，即由省侨联机关六个党支部联系乡村、华侨农场的党支部，业务部室对接村委会和华侨农场，通过党建、业务相融合、双带动，打造"党建聚侨心、侨力促振兴"的服务新模式。

陈式海（左三）赴福州市华侨塑胶厂职工小区走访调研了解侨胞困难诉求

目前省侨联 6 个支部分别与福州市、泉州市、南平市、龙岩市有关村或华侨农场建立"双联双帮"协作关系，约定通过 5 年帮扶达成目标协议。比如，第一支部与南平市延平区巨口乡横坑村共建，其中一项为帮助扩展一批约 300 亩的果蔬综合体采摘基地，目前已引进第一期 30 多亩的葡萄基地种植，正在准备第二期扩种；第四支部与华侨塑料公司支部开展共建，帮扶华塑小区拆迁的部分困难老归侨解决问题；第六支部联合华厦眼科医院到共建村所在县乡开展"侨爱心·光明行"公益义诊活动等。

另一个品牌活动的创立，同样倾注了我们大量的心血。8 月 4 日，一位老归侨就曾在活动中紧握我的手说："感谢侨联组织这样的活动，我们的咖喱蟹、沙爹烤肉销售一空。很多游客都加了微信，说以后还要买。"看着他们幸福的笑容，我深感辛劳没有白费，也实现了开展活动的初衷——在疫情防控常态化的当下，在福建全省范围内举办"侨家乐·福建侨乡美食风情文化节"活动，让华侨农场和归侨侨眷们顺利参展，增加收益、得到实惠。

这一活动源起于福州大学人文社会科学院教授林胜的一篇社会调查，我组织侨联的同事在广泛征求意见的基础上，提出搭建"侨家乐"载体品牌，举办"福建侨乡美食风情文化节"系列活动。我们结合五一、端午等节庆热点，在全省十一个华侨农场、重点侨乡分批举办美食消费和文化活动，另外依托金门华侨协会在金门举办了美食嘉年华和"一脉相承——华侨历史华侨文化图片展"专场活动。"侨家乐"活动受到热烈欢迎与肯定，据统计，仅莆田市涵江区参与人数就达到近 10 万人次。

侨联所能，助力侨乡振兴。我们不断创新工作形式，凝聚侨心侨力侨智。

福建侨联与厦门大学合作成立闽侨智库研究中心（陈式海右三）

用心用情，让"家"的感觉浓起来

2020 年以来，新冠肺炎疫情在全球扩散蔓延，面对人员往来中断，海外侨胞在医疗服务上的恐慌心理，我与联谊联络部的同事商量，拜会省疾病预防控制中心、省医务志愿者协会，共同建立海外侨胞新冠肺炎医疗咨询微信群，通过"一国一群"模式，先后在 34 个国家建立 31 个医疗咨询微信群，指导海外侨胞做好科学防护措施。

2021 年，我们在全国侨务系统首开先河，升级打造"云上问诊室"——"惠侨通"平台，主要依托省医务志愿者协会 3000 多名医学专家库，设置智能健康服务、健康科普、线上活动、中医药文化等栏目，侨胞通过关注公众号即可获得服务。目前，"惠侨通"平台已开通呼吸科、中医科等 23 个线上咨询科室，特别是提供新冠肺炎防治远程问诊和在线直播讲座。"福建省侨联海外侨胞微信医疗咨询平台"也因此入选 2020 年民政部"中华慈善奖"提名。

在国内，这般"家"的感觉更为浓烈。今年端午节，武夷山市华侨农场的侨眷李大妈，组织多位侨眷在"侨胞之家"为大伙儿包粽子。她说，我们要利用好"侨胞之家"这一阵地，经常组织活动来感恩党和政府，回馈邻里乡亲。这是基层侨联建设好"侨胞之家"，最大限度地把侨界群众组织起来、团结起来、活跃起来、贡献起来的一个缩影。

为了让"侨胞之家"真正发挥作用，2017 年，福建省侨联开始创建省级和市级"侨胞之家"，加强基层侨联组织建设。截至去年底，全省命名了省级"侨胞之家"415 个，其中有 18 个获评全国侨联系统优秀"侨胞之家"（首批）。

固根筑魂，让中国文化"潮"起来

"南洋华裔族群寻根谒祖综合服务平台"是福建省"十三五"规划和福建省海丝核心区项目，我们根据规划，将建成集寻根谒祖服务、姓氏族谱查询、宗亲联谊互动、社团交流往来、商贸投资等功能于一体的全国性综合服务平台，这是拓展新时代侨务工作的创造性举措。

近年来，我经常深入泉州华侨历史博物馆，为建设闽籍华侨华人"寻根"工程打基础、作铺垫。作为全国政协委员，我也呼吁提出了"为更多华裔新生代续上中华文脉"提案意见。目前，我们正计划开展一些先期工作，包括进一步梳理福建寻根资源，设立"寻根工程展示点"，编纂《福建寻根宝典》等，努力建设寻根文化园，促进海内外中华儿女大团结，为实现中华民族伟大复兴作出侨界新贡献！

同时，我们也在致力于扎根文化优势，进一步借助侨力，向海外讲好中国故事。2021年3月，习近平总书记在福建考察时作出指示，统筹做好茶文化、茶产业、茶科技这篇大文章。中国是茶叶的发源地，福建更是茶业大省。为此，把福建"侨"与"茶"的两大优势结合起来，让世界喜欢喝中国茶，成为

陈式海（中）为"福茶驿站"合作单位颁发聘书

我心中的一大愿望。我多次与茶企沟通，了解他们所思所想，同时促成海外侨团、侨社、侨领与茶企对接，最终形成了面向海外搭建推广茶文化和福建乡土文化的公益平台"福茶驿站"，旨在推动福建茶叶"海外四进"——进海外家庭、进餐厅、进会馆、进社（街）区。

5月19日，第一批在海外25个茶空间"福茶驿站"正式启动，海外社团的茶文化交流活动相继开展，目前还有不少海外团体纷纷要求开设"福茶驿站"。可以预见，将来一定会有更多的华侨华人和外国朋友喝上中国茶、福建茶，喜欢上中国茶文化。

回顾这五年，我以"侨"为中心开展履职工作，用心用情为侨服务，未来还会把更多力量汇聚到共襄复兴伟业的历史进程之中。

用文化的力量凝聚港澳台青年

朱 向

福建省政协常委、港澳台侨和外事委员会副主任，香港朱子
文化交流协会会长

"青年兴，则香港兴；青年发展，则香港发展；青年有未来，则香港有未来。"2022年7月1日，习近平总书记亲临香港出席庆祝香港回归祖国25周年大会暨香港特别行政区第六届政府就职典礼并发表重要讲话时殷切希望，每一个香港青年都投身到建设美好香港的行列中来，用火热的青春书写精彩的人生。

7月11日，时隔10天，在给参加海峡青年论坛的台湾青年回信中，习近平总书记又殷切寄语，祖国和民族的前途寄托在青年人的身上，希望台湾青年多了解大陆，同大陆青年同心同行，携手打拼，让青春在实现中华民族伟大复兴中国梦的伟大进程中绽放异彩。

一言一语总关情。时至今日，习近平总书记的话语言犹在耳，那情深意切的一字一句是对所有港澳台青年的期许，是对广大港澳台青年的厚爱，让人感同身受，让人热血沸腾，更为新时代做好港澳台青年工作提供根本遵循，为我们政协委员发挥凝心聚力作用指明方向。

凝聚港澳台青年爱国力量

今年盛夏，悬挂彩旗、文艺演出、体育竞技……香港十八个区、各大团体和青年组织受邀筹办庆祝香港回归祖国 25 周年系列活动，以各自独特的方式传递庆回归、寄祝福的喜悦。其中，就有我所在的福建省政协港澳台侨和外事委员会、香港朱子文化交流协会与其余 8 家单位联合举办的"八闽文化之旅·第五届港澳台大学生走朱子之路研习营"活动。

2018 年起，在福建省政协主席崔玉英的指导支持下，"走朱子之路"研习营活动至今已举办五届，凝聚起一批又一批港澳台青年携手传承弘扬和发展中华传统文化。本届研习营被香港特区政府纳入今年庆祝香港回归祖国 25 周年系列活动之一，赋予了这项活动以特别的意义，使得港澳台青少年参与热情更加高涨，来自闽港澳台 20 多所高校的近 300 名师生纷纷参加，活动参与人数

2018 年 8 月 20 日，首届港澳大学生"走朱子之路"研习营在福州开营，港澳学生参观福州三坊七巷（朱向第三排右七）

和覆盖面都再创新高。

朱熹，集孔孟以来儒学之大成而创立朱子理学，与孔子一道，垒起了中国传统文化的两座高峰，被誉为"北有孔子，南有朱熹"。他一生70余载，大部分时光都在闽北度过，并在武夷山、建阳、政和、建瓯、延平等地成长学习、著书讲学、立说授徒，影响远播东南亚和欧美等地。

回首五年来，已有上千名港澳台青年学生沿着朱子的生平足迹，走进八闽青山绿水间，在参访朱子治学授道的理学圣地中，探索朱子文化的源流脉络。在这里，文化是有生命力的，大家有着共同的文化根源、共同的文化认知、共同的震撼与骄傲。在这里，从五夫镇的紫阳楼走来，走进兴贤古街、朱子巷、武夷精舍、考亭书院……一年复一年的体验式研习活动，让一个个港澳台青年学生亲见亲历亲为，在交流互动中提升对中华优秀传统文化的认知度，感受中华文明的博大精深，增强对祖国对民族的认同感和向心力，厚植爱国主义情怀，强化使命担当。

搭好闽港澳台青年交流平台

深情尔尔，源于热爱。早自2010年开始，我便积极参与组织策划海峡两岸"走朱子之路"研习营，活动在两岸高校中引起强烈反响，逐渐成为闽台文化交流史上一件有影响的盛事。

中华优秀传统文化还能给青年学生带来什么？中华优秀传统文化还能改变青年学生什么？……2013年，我有幸成为福建省政协委员，至此，我有了更多沟通渠道和交流平台，开始更深入地思考这些问题。

2014年，经过一年多的调研，我提交了《让"走朱子之路"成为两岸三地青年学生文化交流的品牌》提案。不过一年间，我又提交了《把"走朱子之路"活动纳入福建省对外文化交流重点项目》提案，建议成立省一级协调机构，结合两岸朱子学研究协会等民间团体，共同规划打造"朱子之路"线路

2019 年 6 月 25 日，第二届港澳台大学生走朱子之路研习营期间，朱向（左一）在朱子出生地尤溪南溪书院带领港澳台师生参加祭祀典礼活动

图，形成以朱子文化遗迹为主的"朝祭观光之旅"。

我的这件提案很快得到福建省委宣传部、省文化厅、省旅游局的回复，一致认为"走朱子之路"活动对唤起港澳台青年学生的民族认同感和自豪感具有积极意义，并向我表示将进一步支持开展好"走朱子之路"活动，打造朱子文化品牌，传承弘扬中华优秀传统文化。

如何在更高层面推动"走朱子之路"研习营活动，让活动能够越走越"远"、越走越"长"？彼时，我与不少参与提案委员，不约而同想到了福建省政协。

2018 年，在福建省政协多方推动下，首届八闽文化之旅——港澳大学生"走朱子之路"研习营启动，取得了很好的反响；2019 年，第二届港澳台大学生"走朱子之路"研习营活动再启动，将台湾大学生一同邀请参与，成为港澳台大学生共同传承和弘扬中华文化交流平台。港澳台青年学生在研习活动中充分感受了中华优秀传统文化的魅力，他们深切体会到，虽然我们来自不同地方，但是我们有共同的文化背景，儒家文化是我们共同的民族记忆，共同的文化把我们凝聚在一起，今天我们重走朱子之路，是增强民族自豪感和认同感最好的实践课，要立大志、明大德、成大才、担大任，勇做中华优秀传统文化的继承者和传播者。近年来，以"走朱子之路"为品牌的文化交流，得到港澳台高校师生积极回应和踊跃参与，引起闽港澳台社会各界广泛关注，得到全国政协领导充分肯定。

如今，"走朱子之路"研习营活动成了当前闽港澳台青年学生传承中华传统文化的交流联谊新平台，受到广泛好评，被称为"传承文化之旅"和"心灵契合之旅"，亦成为福建省政协港澳台工作的亮点和品牌。

拉紧情感融合、心灵契合的纽带

心追往圣，聚同化异。一届又一届，在青年学生身上，我看到的是敬畏、德行、守护……可以说，凡走过"朱子之路"的港澳台青年学生，无不加深对祖国大陆改革开放 40 多年来发展变化的理性认识，更能客观地看待祖国与港澳台不可分割的血肉联系。

一直以来，福建与港澳台有着特殊亲缘关系，在做好港澳台凝心聚力工作中亦发挥着重要作用，全国政协主席汪洋在福建考察时提出建设"政协大省"的使命，这是对福建政协更高的要求，也是对全体政协委员的重托。我认为重要的一点，就是要充分发挥福建与港澳台密切联系的桥梁作用和福建港澳委员的双重积极作用，将港澳台同胞，特别是青年人紧紧拧成一股绳，汇聚成爱国统一战线强大力量。团结统一的中华民族是海内外中华儿女共同的根，博大精深的中华文化是海内外中华儿女共同的魂，实现中华民族伟大复兴是海内外中华儿女共同的梦。我坚信，只要我们不断以文化人，以情动人，进一步拉紧情感融合、心灵契合的纽带，就一定能凝聚港澳台青年为中华民族伟大复兴而共同奋斗。

2021 年 3 月，习近平总书记到福建考察在朱熹园发表重要讲话，精辟论述弘扬中华优秀传统文化的重要性，向世人展示了中华五千年文明的魅力和中华

2022年8月11日，"第五届港澳台大学生走朱子之路"研习营以线上线下形式，分别在福建、香港、澳门及台湾四地连线举行

民族的文化自信。作为一名政协委员，又是朱子后裔，我总难以忘怀，更加坚定了做好以弘扬中华优秀传统文化凝聚港澳台青年工作的信心与决心。我坚信，站在香港重新出发的新起点，借着中国文化热的大好形势，推广中华优秀传统文化，向香港社会大众和广大港澳台青年讲好中国故事，是水到渠成之事。

当回头再看来时的路，那里到处是现在的"注脚"。未来，我将以习近平总书记来闽考察重要讲话精神和做好港澳台青年工作重要论述为指引，以朱子文化为载体，积极融入国家发展大局，持续推动港澳台青少年来闽开展中华文化交流，为"一国两制"在港澳社会的行稳致远和实现祖国完全统一作出新的贡献。

朱向委员履职故事

把握自贸港建设契机　深化海南和香港务实合作

王　胜

海南省政协委员，中国南海研究院党组书记、院长

香港是海南利用外资最主要的来源地，也是海南最大的服务贸易伙伴。香港有 40 多万琼籍乡亲。近年来，这些琼籍乡亲已成为拉紧琼港人文、经贸往来的重要桥梁和纽带。2021 年，海南新设立外商投资企业 1936 家、同比增长92.6%，其中来自香港的企业占 43.8%。全年实际利用外资 35.19 亿美元，其中港资占 77.2%。本人作为现任海南省政协委员，曾任省港澳办主任、省政协港澳台侨外事工作委员会副主任，一直致力于推动海南与香港务实合作，为琼港深化合作做出了积极努力，在工作过程中，也做了不少思考并给出建议。

积极搭建平台深化海南与香港合作

海南与香港地缘相近、人缘相亲，商缘相连，拥有广阔的合作前景。琼港旅游等合作交流频繁，香港一直以来是海南最大的境外客源市场之一，也是海南重要的外商投资来源地之一。在担任海南省港澳办主任期间，我一直积极推动深化海南与香港之间的合作项目落地。许多合作项目的落地过程如今回想起

2021 年 12 月 9 日，海南公共外交协会成立，王胜（右一）作为副会长参会，并与各会长、副会长合影留念

来都历历在目，尤其是推动 Hello Kitty 度假区项目在海南三亚落户的经历。

2017 年 12 月 1 日，第十五届世界海南乡团联谊大会在香港会议展览中心新翼举行，来自 26 个国家和地区的海南乡团代表共 6000 多人齐聚一堂，共叙乡友情、共谋发展路。时任海南省省长、现任海南省委书记沈晓明同志出席开幕式并致辞。12 月 2 日，借助联谊大会召开的契机，我们积极策划海南省政府在香港会议展览中心举行海南（香港）综合招商推介会。推介会上，27 个项目进行集体签约，主要涉及旅游、高新技术、教育等领域，协议投资总额达 380 亿元。

其间，得知香港富德集团、日本三丽鸥与三亚市政府已于 2017 年 6 月签订初步合作意向书，但项目落地还存在不少实际问题。为继续深化和推动重点项目合作，12 月 2 日，经请示同意，我们安排时任省长、现任书记沈晓明同志

2020 年 10 月 11 日，王胜（右二）与察哈尔学会秘书长、中国前驻美国休斯敦总领馆总领事李强民和察哈尔学会高级研究员、中国传媒大学海南国际学院院长赵新利等有关负责同志座谈交流

在香港招商会见富德集团潘家德一行，就项目的落地方式、建设目标和存在的问题等进行了深入沟通交流，并就一系列合作事宜达成一致。

值得欣慰的是，在我们的大力推动下，2019 年 7 月，Hello Kitty 主题乐园度假村项目正式落户签约海南三亚，成为海南首个国际 IP 品牌主题乐园，并将于 2024 年正式开园。特别是 2018 至 2021 年底，在利用外资方面，海南与香港合作落地了 1400 多个项目，数量上占海南新设外商投资企业部分的 40%，资本投资上占 80%。可以说，在我们大家的共同努力下，琼港合作展开了新的合作篇章。

习近平主席重要讲话为海南与香港深化务实合作提供了行动指南

2022 年 7 月 1 日，习近平主席在出席庆祝香港回归祖国 25 周年大会上发表了重要讲话。习近平主席重要讲话通篇贯穿着"香港同胞始终同祖国风雨同舟、血脉相连"的重要思想，充分肯定"香港充分发挥了连接祖国内地同世界各地的重要桥梁和窗口作用"。

就香港和海南的合作而言，习近平主席的重要讲话进一步明确了香港未来发展的战略定位，为深化香港与海南的深层次战略对接和务实合作提供了行动指南。香港作为"一国两制"下的自由贸易港，有着长期开放、参与祖国内地改革开放和促进国际合作的先进经验，可为海南自贸港建设提供借鉴，还可与海南优势互补，共同推进国家的全面开放。习近平主席 2022 年 4 月在海南考察时明确指示要求海南要"加快建设具有世界影响力的中国特色自由贸易港，让

2020 年 1 月，王胜在海南省政协七届三次会议联组讨论会上发言

海南成为新时代中国改革开放的示范，把海南自由贸易港打造成展示中国风范的亮丽名片"，这为海南与香港开展务实合作指明了方向。未来琼港双方在国际经贸规则对接、国际航运、国际旅游消费中心建设、国际化营商环境打造和拓展畅通便捷的国际联系等方面也具有十分广阔的合作空间和巨大的合作潜力。

深化海南与香港务实合作的几点思考和建议

总体来看，琼港前期双方的合作多是聚焦"海南所需、香港所长"，面对新的发展阶段和新要求，特别是对标中央对香港和海南的战略定位，双方还应关注"香港所需、海南所长"的方向，加强相互对接，在以下方面推动务实合作：

一、加强战略对接，做好各领域合作机制和平台的搭建。一是建立双方行政首长定期会晤机制，重点就香港和海南在粤港澳大湾区及海南自贸港建设国家战略对接中的定位、分工以及对周边的辐射带动功能进行大范围、深层次、宽领域的设计和规划。二是进一步整合现有的琼港经济合作发展推进工作组、琼港经济合作咨询委员会以及散落在各职能部门的官方对接机制，强化统筹协调，以期形成合力。三是充分发挥琼港两地商协会、法定机构、侨团组织、企业以及智库等的积极性，发挥好正在建设的琼港合作示范园区的平台作用，形成琼港合作的立体对接体系。

二、对接香港成熟运作模式，加快推动国际旅游消费中心建设。一是继续做大做强珠宝产业。珠宝贸易、珠宝首饰镶嵌已被列入海南自贸港建设鼓励类行业的重点产业，双方目前已经在此领域建立工作机制，合作基础良好。建议充分做大现有平台，帮助香港企业借助海南土地、人力资源、成熟的物流网络，特别是加工增值 30% 免关税的优惠政策，建立珠宝制造加工和销售网络，拓展面向东南亚及中国内地广阔的市场，同时推动海南钻石珠宝产业的跨越式发展。二是借助港资成熟模式推动高端商业综合体建设。香港在免税商业、高端商业等方面优势明显，又掌握了丰富的全球顶级供应链流通渠道和资源。建议瞄准香港高端商业企业，用好海南自贸港在免税购物方面的独特政策，打造一批具有标杆意义和代表性的港资商业综合体，以拉动海南自贸港国际旅游消费中心建设。三是依托港资引入国际知名旅游 IP。例如，通过港资引入 Hello Kitty 度假区。该度假区集聚主题 IP 酒店、主题乐园、主题商业等旅游要素为一体，进一步丰富了海南国际旅游消费中心的内容。建议继续深化合作，引入更多国际知名旅游 IP，以进一步丰富海南国际旅游产品供给、培育旅游消费新业态。

三、加强政策对接，推动国际航运产业发展。香港是知名国际航运中心，除了货物吞吐量之外，航运服务业方面"软指标"更是其核心竞争力。未来海南一方面可以充分发挥船籍港政策优势，加强与香港航线资源、堆场、货源等优势互补和差异化发展，另一方面可以加强与香港航运服务业的标准和规则对接，在航运服务、保险、仲裁方面通过对接香港从而对接国际，以提升国际竞争力。

四、吸引香港年轻人来海南创业、置业，助力香港青年发展计划。建议依托双方行政首长定期会晤机制，用好"允许境外人员在海南自贸港担任法定机构、事业单位、国有企业的法定代表人"的优惠政策，从制度安排上为香港青年来海南创业、实习、工作提供更多的机会。

五、海南有许多自贸港优惠政策，为香港企业界和投资者提供了十载难逢的新商机。海南自贸港优惠政策是海南所长，香港所需，已引起香港企业界人士的高度重视和积极响应。建议琼港双方政府择机安排双方招商机构和企业界人士建立常态化商务合作恳谈会机制，以帮助香港企业家真正读懂海南自贸港政策，以促进海南企业家与香港企业界在合作领域做精准对接。

王胜委员履职故事

同心筑梦　砥砺前行

庄哲猛

云南省政协常委、省政协港澳委员联谊会主席

我是云南省政协港区委员召集人及港区省级政协委员联谊会副会长，至今当了四届云南省政协港区委员，于我而言这是一份无上殊荣，更是一份沉甸甸的责任。当我第一次踏上云南这片神奇的土地，就与云南结下了不解之缘，这是我人生中一个有着重要意义的里程碑。在这里，我找到了自己毕生的使命感和责任感，实现了我人生价值的升华。多年来的政协履职，促使我在工作中不断学习，在学习中不断进步，受益匪浅，感触良多。回首自己的履职历程，在充分发挥港澳委员双重积极作用的过程中，也经历过很多激动人心的感人故事。我相信，这样的故事还将不断续写……

岂曰无衣　与子同袍——在团结合作中汇聚奋进力量

习近平总书记指出，党和人民取得的一切成就都是团结奋斗的结果，团结奋斗是中国共产党和中国人民最显著的精神标识。人民政协作为最广泛的爱国统一战线组织，是大团结大联合的象征。

庄哲猛（中左）参加"云南省政协港澳委员联谊会"组织学习习近平总书记"七一"重要讲话精神

在云南省政协、云南省委统战部、香港中联办等多个部门的关心支持及协调下，我们于 2015 年 4 月成立了"云南省政协港澳委员联谊会"，由常委牵头，组织委员们积极参加各种社会正能量活动。我们一直秉承"服务国家、服务云南、服务港澳、服务委员"的宗旨，紧密团结、精诚协作，各项工作得到大家的一致好评，取得了良好的社会反响。

从 2019 年下半年开始，香港经历了前所未有的"黑暴"及疫情。我想，我们云南省政协港澳委员联谊会此时一定要站出来，为维护香港社会稳定做些什么！我们组织带领委员们摆街站，坚决支持香港特区政府、坚决支持香港警察！活动中，我们遇到了"黑暴"人员前来捣乱，在这危险混乱的紧急关头，委员们团结一致，用智慧、勇气、担当、正能量，取得了最后的胜利。这场胜利也体现了委员们的爱国、爱港情怀以及敢于同黑恶势力做斗争的英勇气概，云南省政协港澳委员联谊会在此事件中也发挥出了积极的正能量。

随着香港国安法的实施，社会安定了、暴乱没有了，香港市民都深切感受到，伟大祖国始终是香港战胜困难挑战的坚强后盾，大家对香港的未来充满信心！在一些座谈会上我也提出一些建议，包括要设定一些条件，让真正爱国者及有作为的人士当选香港立法会议员等提议。我也非常荣幸地当选了香港选举委员会委员，为中华人民共和国香港特别行政区 2022 年行政长官选举投出了宝贵、神圣的一票。

我主导的工作也获得了各界认可，为此荣获了港区省级政协委员联谊会第五届"召集人服务奖"、第六届"会务优秀奖"。我会继续发挥港澳政协委员的双重积极作用，敢于担当、勇于创新，努力传递积极正能量，做一个有作为、有担当的正能量人士。

利民之事　丝发必兴——在履职尽责中彰显为民情怀

习近平总书记指出，广大政协委员要坚持为国履职、为民尽责的情怀，把事业放在心上，把责任扛在肩上。一直以来，我始终把人民受益作为履职建言的出发点和落脚点，通过委员提案、社情民意、网络议政、常委会大会发言等形式，聚焦云南精准扶贫、乡村振兴、文化事业发展、营商环境改善、对外开放等方面积极建言献策。2020 年以来，虽然新冠肺炎疫情阻碍了亲赴云南参加政协会议活动，但我们港澳委员一如既往为云南的发展出谋划策、建言资政，认真准备提案，并以饱满的热情和抖擞的精神面貌积极参加云南省政协召开的每次视频会议，隔着屏幕也能强烈感受到从云南主会场传递出来的隆重、热烈气氛。

在抗击疫情行动中，滇港同心、携手抗疫，我们云南省政协港区委员给国内及香港特区有需要的群众捐资捐物，共同为抗击疫情工作贡献力量。2022 年香港疫情严重，云南省政协港澳台侨和外事委员会及时给有关部门报告并协调了一批抗疫用品快递到香港，港区委员及时将抗疫物资送到有需要的香港市民手中。

为认真贯彻落实习近平总书记在香港回归 25 周年大会上的重要讲话精神，我们组织委员深入基层社区，关心关爱市民，倾听市民声音，反映社会诉求，齐心协力支持香港特区政府发展经济、改善民生，让发展成果更多惠及全体市

庄哲猛（左三）在中秋节为香港市民送去节日问候

民。在中秋节当天，与其他兄弟省市政协委员给香港弱势群体送慰问品并送去温馨诚挚的佳节问候，共享节日的喜庆快乐，共祝香港更美好，祖国更强大！

永敷万国　是则四方——在自信满怀中讲好中国故事

2019 年，我非常荣幸受邀参加国庆 70 周年阅兵式，亲临大阅兵的现场心潮澎湃，幸福自豪感油然而生。威武庄严的三军仪仗队、现代化的装甲方队、潇洒战机编队鹰击长空……我为祖国的日渐强盛、繁荣富强无比自豪！满怀着这样的民族自豪感，我们港澳委员更有底气、更有自信，向世界传播好中国新时代声音，讲述好中国新征程故事，绘就新时代最大同心圆，共筑中华民族伟大复兴的中国梦。

近年来，我积极参加香港投资署与云南驻港商务处举办的投资洽谈会，举行云南省政协港澳委员联谊会会员大会暨国庆联欢，宣传介绍云南脱贫攻坚取得决定性胜利的有关情况，支持云南红土情音乐艺术工作室为 COP15（联合国

庄哲猛出席云南省政府在香港举办的"2019香港知名企业家午餐会"并代表香港企业家发言

《生物多样性公约》缔约方大会第十五次会议）创作主题曲《地球妈妈》，受到各方好评。云南与缅甸山水相连，在2021年缅甸国内新冠肺炎疫情肆虐时，我们港澳委员积极捐款捐物，支援缅北防疫工作，帮助当地华侨华人挺过难关。平日里，我喜欢与香港弱势群体交流沟通，了解他们的困难，关心帮助他们，同时也会向他们讲好祖国的发展故事。

在朋友们的眼中，我是一个做事认真、负责任、注重诚信、爱憎分明的人。他们对我"助人为乐、自得其乐、知足常乐"的三乐观也很认可。希望在以后的工作中，可以团结更多曾在云南工作、生活，热爱云南的"正能量"人士，进一步壮大爱国、爱港澳、爱乡力量，更好为国家、为港澳、为云南做好服务，为实现中华民族的伟大复兴贡献自己的力量！

同心同行　书写绿色未来

梁华权

青海省政协委员，澳门电力股份有限公司执行委员会主席

　　青海是一个人杰地灵的地方，它雄踞世界屋脊，具有得天独厚的资源禀赋，生态优势孕育着巨大的绿色潜能。作为青海省政协委员，我不仅认识到"建设生态文明，关系人民福祉，关乎民族未来"的重要理念，还不断通过学习和调研，深入思考委员的履职责任。即要坚持以习近平生态文明思想为指导，倡导清洁能源替代和发展新型电力系统，提倡绿色低碳生产生活方式，能以务实有力的履职实践，发挥自身专业优势，始终以让绿色成为地区高质量发展的鲜明底色作为努力方向。

倾心倾力，开展前瞻性研究

　　"建设生态文明，关系人民福祉，关乎民族未来。"党的十八大以来，习近平总书记围绕生态文明建设作出一系列重要论断，形成了习近平生态文明思想，亿万人民驰而不息，久久为功，秉持"绿水青山就是金山银山"理念，努力建设人与自然和谐共生的现代化，为共建清洁美丽世界贡献中国智慧和中国力量。

在生态文明建设和低碳绿色发展道路上，青海省和澳门具有很多共识。青海是"三江之源"，是"中华水塔"，在维护"国家生态安全"战略中具有不可取代的地位，加强生态保护是青海立省之本。澳门作为中西方文化经济联系的窗口城市，虽规模小，但小而精，小而美，且少有工业污染，同样具有践行绿色低碳发展的优势和责任，响应国家"双碳"号召，参与绿色城市规划和建设，势在必行。

我深入学习习近平生态文明思想的重要内涵，持续关注能源和电力行业发展对环境保护的影响，深知低碳策略是电力行业发展的必由之路，引领澳门电力行业不断进行技术更新，带领团队开展"绿色澳门、低碳澳门"前瞻性研究，从发电、输配电和用电及客户服务各个环节研究澳门的低碳发展策略，通过节能降耗、绿色交通、可再生能源消纳、数字化客服等方面分阶段有序开展

梁华权（右二）在中国（澳门）国际汽车博览会上宣传绿色交通电气化，倡导绿色出行

工作。同时，积极参与粤港澳大湾区的发展建设，充分利用区位优势，把握大湾区内的合作机会，致力于为澳门输入清洁电力。

学习经验，推动澳门低碳生活

在履职期间，我通过不断参加省政协组织的主题讲座、政情通报会等活动，听取党史学习教育、习近平总书记来青考察重要讲话精神等专题辅导，参与考察和调研活动，不断深入思考履职责任，领悟到澳门须加强与内地联动，多汲取内地的成功经验是探索绿色低碳发展的最佳选择。故此，我多次组织带领电力客户咨询委员会赴内地交流，调研了解低碳转型规划和前沿科技项目，为澳门未来推动低碳发展和智慧城市建设提供宝贵经验。

梁华权（右四）组织电力客户咨询委员会赴内地交流，汲取先进经验，助力澳门智慧城市建设

我曾到访过阿里巴巴、华为、国网、横琴新区等地进行调研，参观学习智能街灯、综合管廊、风力发电等项目。借考察交流的机会，汲取智慧城市建设及供电技术发展先进经验，回到澳门后助力特区政府发展"以数字引领科技，智能服务民生"的智慧城市管治模式，积极参与构建智慧城市建设，配合长远低碳转型规划。

此外，清洁能源之中风力发电是无公害的可再生能源，具有推广价值，澳门虽土地资源紧缺，没条件发展陆上风电项目，但85平方公里的水域权使得澳门具有开发海上风电项目的可能性。为了不断推动落实"双碳"目标，寻找清洁能源的替代，我组织考察团赴大唐集团实地考察新能源项目，借鉴内地风力发电的技术和经验，探讨与内地合作，利用海上风力发电来引进清洁能源的使用。

从碳排放的实际角度出发，澳门有关陆运交通排放约占整体碳排放的三分之一，因此电气化出行，使电力系统碳达峰、碳中和，是澳门碳中和的关键。我曾多次在各类论坛中发表主旨演讲，提倡使用清洁能源，倡导发展绿色电力，强调低碳节能环保理念，希望能与青海同心同行，集结各方力量，同步谋划绿色发展的美好未来。

为推动与内地企业的协同发展和紧密合作，积极参与大湾区建设，多年来，我致力于参与举办粤港澳三地的电力企业服务研讨会和高峰会，倡导关注大湾区清洁能源发展、聚焦"双碳"和数字化目标，为湾区绿色发展集思广益。去年，高峰会以"数字电力服务双碳目标，赋能湾区绿色发展"为主题，我进行了主旨演讲，强调"双碳"目标将推动源网荷储各环节能源绿色转型，对电力行业的长远发展产生重要影响，宜提前布局谋划以新能源为主体的新型电力市场体系。之后，我也在"电动车与车联网应用之机遇与挑战研讨会"上，与专家学者探讨电动车与车联网的应用，以及城市绿色低碳发展与智慧城市建设的作用，不断借助各类平台宣传环保理念。

春种一粒粟，秋收万颗子

20世纪80年代以前，澳门是一个本地发电能力严重不足的小城，无法满足经济发展和社会民生的需求。通过几代人的努力和奋斗，电力系统更新和供电服务优化，用电量较过去增长了50倍，供电稳定性至今已达到国际领先水平。

1999年，澳门回归举办大型交接仪式，我有幸被委派负责整个活动的保供电工作，设计电力系统，全力确保供电万无一失。虽然时间短任务重，但记忆深刻。当时得以见证这一伟大的历史时刻，爱国爱澳的心情无以言表。能在澳门社会经济腾飞过程中参与电力工作、守护这座历史名城，既是光荣任务也感到责任无比重大，所以，我时刻谨记以弘扬爱国奋斗信念，传承爱国奉献精神作为委员履职的责任和义务。

梁华权（第一排右七）组织员工参观"庆祝中国共产党成立100周年大型主题图片展"，传承爱国爱澳核心价值

在中国共产党成立 100 周年之际，我组织员工参观"庆祝中国共产党成立 100 周年大型主题图片展"，通过全员学习中国共产党的百年奋斗史，传承爱国爱澳核心价值；还通过参加澳门庆祝建党 100 周年影视作品展映启动仪式暨《革命者》首映礼，参观"见证百年中国铁路发展主题展览"，不断加深增强对国家的认同感和归属感。

今年，在香港回归 25 周年之时，我发表了《紫荆莲花齐耀湾区，港澳携手同向未来》的感言，认同香港和澳门自回归祖国以来，在中央政府的全力支持下，充分发挥"一国两制"优势，成功应对各种困难和挑战。国家针对粤港澳大湾区发展出台的政策支持，为粤港澳的开拓前行注入源源动力，港、澳紧密地携手融入国家发展大局，赋予绿色发展一个广阔发展空间。

现今，澳门正在修订《维护国家安全法》，我也积极参与专业界别咨询会并表示坚定支持。此外，我还每年带领员工参加国家安全教育展，进而加深员工对国家安全维护工作的认识和了解，强化国家安全意识，增强爱国爱澳情怀。

梁华权委员履职故事

推动宁港交流　助港青识国情

徐小龙

宁夏回族自治区政协委员，宁港青年交流促进会永远名誉主席

作为一名宁夏回族自治区政协住港委员，多年来，我一直致力参与青年发展工作，参与公共及社会服务，协助社区发展，香港特别行政区政府先后于 2015 年颁发民政事务局局长嘉许状、2017 年颁授行政长官社区服务奖状及 2022 年颁发荣誉勋章给我。

作为一名爱国爱港青年，我和一批有志的各界青年一道，共同发起成立香港青年交流促进联会，参与及协助搭建一个青年之间的交流平台，让香港学生亲身走过、亲眼见过、亲耳听过，通过实实在在的体验，让他们更了解、更认识自己的国家，以增加对国家民族的认同感，完善促进两岸交流合作，深化两岸融合发展。

热衷青年工作　往返宁港之间

我出生于香港，成长于香港，可以说见证了在香港面对时代的挑战——社会的急速转变、政经民生的动荡等冲击下，社会所承受的前所未有的压力，以

2017 年，徐小龙（右）荣获香港特别行政区政府颁授行政长官社区服务奖状

及青年对人生和前路的困惑。但我始终相信，一个城市的未来取决于青年人的价值观，在时代的洪流中，青年应该把握报效祖国、服务人民的时机，成长为一个对国家对社会有用的人。

多年来，我热心参与青年工作，被香港特别行政区政府委任为青年发展委员会委员。作为一名建筑工程师及注册专业测量师，除了专业工作和青少年工作外，我还积极参与其他社会服务，以最大力量去帮助需要帮助的人和群体，使我受益终身。

2018 年 5 月，作为一名宁夏回族自治区的政协委员，同时又为国际青年商会香港总会顾问团成员，我积极参与并促成筹办"牵手西部省区·共建'一带一路'——香港企业家走进宁夏"。还记得当时与国际青年商会香港总会一起，带领 48 名香港知名企业家代表团走进宁夏酒庄、枸杞园与沙坡头进行考察，

2018 年 5 月，徐小龙参与并促成"牵手西部省区·共建'一带一路'——香港企业家走进宁夏"活动

体验宁夏独具特色的产业，使代表团成员近距离了解了宁夏的优秀产品，深入了解当地在"一带一路"宏观经济发展策略中的优势以及发展前景。

2018 年 6 月，我以宁夏政协委员身份将正宗的宁夏枸杞带到以"引领全球食品行业新机遇"为主题的首届香港"一带一路"国际食品展上，吸引了来自世界各地嘉宾的目光，他们对宁夏枸杞的独特性有了更加深刻的了解和认识，纷纷竖起大拇指不住地称赞。

促进两岸交流 提升身份认同

作为香港青年交流促进联会荣誉主席，近年来，由我牵头组织筹办了众多青年学生活动，以促进海峡两岸及港澳青年交流，提升香港学生国民身份认同。活动包括 2018 年 12 月举行了"香港学生领袖高阶培训计划——北京、宁夏之旅"，参加人数达 80 人。过去多年，我以宁港青年交流促进会永远荣誉主席的身份积极推动宁港青年双向互动；我还先后组织多次香港企业家到访宁夏，同时以侨界爱心人士资助及筹办"宁夏优秀学生赴港暑期夏令营"，近 1000 位宁夏学生参与。通过参观香港澳门的市政建设，与香港澳门的大中学生开展丰富多彩的学习交流活动，开阔了宁夏学生的视野，促进了宁港澳学生间的互动交流。

同时，为积极推动香港学生到内地进行社会实践，香港青年交流促进联会还举办了"梦想·启航"香港青年暑期内地实习计划，而今已举办了 11 年。其主要方式是安排香港大专学生前往北京、珠海、宁夏、广西、广州等省市（自治）区进行实习，加强互动。令我记忆深刻的是，此活动举办的第一年报名人

2019 年，"梦想·启航"香港青年暑期内地实习计划

数就达 700 多人，这不仅让我们感到十分惊喜，也给了我们很大鼓励。此后数年，报名宁夏的学生与报名北京的学生已不相上下，特别是 2017 年，报名宁夏者数量已超过北京。这让我们感到十分意外，思来又在情理之中。究其原因，我想这是因为得天独厚的自然条件、勤业敬勉的人文优势，赋予宁夏独特的魅力。蓝天、白云、绿洲，人们可以尽情感受自然、亲近自然；石油、石化、煤业，人们可以享用企业带来的便利和富居。记得在今年的活动中，有一位学习中文的学生到宁夏煤业公司实习，这位学生告诉我们，他真是大开眼界，很多实践经验是无法从书本中直接得来的，实习过程令他受益匪浅。

2019 年，我被选为香港青年商会基金会主席，主要工作是资助国际青年商会香港各分会举办对香港有意义的活动，三年多来，已举办活动大大小小 100 多个，为年青一代创造了平台和机会，使他们锻炼自己、丰富自己，为社会奉献自己，为国家作出应有的贡献。

我亦为香港最大的青少年制服团体——香港童军总会服务了 21 年。在 2020 年由内地事务总监调任为童军知友社总监，继续带领 10 万名会员推动香港童军运动。

此外，我在担任松山湖粤港澳专家咨询指导委员会顾问期间，曾参与东莞松山湖高新区开幕及东莞松山湖港澳青年创新创业基地的相关活动。这让我意识到，大湾区创新创业基地在政府及企业的支持下高速发展，而香港不少青年朋友十分有兴趣到内地发展，但是因为之前认知的偏差和支持措施的不足不敢前往大湾区就业。因此，我将青年朋友所担忧的事情进行整合分析，配合香港青年发展委员会提出意见和建议，提议在粤港澳大湾区建立一站式信息平台，加强劳工福利保障认识，筹措青年实习体验计划等。

履职尽责　不负韶华

自 2008 年成为宁夏回族自治区政协委员以来，我每年都会积极提交提案，履职尽责，为宁夏的经济民生献计献策。《加强协调推进学前教育》《运用大数据平台助农增收》……所提交的提案不仅多次获得优秀提案，还得到了当地政府部门的答复和跟进，部分提案还获得采纳。我深知，提案并不是形式上的"交作业"，而是需要在大量调研的基础上所得。我虽然不是宁夏本地人，对宁夏当地也不是十分了解，但我常常深入基层一线，做大量的社会工作，再加上我有一定的营商等经验，能够作出合理的分析和判断，为此我愿意以己之力帮助到更多的人，助力当地经济发展。2020 年度、2022 年度委员履职考核更被评为优秀。

征途漫漫，唯有奋斗。我相信，我亦能一如既往地身体力行，和青年一起，推动宁港融合交流，加强香港青年对祖国的了解，共同为国家作出贡献。

第四章 | **担当作为**
发挥政协委员主体作用

在委员履职担当中爱国爱港

余国春

十三届全国政协常委，中国侨联副主席

过去五年，是极不寻常、极不平凡的五年。作为一名全国政协委员，五年来，我十分自豪自己能够亲历和庆祝中国共产党成立 100 周年、中华人民共和国成立 70 周年、改革开放 40 周年，也很荣幸见证我们祖国完成脱贫攻坚、全面建成小康社会的历史任务和实现第一个百年奋斗目标，见证中国特色社会主义进入新时代。而作为一名港区政协委员，我更加感受到，加强中华儿女大团结是新时代人民政协的历史责任，人民政协因团结而生、依团结而存、靠团结而兴，是大团结大联合的象征，在五年的履职路上，我对此感触颇深。

在坚定信念中维护香港繁荣稳定

2019 年，面对香港局势动荡变化，一众政协委员挺身而出，勇于发声，团结号召香港同胞在事关"一国两制"和香港前途命运的重大问题上旗帜鲜明支持特区政府和行政长官依法施政，充分发挥委员主体作用，身体力行维护香港社会的繁荣稳定。本人积极以身作则，发动社团的力量持续为时局发声，并积

香港"修例风波"期间，余国春和香港侨界社团联会同人多次到香港警察总部支持香港警察，号召社会各界一起维护我们共同的家园

极推动选民登记，大力号召大家支持爱国爱港的候选人。"修例风波"发生以来，本人还多次与香港侨界社团联会的同人们一起赴香港警察总部和警署撑警，并分别以社团和公司名义赞助物资，以慰问香港警察；同时，本人还多次发动社团以及以个人名义在各大传媒和新媒体网络平台发声，坚决支持特区政府止暴制乱、引导香港各界维护中华民族大义。2019年11月24日，香港区议会选举当天，我和许多委员一起连续走访了多个街站，为爱国爱港的候选人助选。

在香港经历"修例风波"期间，我们家族在港经营逾60年的公司"裕华国货"被暴徒列入所谓的"蓝店名单"，他们不仅发起所谓的"罢买"行动，更有暴徒多次在网络上扬言要"装修"我们的公司。但即使面临暴力威胁和面对香港当时交通被阻断等重重困难，我们公司全体上下一心，不畏艰难，坚守岗位。虽然面临经济下行和零售寒冬，我们仍然竭力保障员工福祉，坚持不减薪、不裁员，与逾 300 位员工携手共度时艰，以坚毅果断的行动彰显我们维护香港社会和谐稳定的决心和力量。令大家感到无比振奋的是，中央依照宪法和基本法有效实施对特别行政区的全面管治权，制定实施了《中华人民共和国香港特别行政区维护国家安全法》，落实了"爱国者治港"原则，香港局势得以实现了由乱到治的重大转折。

在团结凝聚中为国家贡献力量

2020 年，面对突如其来的新冠疫情，我们积极响应中央和社会各界的号召，团结香港各界人士共同援手，积极筹集物资、捐赠款物，支持医护前线和深入服务社区，与社会各界齐心抗疫。

2020 年农历新年期间，我和家人在东南亚休假时，收到特区政府民政事务

面对突如其来的新冠疫情，余国春和香港侨界社团联会同人捐献物资给香港医院管理局，以实际行动支持奋战在抗疫一线的香港医护人员和公立医院

局的紧急来电，了解到香港抗疫前线需要大量口罩。经多方联络全球各地的供货商后，有印度尼西亚侨商在物资十分有限的情况下将当时手头仅有的 40 万个口罩预留给香港特区政府，并迅速顺利完成运送，解燃眉之急；同时积极团结凝聚香港侨界社团联会各位同人，在短时间内筹集到逾 209 万元港币，全数交予中国华侨公益基金会转交所需单位；香港梅州联会的同人们也一起积极发动社团的力量，于农历新年期间迅速筹集到 86.2 万元港币善款，慰问奋斗在抗击疫情一线的医护人员。

令我十分感动的是，在抗击新冠肺炎疫情过程中，香港侨界青年们快速响应和积极行动，展现出了年青一代的有为担当。在危急时刻，他们及时通过香港医院管理局了解到香港医护前线所需，积极发动大家筹集善款的同时，与各供货商取得联络，在当时各类物资供应万分紧张的情况下购买到总值约 40 万元港币的 500 件防护服以及床单、床套、枕套、被套等物资各 500 套，一并捐

2022 年，香港第五波疫情形势非常危急和严峻，余国春代表公司向全港社区抗疫连线捐出 100 万港元，助力香港社会同舟共济，齐心打赢这场疫情防控战

献给香港医院管理局，共同为抗疫贡献力量。当时，面对香港确诊病例渐增为社会带来的恐慌，我们还第一时间安排数百本《新型冠状病毒感染肺炎防护读本》派发给公司员工和香港侨界社团联会同人，并将读本电子版在公司和社团的多个群组广传，尽快降低疫情带来的恐慌。

2022年，香港第五波疫情形势非常危急和严峻。在中央的关怀和大力支持下，香港得以迅速兴建起方舱医院，内地的专家和医护人员来到香港，体现了人民至上、生命至上的宗旨。在这个异常艰难的时刻，我们公司裕华国货向全港社区抗疫连线捐出100万港元，希望助力香港社会同舟共济，齐心打赢这场疫情防控战。而面对持续的新冠疫情以及2021年突如其来的暴雨和水灾，本人继续积极响应中央和社会各界的号召，团结香港各界人士共同援手，积极筹集物资，捐赠款物，关爱同胞和社群。

回望过往，眺望前方，我很荣幸自1986年担任政协委员至今，有幸亲历了中国共产党带领中国人民经千辛、越万难所取得的各项伟大成就，见证了全面准确贯彻落实"一国两制""港人治港""高度自治"，见证了香港从由乱及治迈向由治及兴的新阶段。

当前，在全面建设社会主义现代化国家、向第二个百年奋斗目标迈进的新征程上，我满怀信心，也定将一如既往坚持大团结大联合，巩固和发展最广泛的爱国统一战线，动员全体中华儿女围绕实现中华民族伟大复兴的中国梦一起来想、一起来干，形成共同致力民族复兴的强大力量！全面建成社会主义现代化强国的目标一定能够实现，中华民族伟大复兴的中国梦一定能够实现！

余国春委员履职故事

留下奋斗足迹　传播中国声音

陈冯富珍

十三届全国政协常委，世界卫生组织荣誉总干事

在政协这个大家庭，我是一名"新兵"。回顾 5 年的履职经历，我深感政协委员的身份不仅是一项政治荣誉，更是一份政治责任。

5 年来，我充分发挥港区委员的"双重积极作用"，既为国家经济社会发展作贡献，也为维护香港长期繁荣稳定尽职尽责。同时，我还积极发挥专业优势，在推动公共卫生领域人才培养、推动中国卫生事业发展，提升我国公共卫生国际影响力等方面，贡献了自己的力量。

讲好中国公共卫生故事

十几年世界卫生组织工作经历，我亲眼见证了中国在国内和国际社会医疗卫生领域付出的极大努力，见证了中国为推动世界和平发展，践行联合国可持续发展目标作出的重要贡献，也见证了中国从全球卫生合作的受益者逐步成长为积极的建设者和贡献者这一伟大历史进程。在世界卫生组织的工作圆满完成后，我一直牢记肩上的使命，坚持利用自身专业优势，向海内外讲

2021 年 6 月，陈冯富珍在博鳌亚洲论坛·全球健康论坛第二届大会上致辞

好中国公共卫生故事。

我积极利用高端国际合作平台，分享中国重大疫情防控经验，支持和呼吁全球合作，与国际组织、非政府组织开展深入合作；主办或参加全球健康领域的高水平国际会议，扩大对话和交流，介绍中国健康事业的进展和规划、公共卫生领域人才培养等进展，促进中国公共卫生教育的发展和质量提升；与国际公共卫生领域的顶级期刊《柳叶刀》《自然》杂志合作，传播中国抗疫声音，支持多边主义；策划高端系列访谈节目《健康之源》，面向全球发布，提升公众对于全球健康的关注重视等。

2021 年 11 月 20 日至 21 日，我作为大会主席主持首届世界卫生健康论坛，利用这次国际会议向世界推广中国的"互联网＋医疗"经验以及大数据如何助力政策制定和卫生体系绩效评估，我还在开幕式、青年论坛等重要环节发言，向世界宣介公共卫生领域里的"中国智慧""中国方案"。论坛受到全球范围内各界人士的广泛关注和热烈反响，来自全球 20 多个国家和地区、13 所国内外知名高校、20 多家国内外组织和机构的 50 多位全球知名专家学者，带来了 30 多场高质量主旨报告，开展了多场富有建设性的对话研讨，取得了多方面的积极成果。论坛多次受到国内十余家主流权威媒体平台报道，传播总量达数百万。

助力祖国抗击新冠疫情

病毒是人类的敌人。翻开人类文明发展史，就会发现，病毒与人类如影随形，相生相伴。仅 21 世纪以来，人类就先后遭受 2003 年 SARS、2009 年 H1N1 流感、2012 年 MERS、2014 年埃博拉病毒、2016 年寨卡病毒的侵袭和 2019 年 COVID-19。历史一次次地提醒、告诫我们，人类命运与共，必须抛弃

2020 年，陈冯富珍通过视频连线参加"世界流感大会"并致辞

歧视和偏见，无条件团结起来，携手合作是战胜疫情的唯一选择。但令人遗憾的是，新冠疫情被少数美西方国家当作了"政治工具"，国际社会错过了合作应对疫情的机会，导致数千万条无辜生命的消逝。

在新冠疫情肆虐全球时，中国在抗击疫情方面一枝独秀，取得举世瞩目的成功。原因是中国政府始终坚持人民至上、生命至上理念，把人民生命安全和身体健康放在第一位。这个果断决策是完全正确的，因为生命权和健康权是最基本的人权。作为一个曾经长期在公共卫生国际组织工作过的中国人，我有责任、有义务让全世界看到中国政府和中国人民为抗击疫情所承受的巨大代价，付出的巨大牺牲。新冠疫情发生以来，我多次通过各类国际会议活动发出呼吁，面对疫情，全球人民应"团结抗疫，共同行动""开放包容，共同发展""心怀天下，共谋未来"。面对美西方炒作的新冠病毒溯源问题，我坚决指出把新冠病毒溯源政治化，是对人类的不尊重，当前最重要的问题是民众的生命安全与身体健康。

2022年初，香港暴发了第五波新冠疫情。疫情初始，香港重症率、死亡率居高不下，市民生命健康受到了严重威胁。香港只要有求，祖国必定有应。中央政府全力支持援港抗疫，内地专家和医护人员来港指导抗疫和支援检测工作，各类抗疫物资迅速运抵香港。由内地援建的多个社区隔离设施和方舱医院，让香港市民见证了"中国速度""中国效率"。随着疫情缓解，香港社会对防疫政策出现了很多观点和声音。我立即指出，唯有坚持"动态清零"而非"与病毒共存"的抗疫策略，唯有坚持优先"与内地通关"，唯有坚持与祖国同发展共进步的道路，才能帮助香港尽早走出疫情，重新走上发展之路。这次新冠疫情给香港上了一课，让香港各界充分认识到，每当香港面临苦难时刻，是中央政府和十四亿中国人民向香港伸出援手，拯救香港于苦难之中。香港同胞始终同祖国风雨同舟、血脉相连。中央政府和十四亿中国人民始终是香港最坚实的靠山。

培养专业领域青年一代

作为清华大学卫健学院创始院长，我高度重视全球大学作为知识传播和交流的重要平台，带领卫健学院与世界顶尖公共卫生学院开展深入合作，特别是在信息交流、经验分享和科研合作等方面。过去两年，我很努力与美国、瑞士、新加坡、泰国、智利、墨西哥及非洲多国的公共卫生学院构建合作平台，着力提升中国公共卫生与健康学科在国际上的知名度和影响力。

我支持健康中国建设，推动部校合作，校企、校地合作，注重加强中国公共卫生人才培养质量。在我的积极推动下，多项合作得以达成：2021年3月，清华大学和国家卫生健康委签署《清华大学和国家卫生健康委战略合作备忘录》，在智库建设、人才培养、科研平台建设和成果转化等方面开展全面合作；2021年3月25日，清华大学卫健学院与中国初级卫生保健基金会开展消除病

2018年4月，陈冯富珍走进校园

毒性肝炎方面的合作；2021 年 4 月 6 日，清华大学卫健学院与农工党中央签署合作备忘录，双方将在智力资源集成共享、重点课题合作、学术研讨合作等方面开展合作；2021 年 5 月，我带队前往深圳腾讯健康医疗事业部访问和调研，双方签署合作备忘录，将开展紧密合作，从理论、技术、政策等多维度展开创新性研究……

我注重培养青年人。我专门面向清华附中高二学生、清华大学求真书院学生做了两场主题为"可持续发展与公共卫生"的英文专题讲座，以联合国千年发展目标及 2030 年可持续发展目标为切入点，向同学们讲解了"发展"的重要性，并就"青年人的责任与未来发展"对青年学子提出了中肯的建议和殷切的期望。

我想，这些举措彰显了身为政协委员的担当：5 年来，我坚持履行委员义务、遵守委员纪律、加强政治学习、强化责任担当，带头团结群众、发挥桥梁作用，发挥专业优势、培养年青一代。

放眼未来，政协双向发力职能显得尤为重要，人民政协在团结海内外中华儿女、发挥大团结大联合的作用上不可或缺。每一位港澳政协委员都必须发扬为国履职、为民尽责的担当精神，全面落实"一国两制"及"爱国者治港"，在新时代新征程上留下政协委员奋斗的足迹。

增进民生福祉　凝聚发展力量

林淑仪

十三届全国政协常委，香港工会联合会荣誉会长

　　过去五年，是新中国发展历史上一段极不平凡的关键时期。正当我们在经历世界百年未有之大变局的同时，疫情暴发造成全球公共卫生危机，深刻地重塑着国际秩序。危难当前，国家不忘作为大国的担当，先在短时间内成功遏制疫情蔓延，再向世界各地输出防疫抗疫经验，继而带动全球社会及经济重回发展轨道。五年过去，国家如期完成脱贫攻坚目标任务，新中国成立 70 周年、中国共产党成立 100 周年、香港回归祖国 25 周年等庆典活动取得圆满成功，昂首踏上全面建设社会主义现代化国家新征程。

　　回顾这五年任期，我积极参与人民政协政治协商、民主监督、参政议政各项活动。作为来自香港地区的委员，我既参与国家建设，又参与特区社会事务，发挥着双重积极作用。作为工会代表，我带头为广大劳工及基层市民争取应有的权益保障，既着力政策宏观部署，又着眼民众生活琐事。面对新问题、新挑战，我勇于担当、善于作为，始终坚持贯彻"一国两制"方针，致力维护国家安全和社会稳定，为特区政府依法施政保驾护航。

走在防疫抗疫最前线

2020 年初，香港特区在"黑暴"及疫情双重夹击下，经济几近陷入停摆，广大劳工及基层市民更是首当其冲。我在这段艰难时期一直走在最前面，与市民并肩作战，通过香港工联会强大网络，在短时间内推出多项应急措施，重点项目包括：同年 2 月下旬开设"口罩工场"生产本地口罩，免费派发过千万个口罩给基层和前线工友；3 月设立"紧急失业慰问基金"，筹募及发放 1500 万元慰问金，协助失业工友渡过难关；关怀独居长者，发起募捐并赠送逾万个爱心食物包；以及在同年 2 月至 12 月期间受特区政府所托推出"寄药行动"，为滞留内地无法返港复诊取药的港人快递逾 3 万份香港医生处方药物。同时，我们亦得到全国总工会、广东省总工会以及多个爱国爱港社团大力支持，通过组织抗疫义工大行动，转赠防疫物资给前线人员及有需要人士，体现出中华儿女"一方有难，八方来援"的优良传统。

2022 年，林淑仪（右三）带领群众支援特区政府，组织包装及派发防疫服务包

疫情反复不稳，我们的首要任务就是要打好这场持久战。2022 年初第五波疫情来得更为迅猛，远超特区公营医疗的承载力，中央再次施以援手，援建的 6 所方舱仅仅一个月就全部交付，约 2 万隔离床位旋即投入使用，亦再一次给予香港特区强有力的支持，克服一次又一次难关。在之后全港派发"防疫服务包"行动中，我与香港工联会一众义工继续本着"狮子山精神"，深入各区派发逾百万份中央援港抗疫物资，无论是前线义工还是受众，都对国家的关怀和支持有更深刻的体会。

巩固爱国爱港中坚力量

香港作为大国博弈的前沿阵地，在 2019 年经历了一场回归以来最严重的政治风波，风雨飘摇，社会失去了秩序和安宁。面对"黑暴"相关违法事件，我积极发挥爱国爱港力量的中流砥柱作用，义无反顾走上街头，团结和带领人

2019 年，林淑仪（中）在记者会上严厉谴责"黑暴"危害社会安宁

民群众支持特区政府止暴制乱。我仗义执言、及时撰写文章、举行记者招待会、组织社会行动，在多场"反暴力救香港"集会站台，发挥舆论导向作用；更多次组织工会成员到警署支持警务人员严正执法，率领会众到美国驻香港总领事馆指责对方伪善卑劣，以及组织群众清理路障及马路上杂物，身体力行守护香港。

在 2020 年中审议通过香港国安法立法期间，我连日在全港"撑国安立法"街站收集市民支持签名；在法例通过后，继续在街头宣讲中央政策主张及相关条文。五步一小站、十步一大站，成为香港社会由乱及治的一道风景线。不少街坊更向我表示国安立法回应了他们对香港重回正轨的盼望，感谢中央出手止暴制乱。同年 11 月，全国人大常委会关于香港特区立法会议员资格问题的决定，进一步明确"爱国者治港"标准，我在街站以及在记者会上多番狠批"揽炒"议员的恶言恶行，在其后 3 场重要选举中，积极动员义工投入电访、家访、街站工作，为参选人宣传拉票，确保新选举制度从出台到落地全面落实"爱国者治港"原则。

随着香港社会秩序逐渐稳定，应切实排解民生忧难，做好建设工作，也要着力固本培元，强化港人爱国爱港情操。"一国两制"事业是中国共产党百年伟业的重要组成部分，2021 年适逢中国共产党成立 100 周年，我出席了多场研讨会、座谈会及主持讲座，推动民众更全面、更深入了解中国共产党百年历史与香港特区的关系，把国家发展与各人自身经历紧紧相连，增强作为中国人的骨气和底气。

推动香港融入国家发展大局

粤港澳大湾区建设是新时代国家改革开放下的重大发展战略，我在 2018 年初牵头成立了"工联会大湾区关注组"并担任召集人，透过工会及内地咨询服务中心网络，广泛收集两地居民的意见，并多次拜访中央政府、广东省政府及特区政府官员，就国家新时代发展需要建言献策，也就香港特区的情况及港人关注的议题反映意见。在这5年履职经历中，我先后提出了20多项政策倡议及社情民意反映，当中接近半数建议被采纳并在广东省政府的支持下逐步实施，包括：取消港人在内地银行开户需提供内地住址证明、简化港人使用回乡证在内地办理各种事务的手续、取消港人在内地工作需办理就业证要求、让内地港人参与国家社会保险，以及直接在内地补办和换取回乡证等。这些以促进湾区融合发展、人才互通、民心相通为目标的政策，为香港融入国家发展大局、为港人投身湾区建设掀开了新篇章，让人民群众更深刻地感受到国家的无比支持和关注。

过去参与改革开放的经验告诉我们，只要有追梦的心，无论是在哪个时代，都会有参与国家发展、体现自身价值的位置。故此，我把握每一个与群众

2019年，林淑仪（右三）率领工联会大湾区关注组拜访广东省人民政府港澳事务办公室

交流的机会，特别勉励青年人要放眼祖国大地，主动在国家发展新征程上接力奋斗。我建议中央及各地政府在大湾区内有规划和系统地宣扬中华历史文化、形成更好的文化共同体，不仅有利于凝聚人心，也为湾区融合发展打下更坚实基础。

　　"一国两制"作为一项前无古人的开创性事业，其优越性及生命力在于人民勇于把握每个历史当下，一同创造更有利的发展条件，与时俱进不断完善。过去，"一国两制"维持了香港的社会制度和生活方式不变，随着祖国繁荣富强，香港同胞的发展前景更胜往昔。今后，特区上下将秉持国家以人民为中心的初心和使命，贯彻和维护"一国两制"行稳致远，与祖国人民共担民族复兴的历史责任，为实现第二个百年奋斗目标奋战到底。

林淑仪委员履职故事

履职尽责惠民生　全力以赴勇担当

唐英年

十三届全国政协常委，香港友好协进会会长，香港江苏社团总会创会会长，香港特区政府政务司原司长

作为全国政协常委，香港友好协进会会长、香港江苏社团总会创会会长，及香港西九文化区董事局主席，我一直以四重身份发挥政协的"双重积极作用"：在内地为国家经济社会发展发挥积极作用，在港澳地区为维护香港、澳门长期繁荣稳定发挥积极作用。

习近平主席在 2022 年 7 月 1 日访港期间，为香港实现良政善治、长治久安，提出"四个必须"和"四点希望"。我见证了中央推出一系列标本兼治的举措，亲历了香港局势由乱到治，由治到兴的重大转折，认真贯彻落实中央重大决策，深刻彻底履行政协委员的职能。

全力支持完善香港选举制度

宣传香港国安法，保香港长治久安。2021 年 3 月 11 日，十三届全国人大四次会议高票通过了《全国人民代表大会关于完善香港特别行政区选举制度的

2021 年 12 月，唐英年支持新选举制度，呼吁各界踊跃投票

决定》（《决定》）。我曾先后多次接受媒体专访，支持完善香港选举制度的安排并阐述对香港政制发展的重要性，获广泛报道。在《决定》获得通过后，香港友好协进会（友协）和香港江苏社团总会（总会）第一时间在各社交媒体平台发表声明呼吁全港市民支持。另外，总会组织发动会员及乡亲义工摆街站，5 天 6 个街站共收集超过 20000 份支持签名；先后召开三次座谈会近 200 人参加。在两个月内，我 14 次接受媒体采访，共有超过 100 篇报道，明确向市民解说，香港作为国家的一部分，"爱国者治港"是天经地义、理所当然，亦是最基本及国际公认的管治原则和政治伦理。

2021 年 7 月 16 日，全国政协副主席、国务院港澳事务办公室主任夏宝龙在"香港国安法实施一周年回顾与展望"专题研讨会上发表讲话，总会即日发声坚定支持。8月初，又组织在友协召开座谈会学习。就此议题，我3次接受媒体采访，发表报道20余篇，在文中指出，香港国安法实施一年来，香港实现了由乱及治的重大变化，社会秩序、市民生活恢复正常，大家有目共睹。

此外，我亦全力以赴做助选，落区聆听显担当。围绕2021年9月选委会选举（9·19选举）和12月立法会选举（12·19选举），我先后17次接受各类媒体采访，举行两次记者会，媒体报道超过100篇，呼吁符合资格市民积极登记选民并踊跃投票，选出有担当的爱国者。在9·19选举前，我和总会两位选委候选人通过摆街站、走访中小企业、探访公屋居民和劏房基层人士等活动，积极宣传新选制，聆听基层市民意见。为了更好表现新一届立法会议员需要面对市民的精神，总会及友协举办的四场"立法会选举委员会界别"候选人见面

2022年2月，唐英年带领香港友好协进会同心抗疫

会均邀请媒体采访，我也现场接受媒体提问，宣传新选举制度的优点。在临近选举前，总会再次动员所有会员乡亲在 12·19 踊跃投票，摆街站 190 个，我亦到深水埗落区为地区界别候选人助选，呼吁选民支持有能力、有承担、忠诚的爱国者进入立法会。在 12 月 17 日的选举前夕，我接受美国媒体 CNBC 的专访，表达完善选举制度及本次立法会选举安排，是香港民主进程重要一步的讯息，而且立法会议员数目增加，加上候选人来自不同界别、不同阶层、不同背景，展现新选举制度的多元性及包容性。

疫情不退，援助不止。香港疫情严重影响民生经济和市民生活，我共捐出近 350 万个口罩，派发 1000 个智能感应消毒喷雾器。先后 7 次接受采访，共有 50 篇报道，呼吁市民严格执行防疫抗疫措施，积极响应政府号召，齐打疫苗，同心抗疫。总会推出了疫苗接种八达通奖励计划，奖励近 3000 人。在 2021 年新春佳节来临之际，我亲自带领骨干去到湾仔警察总部，向湾仔全体警务人员送上新春慰问礼品；亦向中区警署、西区警署和香港警察队员佐级协会送去年货以及亲笔签名的慰问信，向警员致以新春问候，以实际行动支持警队。

全力参与国家经济社会发展

发挥优势建产业，打造文化桥头堡。我于全国两会期间，多次就香港融入国家及大湾区发展，特别在打造香港成为中外文化艺术交流中心、建立香港机场一地两检安排、推动人民币国际化、协助经济"双循环"、开拓先进制造业及造就科研双创等方面提出提案。其中，国家在"十四五"规划中支持香港发展为中外文化艺术交流中心，西九文化区（西九）的持续发展，使这个目标变得更加立体化和细节化，戏曲中心、自由空间、艺术公园、M+博物馆及香港故宫文化博物馆相继开幕，广受大众欢迎。作为西九董事局主席，我一直努力把西九发展为一个跻身国际的世界级艺术文化大都会。我相信，西九不但有助于推动香港文化艺术产业发展，更有助于香港成为国家的中外文化艺术交流中心。

2021 年，中国共产党迎来百年华诞，历经沧桑，初心不改。总会通过线上线下形式举办"建党百年畅享会"，吸引到近千人参与，进一步增强香港同胞，特别是青年朋友对中国共产党百年历史的了解，激发爱国情怀。我先后 7 次接受媒体采访，共有 50 篇报道，在文中表示，"一国两制"事业在中国共产党开创、发展和捍卫下，成绩斐然，有目共睹。

此外，我一直延续家族在国家的投资，秉承父辈"实业报国"的信念，持续为国家、为香港、为家乡的经济发展增添动力，达到"爱国重教"及"培育英才"的宗旨。作为上海唐君远教育基金会（基金会）理事长，我一直持续

2022 年 9 月，唐英年与其他爱国爱港人士于中秋送温暖

为国家的教育事业发展添砖加瓦。基金会 2021 年累计捐款和公益活动捐款共 1345 万元人民币，涉及 63 所中小学及高校，受惠师生 2411 人。为培养复合型的优秀科技人才，基金会不断创新和拓展资助领域。

展望未来，我将继续巩固和团结更多爱国爱港力量，落实中央政协工作会议精神，围绕大局建言献策，把握民心民意，更好凝聚共识，努力为实现国家目标任务广泛汇聚智慧和力量，为香港"一国两制"行稳致远和繁荣稳定积极贡献，为全面建设社会主义现代化国家、实现中华民族伟大复兴的中国梦不懈奋斗。

唐英年委员履职故事

同心协力谱写香港美好篇章

蔡黄玲玲

十三届全国政协委员，中国侨联常委，香港兆进投资有限公司董事局总裁

光阴似箭，转眼间，第十三届全国政协今年已踏入第 5 个年头，这是我第一次担任全国政协委员，也是我人生中非常难忘的 5 年。

虽然在全国政协大家庭里我是一名"新丁"，但我深知，这不仅是责任，也是使命，更是荣耀。我清楚知道无论如何都要努力发挥好自身优势，履行好职责，无愧于自己、无愧于国家。5 年光阴匆匆而过，回首履职生涯我觉得很有价值和意义。这 5 年来，全国政协做了大量工作，大大地提高了委员们参政议政的能力和水平，加深了委员们对习近平新时代中国特色社会主义思想的深刻理解，强化了委员们为全面建设社会主义现代化国家、全面推进中华民族伟大复兴而团结奋斗的决心和信心。

建言献策——关注青年，强化教育

2021 年春天，我如期到北京参加全国两会。作为港澳委员，有机会在人

民大会堂参加"委员通道"采访，心情既紧张，又兴奋激动。此时，虽然距离香港"修例风波"引发社会动荡已过去近两年，在这个过程中，一些深层次矛盾和问题凸显出来，值得我们高度重视，比如香港青年教育问题。由于香港国民教育体制的不完善，造成香港年青一代对国家的观念相对薄弱，这就很容易受到内外部反华势力的挑唆和利用，从而做出一些伤害国家和民族的事情。于是，在"委员通道"采访中，我明确倡议香港要向内地学习，加强对香

2021 年 3 月，全国两会期间，蔡黄玲玲在北京人民大会堂参加第三场委员通道采访

港年轻人的爱国教育，增强年青一代对国家和民族的认同感，特别是需要全面准确、坚定不移贯彻"一国两制"方针。

　　虽然从事社会工作多年，习惯了面对媒体，但"委员通道"的采访是要面对全国十四亿多人民，我内心还是有些忐忑。但幸运的是，在众多新闻工作者的支持和身边委员们的鼓励下，我渐渐放松心情，圆满完成采访任务，那一刻，我更加深切感受到全国政协这个大家庭的温暖。随后，采访视频获得点赞分享，这使我认识到，以"委员通道"这种方式建言献策，发挥政协委员的作用，不仅是作为委员的职责，更是一种荣光，更增强了我履职尽责的信心。

2021 年 11 月，举办以历史创未来为题的研讨会，与老师、家长和学生合照

　　回望过去，国家的发展一直朝着正确的道路快速前进。然而，香港过去几年却经历了重大考验。其中，2019 年因为一场"修例风波"所引发的社会暴力事件，使香港社会面临前所未有的巨大动荡。事件持续超过半年，我每天留意新闻报道，关心事态发展。看到黑衣暴徒阻塞道路、与防暴警察对峙、对无辜市民和商户进行殴打和破坏，我无比愤慨；当得知被捕人士大多是年轻人，作为一个母亲、一个长辈，我更是痛心疾首、寝食难安，更为年轻人被误导而断送前程痛惜。因此，我开始关注香港青年的爱国教育。同年 11 月，我到香港一所中学宣讲，通过介绍我国打赢脱贫攻坚战的成果和个人体会，与青年对话，让年轻人更全面地了解祖国的强大和身为中国人的自豪。之后，我还以香港的慈善公益机构仁爱堂及其所属的十五家中、小学和幼儿园学校的教育基金会为依托，开展了一系列以爱国教育、弘扬中华优秀传统文化为主题的活动，确保这些基金资助下的学校每天升国旗奏唱国歌，并将这些活动经常化进行，取得很好的效果。

积极抗疫——走进社区，共谋福祉

作为一名来自香港的政协委员，我有责任与香港社会各界群策群力维护好香港的"一国两制"和长期繁荣稳定。自2020年春香港暴发新冠肺炎疫情以来，中央政府一直对香港关怀爱护备至，让每一位香港人深切感受到了中国共产党的施政理念，就是始终坚持人民至上，全心全意为人民谋幸福。武汉和香港暴发疫情后，在国际物流服务近乎停顿的情况下，我们日夜动员在全球抢购医用物资，针对湖北省、福建省、上海市等严重疫区和其他内地城市进行多次捐助。同时也向香港本地基层人士、学校捐赠口罩、消毒用品等。

2021年4月，香港疫情持续，很多基层家庭工作停顿，我们组织了香港福建妇女协会的一批义工，到香港的基层资助房屋社区，探访了多个困难户，为他们送上装有米、油、盐、糖、面、饼干、罐头等基本日常食品和防疫用品的福袋。探访基层社区本来不是新鲜体验，但我对那次的探访活动印象非常深刻。

我记得其中一个家

2021年4月，蔡黄玲玲（右一）组织义工队探访活动，并与基层市民互动

庭，开门迎接的是一位中年妇女。他们的居所是典型的公营房屋，四人家庭住在 30 平方米左右的空间，屋内装潢简单，即使在大热天，家中也只开了一台小电风扇。当我们送上礼物包时，因疫情而停学留在家中的两个孩子显得非常雀跃，兴奋大喊："太好了，有肉吃了！"那一刻深深地触动了我的心。那位妈妈随后淡淡道出个中原因，她和丈夫二人原有工作，但在疫情下被迫缩减工时变成兼职，收入大大减少，但由于未达到资格申请政府的失业援助津贴，夫妇二人亦不愿意在能力许可下接受救济。我们一众义工特别感动他们自食其力的生活态度。

探访是一时的，但影响是深远的。这次的经历，吸引了更多妇女义工加入我们的小队无私奉献，形成了一股脚踏实地的力量，持续散发正能量，我们更在母亲节、中秋节等节日期间举办一些活动邀请经历疫情的困难群众一同参与，以实际行动影响、感染更多人。我想，这便是作为政协委员应尽的职责。我从未想到本来以为只是一丁点儿的心意，对一些人来说则是雪中炭、及时雨。所谓行善积德，勿以善小而不为，也许就是这样吧！民心是最大的政治，为市民争取幸福就是政协委员最重要的使命。

"行而不辍，未来可期。"如今，香港政治氛围风清气正，更有利于推动良政善治。在中国共产党的领导下，国家正向成为现代化强国的目标迈进。香港背靠祖国，更应抓住"十四五"规划、粤港澳大湾区和"一带一路"倡议的发展机遇，发挥香港独特的优势，继续担当推动国家发展的贡献者角色。我愿意继续为民族复兴中国梦的实现，与港区政协委员和爱国爱港人士同心协力，推动"一国两制"实践行稳致远，实现香港的长治久安，让市民幸福感满溢，谱写出香港未来更美好的篇章。

脚踏实地推进共同富裕　爱国爱港扛起使命担当

王明凡

十三届全国政协委员，香港广西社团总会永远兼首席会长，
中国波顿集团董事会主席

2018 年，我有幸成为十三届全国政协委员，这对我来说既是一份厚重的荣誉，更是一份沉甸甸的责任。我深知，政协委员应该敢于作为，答好"人民考卷"。五年来，我积极参加各项履职活动，不断提高自身思想水平和认识能力，紧紧围绕中央大政方针和决策部署贯彻落实，做好建言资政和凝聚共识工作，在新征程中展现政协委员的新担当。

落实爱国爱港　为港选贤任能

习近平主席指出，"有史以来，香港同胞始终同祖国风雨同舟、血脉相连"。作为一名政协委员和社团会长，在过去的五年履职中，我们始终为正义和法治鼓与呼。2019 年，香港反中乱港分子策动"修例风波"，并将其演变成"黑暴"动乱，严重践踏香港法治，危害国家安全。身为香港社会的一分子，我选择挺身而出与肆虐的"黑暴"和横行的揽炒作斗争，坚决捍卫"一国两

2019 年 7 月，王明凡（左四）慰问香港警察总部

制"和特区的宪制秩序，保护市民的生命财产和自由权利不被侵害，并努力实现香港市民人心思稳、人心思定、人心思安的共同期盼。

那段日子，我时常带领香港广西社团总会等爱国团体冲在一线，不惧个人安危走上街头社区，共同守护香港安宁，发出捍卫国家安全的正义之声。我们坚信，反中乱港分子穷途末路之际，正是香港重回正轨之时，并支持警方止暴制乱，号召市民抵制一切乱港谣言，助力香港早日走出困局。

2021 年，中央果断出手完善香港选举制度、堵塞选举制度漏洞，从制度机制上全面贯彻落实"爱国者治港"原则，香港"一国两制"实践由此掀开历史新篇章。随着落实"爱国者治港"的三场选举不断推进，我深刻地体会认识到市民朋友对反暴力、守法治、求稳定、谋发展的热切渴望。

在 9 月的香港特区选委会选举中，我走访了香港的各个角落，通过多样的形式宣讲新选举制度的优势以及国家"十四五"规划发展蓝图等内容，让更多香港市民认识新选举制度的正当性和进步性，并坚信此举将破解香港长期面临的困局，有效维护国家和香港的整体利益。

2021 年 12 月，王明凡参加香港特别行政区立法会选举助选活动

同年 12 月，香港特区举行立法会选举。我积极摆街站、发传单、登广告、办论坛、搞活动，并连续多日亲赴位于慈云山的香港广西九龙中服务中心、深水埗的香港广西九龙西服务中心等香港广西社团总会下设的各个中心和属会，并为候选人造势助威、加油打气，为香港选贤任能。

同时，我亦深刻体会到加强青少年一代爱国主义教育的意义，并努力培育年轻人的家国情怀和文化认同。每年全国两会期间，我都会为香港青少年发展的议题积极发声，并连续提出了《关于加大力度培养香港青年政治人才的提案》《关于进一步加速落实香港公职及教职人员效忠国家义务的提案》等多个提案，其中《关于全方位推动香港特区国家安全教育的提案》更是荣获十三届全国政协优秀提案奖。另外，我不断通过人民政协报、香港大公文汇报等各类主流媒体和新媒体平台，不断为爱国爱港事业鼓与呼，为香港更好地融入国家发展大局传递正能量。

回望方知行渐远，登高更觉天地阔。实现中华民族伟大复兴，是近代以来包括香港、澳门同胞在内的全中国人民最伟大的梦想。五年来，我累计为各类爱国爱港事业捐助超过 5000 万元，希望能为香港尽绵薄之力，共同谱写繁荣稳定、长治久安的美好篇章。如今，维多利亚港又重新沐浴在和风丽日中，我不禁感慨，香港又将成为世界都为之心驰神往的新的东方明珠。

积极扶贫援助　推进共同富裕

习近平主席在西藏考察时强调，要全面贯彻新时代党的治藏方略，谱写雪域高原长治久安和高质量发展新篇章。根据中央和西藏自治区、广东省新一轮援藏工作部署，深圳市自 2016 年起整体单一对口支援林芝市察隅县和察隅农场，这是交给深圳的重大政治任务。

六年前，我随深圳市政协考察团在西藏自治区林芝市进行考察。考察结束后，我便开始落实援藏工作的精神，加大援藏工作成就成果的宣传力度，并结合自身企业的实际和特点，有针对性地参与到对口支援西藏工作中，并深耕细作、持续发力。

我一直坚持初心，并要求集团旗下全体员工深入学习领会"共同富裕"的思想内涵和核心要义，积极借鉴、继承巩固援藏工作的有效举措和成功经验，既借此树立强有力的地域品牌形象，也在援藏工作中乘势而上、谋新奋进，贡献力量。

2018 年起，我们在林芝投资 5000 余万元，成立"林芝域之香生物科技有限公司"，并持续加大投资力度，优化投资结构，希望立足自身产业优势，结合林芝特色资源禀赋，按照特色化、差异化的路线发展，以实际行动落实党中央支持西藏发展的政策，推进乡村振兴事业的发展。

相关资料显示，西藏是中国植物最富集的省区之一，目前已知野生植物达6800 多种，产业可延伸性强，经济开发价值高。三年多来，波顿集团以发展民族香料香精工业为己任，在林芝持续搭建了香料研发实验室、植物提取物生产车间等多个平台，并坚持以"大健康"和"藏区特色"为核心，利用现代生物化学技术手段，重点开展植物源活性成分生物转化、活性筛选、分离纯化、活性评价及植物源活性成分产品相关标准研究，重点开发天然色素制品、中药提取物制品等环境友好、安全性高的绿色功能性的植物源活性成分产品，并广泛应用于食品饮料、药品、保健品、化妆品等下游行业。

2021 年起，我们在林芝的投资项目已见雏形，而响应党的号召、实现对口帮扶更是得到民众的支持和肯定，并荣获由广东省第九批援藏工作队颁发的对口支援西藏林芝"突出贡献企业奖""优秀爱心企业"等荣誉。

接下来，我们将在西藏地区从品种培优、品质提升、品牌打造和标准化生产等各个环节加大资源的支持力度，进一步拓宽销售市场、挖掘其附加价值。另外，波顿集团也将强化人才支撑，加大引进藏族同胞，进一步培育壮大企业的创新平台，促进相关领域技术提升、人才培养和交流，为发展藏式大健康产业提供支撑，并将持续加大投资工作，深度参与乡村振兴和共同富裕，努力再培育出一家新的上市企业，以实现依靠科技进步为核心驱动力的发展模式，扎实推动共同富裕，为实现中华民族的伟大复兴而奋斗！

王明凡委员履职故事

有担当有作为　在脚踏实地中爱国爱港

李民斌

十三届全国政协委员，东亚银行联席行政总裁

回望作为全国政协委员的履职过程，其间不断与时俱进，积极配合新形势履职尽责，亲身经历国家走向富强，成为我最大荣幸。

坚定爱国爱港

我在香港出生长大。国家改革开放初期，还是少年的我，跟随长辈首次回到内地，当时见到了国家经济刚起步的景象，与当前国家的繁荣景象形成了鲜明对比。中国目前已发展成全球第二大经济体，科技水平走在世界前沿。可以说，改革开放 40 多年，国家各个方面的提升令我们骄傲。

我在外国完成深造后回港，立志利用知识回报国家，贡献香港。从成为四川省政协委员和北京市政协委员之后，自 2008 年起有幸连续三届担任全国政协委员，在这期间，我有幸目睹国家的蓬勃发展，不论是在经济和民生领域，还是在人民精神和文明素质方面，国家治理体系和治理能力现代化等都取得明显成果，中华民族伟大复兴的中国梦正在逐步实现，为此我感到非常

的光荣和自豪。

今年是香港回归祖国 25 周年，也是"一国两制"实践进入新阶段的重要节点。国家主席习近平七一期间亲临香港，充分表现了对香港市民的关爱。习近平主席发表的重要讲话，为香港长治久安提供了明确的基调，为"一国两制"行稳致远指明了方向。我作为"一国两制"的亲历者和受益者，感受特别深刻。

在过去的 25 年里，香港在各个领域都取得长足的发展，奠定了国际金融、贸易、航运和航空中心等地位，而内地经济发展产生的贸易和融资需求，也迅速推动了香港的金融经济发展，进一步发挥香港背靠国家、联通国际的优势。

虽然香港历经了几许风雨，但最终都能在"一国两制"不断完善的过程中，克服种种困难。可以说，香港每一次遭遇重大危机时，中央政府都是香港市民的坚强后盾，坚定维护香港的繁荣和稳定。国家对香港的关爱和支持，我是亲身体会到，也更加坚定了爱国爱港的意志。

力促稳定大局

近年来香港政治形势出现过巨大挑战，作为港区全国政协委员，我身体力行，献计出力，坚定不移支持特区政府，支持国安法实施和完善选举制度，为消弭社会裂痕、重建经济民生，做了积极努力。

一是积极发声，现身说法。我曾在 2019 年央视《新闻联播》中表示，香港的首要工作是止暴制乱，恢复秩序，这也是香港社会的共同愿望，我们必须支持和落实中央精神。在事关香港国安法、完善选举制度等重大问题的重要节点，我都在媒体上第一时间旗帜鲜明发出声音，拥护中央决策，维护法治民生。

二是讲好故事，消除影响。风波发生后，我分别与多个国家的驻港领事会面，表达对香港一国两制充满信心，并表明香港作为国际金融中心的地位未受

2021 年 9 月，李民斌（右）在"落实爱国者治港，推动良政善治"街站，宣介完善选举制度，并跟市民亲身交流

动摇，国际投资者和企业可以安心继续在香港投资和发展。与外国智库、研究机构交流时，我切实宣讲国安法、新选举制度对香港发挥竞争优势的益处，向国际投资人宣介香港在港区国安法的保障下，投资和营商环境回复稳定，香港的发展前景一片光明。

三是身体力行，支持选举。完善香港选举制度后的首场实践——选举委员会界别分组选举在 2021 年 9 月举行，我参与了"落实爱国者治港，推动良政善治"街站工作，宣介新选举制度，并跟广大市民亲身交流。我深深地体会到，社会主流意见是追求稳定和发展，希望在来之不易的平稳局面下，政府能展现良政善治，解决社会深层次矛盾，让市民安居乐业。而在完善选举制度后的首场立法会选举中，我所属的东亚银行组织了东亚中国港籍员工回港投票，

李民斌（右）参与安排李家超先生（中）在特首选举中与金融界等选委会面交流

并参与组织在京港人代表积极投票。

在第六届特首选举期间，我有幸担任李家超先生的竞选办公室副主任，为其选举工程献计出力，筹集资金，联系各方，选举最终圆满举行，李家超先生也顺利当选。

四是主动作为，宣讲重要精神。为协助业界认真学习贯彻国家主席习近平"七一"重要讲话精神，我与几位立法会议员合作筹办"学习贯彻习近平主席'七一'重要讲话精神——金融业界座谈会"，邀请香港中联办经济部领导进行宣讲，协调组织香港银行业、保险业和证券业高管专题学习。

投身公益慈善

作为政协委员更不能忘记对社会大众所肩负的责任，因此我积极投身社会公益事业，努力为促进共同富裕、社会和谐贡献力量。

2022 年初，新冠肺炎疫情持续严峻，我所属的东亚银行集团，通过慈善基金捐赠总价值为港币 300 万元的防疫物资，给予社会基层、社会福利机构前线员工，以及一直坚守岗位、竭力守护香港市民健康的医护人员，惠及超过 4.3 万人。同时，我们鼓励员工积极投入义工服务。目前，东亚银行义工队的人数已相当于三成香港员工人数。

在内地，东亚中国积极参与教育扶贫事业。目前，东亚银行公益基金已募集善款逾人民币 9000 万元，在全国落成启用的"萤火虫乐园" 107 所，覆盖全国 28 个省市自治区，惠及数十万名偏远地区青少年。同时，我们积极参与全国政协贵州扶贫工作，2022 年 7 月，向贵州省慈善总会捐款人民币 50 万元，

李民斌出席全国政协会议，积极建言献策

今明两年将再向贵州捐建两所"萤火虫乐园"。

与此同时，我作为香港圣雅各福群会执行委员会副主席，与该会全体人员共同努力，克服香港第五波新冠疫情的冲击，维持各项社区服务正常，包括院舍、康复、扶贫、医疗等，并且筹募现金善款以及防疫物资，协助社区抗疫。

回首过去，香港发展的每一步都与祖国息息相关，我个人的发展也跟国家和香港紧紧相扣。所谓"先有国，后有家，再有个人"，我在政协委员履职路上所走的每一步，都希望为祖国、为家园贡献应有的力量。展望未来，我将继续秉持为国履职、为民尽责的情怀，克尽己任，建言资政，切实发挥双重积极作用，作出应有贡献，为我的履职故事写上更多新的篇章。

李民斌委员履职故事

发挥双重积极作用 积极对接国家战略

黄楚标

十三届全国政协委员，东海集团董事长

作为一名连续四届的政协"老兵"，我深知这份责任的重要性。本届政协履职期间，我充分发挥港区政协委员的"双重积极作用"，积极对接国家战略，希望能为国家安定团结、经济社会发展、香港长期繁荣稳定略尽绵薄之力。

守好国家航空安全的"南大门"

今年 7 月，我在香港创办的大湾区航空迎来首航，正式营运载客航班。

在受新冠肺炎疫情、燃油价格上涨等多重不利因素叠加影响，民航业遭遇重创，航空企业普遍经营困难的形势下，坚持进驻航空业，在很多人看来，也许并不是一个好时机。

但是，在我看来，此事事关重大，不仅要办，还要办好。

大湾区航空公司的名字，寄托着我对这家"出生"于特殊时期的企业的期待。它是为服务国家粤港澳大湾区发展战略而打造的一家本土爱国爱港航空运输企业，承载着维护国家安全、弘扬爱国精神，传播中华文化的特殊使命。

2020 年，黄楚标出席中国人民政治协商会议第十三届全国委员会第三次会议

一直以来，香港航空业由国外力量把持，为国家航空安全带来巨大隐患。2019 年香港"修例风波"中，由英国资本把持的个别航空公司更是卷入其中，在香港机场的多次非法活动中，都有该航司职员参与其中。

国家安全，国之大者。习近平总书记在中共二十大报告中提出，要健全国家安全体系，构建全域联动、立体高效的国家安全防护体系。我希望在香港打造一家以本土爱国爱港力量为中坚力量的航空公司，守好国家航空安全的"南人门"。同时，积极融入粤港澳大湾区建设，为打造世界级航空枢纽提供航空运力支撑，进一步巩固香港国际航空枢纽地位，加强香港和祖国内地航空业的战略协同。

同时，大湾区航空也承载着服务国家"一带一路"建设的重要使命。香港是"一带一路"的重要节点，是重要的国际金融、贸易及航运中心，拥有"背靠祖国、联通世界"的独特优势。中央也寄望香港能在"一带一路"建设中发挥更加重要的作用。我希望能为国家"一带一路"建设，推动国际互联互通、经贸合作、人文交流做一些事。

所以，结合我在深圳创办东海航空近20年的经验，以及多年积累的人脉资源，我在全民航的低谷期，逆势而行，突破重重困难，坚持在香港创办大湾区航空。

筹备过程充满曲折艰辛。2020年12月起，大湾区航空申请牌照时，我们曾多次遭到个别航司及其背后外国资本势力的层层阻挠，他们动用各种方法阻碍本土爱国爱港力量加入香港航空市场，不断拖延大湾区航空的筹备进度，迫使我们耗费更多时间和金钱。

经过两年多的筹备，2021年10月，大湾区航空终于获得航空营运人许可证。今年2月21日，大湾区航空获得香港空运牌照。公司可运营104条航线，其中，48个为内地航点，其余涉及日本、韩国及东南亚等航点。

当前，我们正在加大与空中巴士及波音公司谈判，推动订机计划尽快落地。最快将于今年12月及明年1月，分别开通台北桃园和东京成田的首航。

机遇与挑战并存，我将迎难而上，为本土爱国爱港航空企业带动香港航空业健康长远发展积极探路。

为粤港澳大湾区建设积极奔走

粤港澳大湾区建设是习近平总书记亲自谋划、亲自部署、亲自推动的重大国家战略。

作为一名港区全国政协委员，我希望为推动粤港澳大湾区建设，支持香港融入国家发展大局，多做一些实事。

《粤港澳大湾区发展规划纲要》提出，要建设世界级机场群和航空枢纽，

2022 年，黄楚标（前排右四）出席全国政协十三届五次会议，图为小组讨论合影

但是空域资源紧张的瓶颈问题不解决，就无从谈起。

2020 年，我组织委员和专家深入调研发现：大湾区空域资源矛盾十分突出，空域保障能力远远不能满足大湾区民航快速增长，成为限制大湾区经济社会可持续发展的重要问题。

如何更高效地利用空域资源，实现大湾区空域管理一体化？我多次向全国政协及民航局等提出启动粤港澳大湾区空域管理改革的建议，得到多方积极回应，为推进这一"老大难"问题解决贡献力量。

2021 年 8 月，我参加"共建粤港澳合作发展平台"民主监督视察活动。5天时间里，我和全国政协港澳台侨委员会多位委员前往广州南沙、珠海横琴、深圳前海、河套等地，就粤港澳大湾区发展规划纲要落实情况开展调研，提出针对性建议。我还就美国关税对中国企业的影响问题，与委员们一道走访调研了约 40 家企业、6 家商会组织和团体，为政府科学决策提供参考。

2022年"两会"期间，在香港机场实施"一地两检"的建议引发社会热议。由我担任组长的课题组经过前期测算后发现，实施"一地两检"后，从香港机场进入香港的旅客数量将远超疫情之前，在不考虑航空物流的情况下，不但直接或间接贡献超过180亿美元的客运产值，还将带动超过152亿美元的关联产业和临空产业，创造至少3万人的直接就业。

在多次实地调研、科学论证后，我和140多位全国政协委员联名提议，在香港机场实施"一地两检"，大幅提升香港与内地的通关效率，推动粤港澳大湾区空域资源优化，以及为联通大湾区各机场打造更高质量、更加协调、更可持续、更具国际竞争力的世界级机场群提供重要支撑。

引导香港青年加强国家认同感

我有着很深的"家国情怀"。我为香港年青一代对国家认同感的缺失而痛心，也为爱国学校在香港教育布局中的"弱势"而忧心。

全港有近1000所中小学、900所幼儿园，但是，爱国学校仅有17所。教会办学、外国学校在港办学享受大量政府支持和政策优惠，但在开展爱国主义教育方面很不积极，甚至有不少师生参与反中乱港的政治活动乃至违法暴力活动。

过去相当长一段时间，中国的历史科都不是香港学校的必修课，许多香港青年是在模糊了历史根脉、淡忘了历史兴替的课程框架里长大的。

对此，我提出香港取消通识课，将中国历史文化科作为中学生必修课程的建议。在2021年4月举行的全国政协双周协商座谈会上，我作了《支持爱国爱港社团、内地教育机构在港办学》的发言，建议香港开办更多爱国爱港学校，正向引导学生学习中华文化，更有力地争取香港人心回归。

除了为香港青少年爱国教育积极建言献策，我身体力行参与具体的爱国教育事业。

2000年，我捐资1500万元赞助香港教育工作者联会黄楚标中小学。升国

2018 年，黄楚标（第一排右三）出席黄楚标中学 15 周年校庆典礼

旗唱国歌是黄楚标中小学开学的第一课，二十多年来风雨不改。学校一直高举爱国爱港的旗帜，坚持开办德育和国民教育科目。

2022 年 6 月 30 日，习近平主席乘坐专列抵达香港，到场欢迎的数百名群众代表中，就包括来自香港黄楚标学校的几十名小学生。

每年我都会回学校看望师生，对德才兼备、多元发展的学生予以奖学金奖励。令人颇感欣慰的是，经过 20 多年的不断推动，现在香港已有几百所学校有升旗队了。

去年 9 月，黄楚标学校学生在深圳的文博会现场上了一节特殊的科创课——《中国探月工程——嫦娥工程》，时任中共中央政治局委员、中宣部部长黄坤明，时任中共中央政治局委员、广东省委书记李希，时任广东省省长马兴瑞通过视频连线与现场师生互动，在全国引起强烈反响。

为了进一步加强香港青少年爱国教育，我与香港教育工作者联会深入交流合作，积极推进"光影进校园"活动，首批为香港约 20 所中小学提供免费爱国教育电影播放资源。此外，还大力支持香港青少年开展国民教育、创科教育。

作为一名港区全国政协委员，我将继续不忘初心，继续发挥为国履职、为民尽责的担当精神，在新时代新征程留下坚实的履职足迹。

黄楚标委员履职故事

深港同行一家亲　携手共筑中国梦

李贤义

十三届全国政协委员，信义集团董事局主席

2020 年 10 月 14 日，习近平总书记在广东深圳出席"深圳经济特区建立四十周年庆祝大会"并发表重要讲话，我非常荣幸受邀出席庆祝大会并在现场聆听了习近平总书记的讲话。

习近平总书记的讲话，肯定了深圳模式、特区贡献，为深圳未来更好发展提供根本遵循，是具有重大历史意义的纲领性文献，是改革开放再出发的"总动员令"。我和所有参会者一样，听了讲话之后感慨万千、热血沸腾，也深受鼓舞、倍感振奋。

缘起深圳　创新敢为是奋斗者之城精神内核

20 世纪 50 年代初，我出生于著名的侨乡——福建石狮一个普通的华侨家庭。1979 年，全国上下春雷涌动，乘着这股改革的浪潮，我开启了信义长达 40 多年的创业之路。20 世纪 80 年代初的深圳，到处尘土飞扬充满生机，各项建设如火如荼。可以说，是国家改革开放的好政策成就了信义，是深圳浓厚的干

2020 年 10 月 14 日，李贤义在深圳参加深圳经济特区建立 40 周年庆祝大会

事创业氛围成就了我们。作为深圳众多奔跑者之一，我很荣幸成为深圳奇迹的见证者、亲历者和参与者，对深圳充满了感情和无限热爱。

聆听习近平总书记的讲话后我深受启发，随即有了一个大胆创想，创办一所两地青年、两地学生、两地教材、两地教育制度都充分融合，既遵守内地规定又符合香港教育模式的学校。这是快速贯彻落实习近平总书记重要指示的最直接行动，能够以最快的速度促进深港融合、支持香港发展。

在教育方面我也算是一位"老兵"。早在 1993 年，我曾捐资 800 万元设立了教育基金会奖教助学，至今已在全国捐建希望学校 80 余所。虽然我对直接兴资办学还没有经验，但我愿意大胆尝试，因为在深圳这片热土上，在先行示范区、经济特区双区驱动的优势下，值得所有有梦想的人大胆尝试。

同心同向　首所深港融合示范学校成共同期盼

设想变为现实。我迅速成立工作小组，围绕政策研究、学校选址、市场调研、方案设计、办学及升学模式研究等展开全面工作。经过调研我发现在内地的港澳同胞不断增加，新冠肺炎疫情导致 27000 多名深港跨境学童返校学习及跨境上学面临不少困难；其次是中资企业派驻香港人员子女就读问题很突出，面临着在港就读不能超过 7 年的问题。尤其是香港社会动荡后，既担心子女在香港就读被刻意针对，又十分害怕孩子被反中乱港教师及学校洗脑。相当一部分爱国爱港人士包括爱国爱港公职人员希望子女能在内地有好的学习环境接受爱国爱港教育。上述的调研情况更加坚定我创办学校的想法，办一所符合香港教育模式满足内地教育要求的学校——"香港培侨书院龙华信义学校"，就是用行动解决爱国爱港人士后顾之忧，支持爱国爱港人士的实际举措。这一创想

2021 年 9 月 6 日，国内首所以深港教育融合为目标的内地香港课程双轨制 K12 学校——深圳香港培侨书院龙华信义学校在深港两地政府及香港中联办的见证下建成开学

得到了香港中联办、深圳市委、市政府的高度重视和大力支持。

攻坚克难 新校落成展现"深圳速度"

实现当年启动、当年建成、当年招生开办目标，难度着实不小。深圳构建了市区两级高效联动、合力推进机制。学校所在地龙华区委区政府成立服务专班，按"白＋黑、5+2"的工作模式全程保障、全程跟进、全程落实项目建设，采取"周例会＋日反馈"相互补充，精准发力的超常规机制保障项目顺利实施。半年里，指挥部始终是热闹的，一个个问题的解决、一件件事情的落实，半夜热火朝天的工地，灯火通明的办公室以及加班后席地而卧的工作人员，作为倡议者的我被服务专班成员所展现出的敬业、执着、拼搏精神所感动。

在半年里，项目得到了相关高层领导的重视与关注，给予参建人员巨大的鼓舞与鞭策，也充分证明深港两地政府为民谋福祉的强大动力，充分证明深圳及内地支持香港发展抓手有力、举措实在。我也明确指示学校建设指挥部，要保安全、保质量，投资不封顶投入不设限，全力以赴确保如期开学。

赶进度、抢工期，春节假期、新冠肺炎疫情持续影响等不确定因素造成建设成本大幅增加，仅外运土方一项就投资达一亿多元，远远超出计划。"为了孩子，一切都是值得的。"从2021年2月10日签约启动到当年9月6日实现首届开学，仅仅用时208天，这是突破两地教育体制快速实现民生项目从意向到落成的"深圳速度""深圳奇迹"。这所直接促进两岸四地民心相通、国家认同、民族认同，探索以教育融合促进两岸四地人文交流、以学生及青年交往促进深港直接融合新路径、新方法的学校，得到了深港两地的高度赞扬和积极评价。

先行先试 多方面彰显为人先魄力

开创性创办这所学校涉及内地、香港两地两种教育体制，错综复杂、千头万绪。不仅需要高效专业、敢闯敢试的决策机制，也要有善思愿为的团队。摆在我们面前迫切需要解决的问题有很多，如香港教师在内地的执教许可问题、重新编制教材的合规审核审定问题、两地学生融合课程安排问题、香港青年内地就业税收优惠、就业居住问题等。

道阻且长，行则将至。我每周都在学校指挥部参加会议促沟通，下沉工地盯进度，全程列表挂图、抓实销项，解决各类问题。2021 年 2 月，学校签约启动并动工建设；4 月，学校针对两岸四地学生多元升学模式全面获得教育专家及教育部门认可；5 月，深港两地政府教育政策联席会议顺利召开，明确深港同步加大力度推动扫清深港两种教育模式下实现快速、优质融合的障碍；6 月，获得办学许可，学校招聘的首批香港教师顺利抵深，实现香港教师批量在内地就业的突破，标志着港澳教师深圳执教政策障碍被清除；6 月，专门针对培侨信义学校教师的住房保障方案得到批准；7 月，经审核审查的香港教材运抵学校，标志着内地正规学校可使用合规的外部教材；9 月 6 日，学校顺利开学。这些都是大家努力拼搏的结果。

2022 年，习近平总书记在香港回归 25 周年大会上再次强调要帮助广大青年解决学业、就业、创业、置业面临的实际困难，为他们成长成才创造更多机会。我们一定要牢记习近平总书记的嘱托，全方位、多渠道拓宽香港青年的就业、创业路径，为他们认识国家、融入国家、热爱国家创造一切可能。

李贤义委员履职故事

发挥专业优势　履行好委员职责

魏明德

十二、十三届全国政协委员，香港金融发展协会主席，
安德资本主席

　　我生于香港，祖籍山东。从英国毕业回香港后，进入金融行业。从早期在投资银行帮助企业上市、融资，到现在成为全国政协港区委员、香港金融发展协会主席、安德资本主席，我目睹了改革开放给内地带来的翻天覆地的变化，也有幸参与其中。

　　2013年我成为港区全国政协委员，是荣幸，更是肩上的责任。我一直都在思考并且实践，如何做好香港与内地的桥梁，将双方优势相结合，推动香港融入国家的发展大局，推动两地的共同发展。无论是发挥粤港澳大湾区优势，还是在"一带一路"建设下助力企业"走出去"，方方面面，国家所需，恰为香港所长。因此在我的委员履职与提交的提案中，我总会思考、探索香港如何扮演好自身的角色，发挥更大的作用。

积极参与并助力国家"一带一路"倡议

当前，地球正面临气候变化、生物多样性丧失以及环境污染三大危机。维护一个健康的地球，任何一个个体、任何一个国家都不能独善其身。中国政府向国际社会作出"2030年前碳达峰、2060年前碳中和"的庄严承诺，体现了中国的责任担当和可持续发展的坚定决心。

根据国际独立研究机构预测，从当前至2040年全球可再生能源投资高达7.8万亿美元，投资大多数集中在亚洲新兴市场。为了帮助填补资金空缺，我牵头成立了亚洲绿色科技基金，并在北京举行的第二届"一带一路"峰会企业家大会上与马来西亚政府签署了合作协议，共同发展区内清洁能源、绿色科技等，结合香港金融资源、内地技术、工程、装备等，参与"一带一路"建设，实现经济发展与生态保护双赢的目标。

魏明德（右三）组织举办的香港金融行业中国国情研修班开班仪式

我曾担任中国经济社会理事会《"一带一路"下，中国产业"走出去"》课题组联合负责人。在走访不同行业龙头企业的过程中，我很高兴看到他们在海外发展所取得的成就，也倾听到企业在"走出去"的过程中所面临的困境与需求。经过与各位委员的讨论与思想碰撞，我们形成了具有针对性的报告，并提出了建议。

我也经常在不同的国际场合发声，向世界讲好香港故事、讲好中国故事。在联合国可持续发展会议中，我作了关于"'一带一路'下加强国际合作，发挥资本市场作用，在沿线国家推动绿色经济"的主旨发言；在全球治理高层政策暨"一带一路"金融投资论坛，发表"香港于'一带一路'与区域互联互通中发挥的角色和作用"的主题演讲……向世界宣传香港，帮助香港融入祖国的发展大局，这正是我的初衷。

力求发挥金融作用，促进实体经济和社会发展

作为来自金融业的政协委员，我深感责任之重，将业界力量拧成一股绳是我的重要使命。金融行业作为香港的四大支柱产业之一，对本地生产总值的贡献达23%，从业人员占劳动人口9%。为了凝聚整个产业链不同专业的爱国爱港力量，我发起成立了香港金融发展协会，团结业界精英共同参与祖国及香港事务，形成两地业界交流合作的平台。我们成功举办了首个金融行业中国国情研修班，学员来自顶尖国际金融机构、中资、港资金融机构，并覆盖金融行业相关专业，包括商业银行、投资银行、基金投资、财富管理、证券、会计、法律、保险等。通过专家授课、学习考察、同业交流等活动，学员深入了解国家经济社会发展情况，对国家发展及有关政策有更加清晰深刻的认识；还不断组织香港金融、工商界到不同政府机关、省市考察，力求发挥金融作用，促进实体经济和社会发展，为地方经济社会发展作出贡献；不时举行经济座谈会，就当前局势及应对措施做出讨论、形成报告，报送政府有关部门。

积极参与青年、教育工作

青年是未来的希望。既有国家观念也有国际视野，这是新时代年轻人必备的两个素质。作为黑龙江省政协常委及召集人，每年我都组织香港的学生到访内地，到内地最北部的黑龙江省，与当地的同龄人沟通互动，让他们感受祖国日新月异的发展。回港后出版《香港青年看"一带一路"》一书，记录了百位香港青年黑龙江之行、参加中国—俄罗斯博览会的体验与感悟。

同时，牵头促成香港金融发展协会与中国社会科学院大学（隶属中国社会科学院）、英国剑桥大学签署三方合作协议，共同建立高等研究院，强强联手，打造国际知名、国内领先的研究机构，推进跨国交流计划，培养有国际视野的未来领袖人才，应对全球共同挑战。

魏明德（左二）牵头与中国社会科学院大学、英国剑桥大学签署三方合作协议，共同建立高等研究院

2022 年 3 月，魏明德在全国政协十三届五次会议全体会议上作大会发言

　　我相信知识改变命运，我积极推动香港的大学第一代教育基金工作，向家庭中第一代接受大学教育且有经济需要的学生提供奖学金、助学金，让他们体验更广阔的学习世界。

积极参政议政　勇于担当

　　作为委员履职是一种责任。每年的全国两会我都会结合重点议题以及自己的专业所长、观察调研形成多个提案，其中一篇关注农业的提案还被选为年度重点提案，更入选"我的提案故事"拍摄计划，与人民群众分享政协工作。这是在我到农业大省河南考察，与企业、农民、政府部门深入交流后形成的提案，反映了农业企业融资难、融资贵等切身的需求与困难，也提出了金融行业如何提供支持的几点建议。我也很荣幸能在 2022 年 3 月全国政协全体会议上就"发挥香港独特优势和作用，共同推进构建人类命运共同体"作了主题发言。

我深知，作为港区政协委员，在委员履职中更要发挥服务国家服务香港的双重积极作用。我一方面参政议政、建言献策，参与国家经济发展；另一方面，维护香港繁荣安定，在香港传递中央声音、发挥正能量，支持行政长官、特区政府依法施政，促进香港融入国家发展大局，积极参与"一带一路"、粤港澳大湾区建设。

回望履职路，有成长有收获；展望未来，我将一路向前！

魏明德委员履职故事

为国为澳　立人达人

廖泽云

十三届全国政协常委，中华海外联谊会副会长，澳门镜湖医院慈善会主席，澳门康泽工商有限公司董事长

　　我深受父辈为国为民、办学兴教、帮扶贫弱的家风影响，一直将"己立立人、己达达人"奉为立身行事的准则。自参加全国政协工作后，我积极参政议政，助力国家发展，深感荣幸的同时，更觉重任在肩。

投身祖国扶贫事业　助力贵州从江脱贫

　　习近平总书记强调，"中国共产党人的初心和使命，就是为中国人民谋幸福，为中华民族谋复兴"。从总书记，到中央、到地方的党政领导，始终把改善民生、扶贫脱贫视为心头大事。近年来，我亲眼见证党和国家对扶贫脱贫事业的全力投入，不但有担当、有决心、有毅力，更是精心规划、细致组织、科学施策，令贫困地区人民自强不息、力争上游。这让我感悟良多，体会甚深。

　　澳门与祖国血浓于水。在澳门中联办协调下，澳门自 2018 年起参与贵州从江脱贫攻坚战。澳门特区政府和社会各界齐心参战，结合"从江所需"和

廖泽云在全国政协十三届五次会议全体会议上作大会发言

"澳门所长",坚持"扶贫与扶志、扶智相结合",注重"精准扶贫、精准脱贫",展开了多个领域的脱贫攻坚项目。

2018年9月下旬,澳区全国政协委员前往从江考察调研,带头先期捐资人民币1000万元,并力推各界发扬爱国精神,结合自身所长开展帮扶。2019年4月初,我出席在贵阳举行的扶贫合作工作会议,继续推进从江县扶贫。2020年至2021年,尽管新冠疫情增加了扶贫工作难度,但澳门同胞与从江人民迎难而上,最终打赢了脱贫攻坚战。为支持贵州巩固拓展脱贫攻坚成果、推动乡村振兴,澳区全国政协委员于2022年8月再次捐款,合计约人民币610万元。这也从一个侧面展现了澳门同胞热爱祖国、血脉相亲、守望相助、扶贫济困的优良传统。

我和我的家人、同事于 2018 年向福建省光彩事业促进会、龙岩市光彩事业促进会捐资人民币 1000 万元，用于扶贫、教育等公益慈善项目。2020 年至 2021 年，向甘肃环县习仲勋红军小学捐赠人民币 690 万元用于兴建艺术楼、宿舍楼等，助力精准扶贫、脱贫。

40 年前，我国还是世界贫困人口最多的国家。在习近平总书记的擘画下，走出了一条中国特色的扶贫道路。我国 2021 年如期打赢脱贫攻坚战，使中华民族千百年来的绝对贫困问题得到历史性解决。在建设人类命运共同体的进程中，中国方案正为全球减贫事业带来更大信心、提供有益经验。

推进横琴粤澳深度合作区建设　融入国家发展大局

习近平总书记始终关心，并亲自谋划、指导横琴的建设发展，国务院于 2021 年 9 月公布《横琴粤澳深度合作区建设总体方案》。要贯彻落实习近平总书记要求，完成攻坚任务，必须脚踏实地，找准路径，推动《总体方案》不折不扣落实落地。故而在 2022 年全国两会上，我作了《积极推进横琴粤澳深度合作区建设》的大会发言。

我认为，应首先围绕"促进澳门经济适度多元发展"这一主线打开合作区的局面。澳门企业家应在各自擅长的商业领域，积极投资兴业、汇集社会资源，努力创出一番新气象。其次要以合作区高质量民生服务广纳境内外优秀人才。要有效借鉴世界先进管理观念，加强教育、科研、医疗、社会服务等民生服务机构的建设，引导更多境外优质资源落户合作区，吸引澳门居民和优秀人才前往合作区安居、安家。

我亦是据此要求自己的，从而全力助推合作区建设。我创立的澳门发展银行近年来在横琴积极开展业务。我创办的澳门科技大学早于 2019 年便在横琴创建了产学研示范基地，探索通过教育产出带动科技创新，培养新兴产业，加

2021 年 5 月，"澳珠人才发展促进会" 成立，廖泽云（右）接受媒体采访

快融入粤港澳大湾区建设和国家发展大局。2021 年 5 月，澳门与珠海当局成立
"澳珠人才发展促进会"，由一批院士、大学校长、知名学者领衔，囊括澳门与
珠海两地高等院校、科研机构、专业社团、企业等单位各类高层次人才、海
外归国留学人员，我被推举为首任会长，由汤涛院士担任联席会长。成立一年
多来，促进会成为汇聚澳门与珠海人才的开放平台，全力服务两地经济和社会
发展，以"十四五"规划和 2035 年远景目标为指导，在金融、医疗卫生、人
工智能、集成电路等重点行业，努力做好引进人才、培养人才、交流人才工
作，包括构思吸引国际顶尖人才的机制，促进澳珠两地高端人才共享共用的机
制，两地合作培养优秀人才的机制等，并在当今特殊的国际形势下，"聚天下
英才"，以澳门、珠海或合作区为基地，建设国家。

提升爱国爱澳力量能力建设　推动澳门良政善治

当前，澳门经济社会发展中遇到一些新情况，传统优势相对减弱，新的经济增长点尚未形成。正如习近平总书记所指出的："经过这次疫情，大家对经济结构存在的问题认识更加清醒，对澳门发展的路向思考更加深刻。"面对日益复杂的形势，任务十分艰巨，必须提升爱国爱澳力量能力建设，以适应未来发展要求，推进"一国两制"实践行稳致远。

为此，我向特区政府建言献策。疫情导致澳门经济需要一定时间复苏，因此特区政府应"两条腿走路"，一方面量入为出、节省开支，另一方面充分开源、增加收入，同时做好未来发展规划，完善软、硬环境配套设施建设。澳门大部分企业属于中小微企业，难以自主发展多元业务，建议特区政府订立方向，主导中小微企业参与，保障就业，共同推动澳门经济适度多元化和可持续发展。

2021 年 6 月 2 日至 4 日，澳门全国人大代表、全国政协委员赴贵州学习考察（第一排左六为廖泽云）

2021 年 6 月初，在中国共产党建党 100 周年之际，何厚铧副主席率澳区全国人大代表、全国政协委员到贵州遵义学习考察。我们瞻仰遵义会议会址、苟坝会议会址，参观会议陈列馆，并到遵义红军山烈士陵园敬献花篮。一路上，我仔细聆听红军长征可歌可泣的事迹后，深切感悟革命先烈艰苦奋斗、不畏牺牲、忘我奉献的精神，启发我们在建设"一国两制"事业时应当重视发挥核心能量。伟大的事业需要坚强的领导核心和可靠的主心骨，中国共产党的领导核心地位是历史和人民的选择。过去在澳门，这一认识没有得到很好的宣传教育，更没有在行政主导体系中得以贯彻落实。这需要澳门特区政府切实做好"当家人"，引领各界跟上社会形势和发展需要，壮大力量，提升能力，让更多有能量、有能力的爱国者施展拳脚。

新冠肺炎疫情在全球持续蔓延，澳门受疫情冲击影响很大，经济社会发展面临许多现实困难和问题。祖国始终是澳门保持长期繁荣稳定的坚强后盾，中央始终坚定不移支持澳门发展经济、改善民生。在香港第六届政府就职典礼上，习近平总书记发表的重要讲话，极大增强了香港、澳门对"一国两制"和港澳发展前景的信心。

澳门当前面对的困境只是暂时的，只要我们切实维护国家主权、安全、发展利益，全面拥护落实中央行使全面管治权，团结奋斗、担当作为，全力支持行政长官及特区政府统筹抓好疫情防控和经济社会发展，责任到人、责任在心，定能共克时艰、重回正轨，保持澳门经济社会长期繁荣稳定，同心共筑中华民族伟大复兴的中国梦！

廖泽云委员履职故事

以最大履职热情促澳发展为国献力

马有礼

十三届全国政协常委、全国政协港澳台侨委员会副主任，
澳门中华总商会会长

2018 年 3 月 14 日，全国政协十三届一次会议上，我当选为十三届全国政协常委。时光荏苒，我五年的任期很快就要完成。

2021 年 3 月 9 日，在全国政协礼堂，全国政协主席汪洋为我颁发第一个"2020 年全国政协优秀履职奖"证书，这不仅是全国政协给我的荣誉，更是党和国家对我自 1993 年履职以来的表彰。我衷心感谢党让我能够在全国政协这个平台为国家贡献力量。

回想这些年，世界处于百年未有之大变局，同时面临世纪疫情和俄乌战争，但在以习近平总书记为核心的党中央坚强领导下，中国稳定发展，屹立世界东方。这让我深有体会。

众志成城抗击疫情

2020 年 3 月，澳门暴发数十例新冠肺炎疫情。经全澳居民共同努力，新冠

肺炎疫情防控取得了零死亡、零社区感染、零院内感染、低重症率和高治愈率的好成绩。新冠肺炎疫情暴发期间也是澳门经济最困难的时期，我注重了解疫情最新情况，及时向全国政协、澳门中联办、广东省、澳门特区政府反映，并向全国政协提出《建立长效粤澳联防联控机制，促进珠澳口岸高效控管、便捷通关》的提案，得到国家有关部门、广东省重视并及时采取了一系列措施，解决了珠澳两地居民因疫情而造成的生活、工作、经商、上学等不便的问题。

在抗击新冠肺炎疫情取得阶段性成果之时，要有一定的经济活动，以免造成澳门经济大面积滑坡。我与澳门中华总商会同人积极商讨抗击疫情的经济措施：通过拜访澳门各大银行，提出金融12条建议；向行政长官贺一诚建议"在职赋能"，培训下岗工人，快速扶植中小企业，减低税务，调整产业结构等主张，得到政府和商界的积极回应。在新冠肺炎疫情得到控制的前提下，加强粤港澳大湾区经济往来。2020年12月10日，在珠海召开的"2020澳珠企业家峰会"上，我代表澳门中华总商会发言，提出充分发挥澳门中华总商会桥梁纽带作用，借助横琴粤澳深度合作区建设契机，鼓励澳门企业更广泛、更深入地走进粤港澳大湾区和祖国内地拓展商机。

以双循环经济促大湾区更大发展

加快构建以国内大循环为主体、国内国际双循环相互促进的新发展格局，是一项关系中国发展全局的重大战略任务。对此，我先后参加全国政协、特区政府、澳门中联办组织的调研，前往广州、深圳、珠海、江门走访了部分大型国企和民企，看到"双循环"经济理论和实践完全符合中国目前的经济状况和国际政治经济发展的基本形势。我认为，在新时代现有中国特色社会主义制度下，企业是可以实现"以大带小，以强扶弱"的共同发展目标的。国企、民企大型企业可以把一些边缘产业给中小企业做，帮助中小企业参与到大循环经济中去。在疫情面前，国家的宏观政策指导及落实很重要，要让大部分企业可以生存下来，优先保就业，有就业就有消费，有消费就能保市场。

我国高科技、金融等领域与国际比较，仍有一定差距，要总结经验，切切实实解决工业大而不强、门类齐而不精的问题，加快建设具有全球影响力的科技和产业创新高地，早日赢得主动权。要适应对外开放新格局，涉外法律综合性强，我们不但要懂得国际贸易法、海商和航空运输法，还要懂得电子交易和金融法，国家要针对性培养更多高素质国际商业法律人才。要增强总体国家安全观建设，抓住时机治理好国内的各种风险。国家在国际金融以及大宗商品的安全上仍有一些薄弱环节，如大量债务短期到期问题，科技安全、国防安全、信息安全、资本安全、核安全问题都不容忽视，防范和化解各种风险的任务依然艰巨。

以横琴为契机加快融入国家发展大局

新冠肺炎疫情对澳门打击很大，也再次提醒澳门要加快融入国家发展大局步伐，走多元化发展道路。横琴是澳门参与粤港澳大湾区建设、融入国家发展大局的第一站，是澳门经济多元发展最便利、最适宜的新空间。

在2020年全国政协常委会上，我作了"落实粤澳共识，尽快实施横琴'一线放开、二线管好'，为粤港澳大湾区开放型经济新体制提供经验"的发言，建议早日实现横琴"一线放开，二线管好"分线管理新模式。

横琴实行新体制后，大湾区很多新事物可以放在横琴里实验，成熟的可以在大湾区推行。正在横琴建设中的"琴澳新街坊"预计未来几年会有过万澳门居民在这里生活，涉及大量民生民事等法律问题，如果在横琴实行"一线放开，二线管好"分线管理新体制，许多问题就可迎刃而解。我同时提出《推动建设横琴国际科创平台》的提案也得到广东省政府重视。一些已经投资横琴的企业家，特别是澳门商界普遍认为：随着中共中央、国务院《横琴粤澳深度合作区建设总体方案》的颁布，横琴已进入一个新时代，方案要求2024年琴

马有礼（左一）参加澳门社会各界庆祝中国共产党成立100周年座谈会

澳一体化发展格局初步建立。澳门中华总商会积极配合落实《横琴总体方案》，在横琴设立广东办事处，推进新的横琴深度合作区执行委员会下设部门与澳门商会设立沟通机制，就相关政策宣讲或业界意见反馈举行定期会晤，可以结合民间力量、各中资机构，利用好各个爱国社团联络网，深化侨梁纽带功能。

关键时刻靠得住、站得出、敢发声

澳门有光荣的爱国爱澳传统，在贯彻落实宪法、基本法和维护国家安全法的实践中取得较好成绩。在2021年澳门特区第七届立法会选举中，我表示："爱国者治澳"是"一国两制"方针的核心要义。选管会依照立法会选举法，履行资格审查职责并作出有关认定，具有必要性、合法性和重要性。同时体现选管会积极履职尽责的担当精神，防止一些"言行不一"的自称爱国者进入澳门特别行政区的管治架构，起到守好第一关的作用，使"爱国者治澳"根本原则有效落实，为确保澳门长治久安和长期繁荣稳定提供坚实制度保障。

2021年4月20日，马有礼（前排左六）参加"全民国家安全教育展"助知史爱党知史爱国，起到良好宣教效果

立法会是澳门特别行政区的管治架构之一，必须由真心实意的爱国者担任议员，守护好现时来之不易的和谐社会环境，不断筑牢爱国爱澳的根基，推动具有澳门特色的"一国两制"事业行稳致远。对此，澳门中华总商会旗帜鲜明，全力配合"爱国者治澳"的大原则，完美完成第七届立法会选举工作；与澳门各大社团联合举办纪念中国共产党诞辰100周年活动；积极推动所联系的爱国社团参观每年一届《澳门国家安全教育展》。

不遗余力，让爱国主义在澳门深入人心，我的履职一直在路上。

马有礼委员履职故事

在履职担当中促进澳门稳定发展

崔世昌

> 十三届全国政协委员、经济委员会副主任，澳门中华总商会
> 会长

转眼间，我担任十三届全国政协委员已五年，这五年是国家在建设中国特色社会主义新征程中战胜种种困难和挑战、奋力前行的五年。面对百年未有之大变局，面对复杂的国际形势和持续几年的新冠肺炎疫情，面对"一国两制"实践深入发展所带来的新课题新挑战，我作为一名全国政协委员，深感自己责任重大。

怀着对国家的赤子深情，怀着对生我养我的澳门这块土地的赤子深情，我坚持认真学习习近平总书记治国理政的一系列新理论新思想新要求，认真履行政协委员的职责，自觉地把自己当成一块"建筑石料"、当成一个"螺丝钉"，努力在国家建设和特区发展中发挥一点作用。

回首四年所走过的路程，遇到的挑战不少，自己的付出不少，但收获更是不少。这其中，围绕落实宪法和基本法，支持特区经济发展的点点滴滴令我印象深刻。

2020 年，崔世昌在全国两会分组会议上积极发言

为夯实特别行政区的宪制基础尽心尽力

  作为土生土长的澳门人，作为制定澳门基本法过程中的澳门基本咨询委员会的委员，作为全国人大澳门基本法委员会副主任，我深深感到，基本法是"一国两制"的法律化形式，是"一国两制"实践的基石；澳门特别行政区的特殊地位，决定了宪法和基本法共同构成特别行政区的宪制基础。在全国政协会议上我多次就宣传推广宪法和基本法提出提案，在 2022 年初的全国两会期间，我再次提交了《关于继续加强宪法基本法宣传推广工作，不断夯实澳门特色"一国两制"实践的社会基础》的提案，建议宪法基本法的宣传推广工作应

当总结过去、面向未来。

在新的形势下，一是要加强宪法基本法宣传的国家因素，将宪法基本法宣传推广列入国家普法五年规划纲要，建议最高国家权力机关加强主办、组织在澳门特区进行宪法基本法方面的宣传推广等。二是加强宪法基本法宣传的时代因素。建议积极讲解粤港澳大湾区和横琴粤澳深度合作区的建设成就、国家治理实践经验以及"一国两制"最新发展成果。建议将宪法基本法与国家安全、外部形势结合起来宣传推广，引导澳门居民清醒认识国际国内形势发展变化。三是加强宪法基本法宣传的生活因素。建议国家相关部门与澳门特区政府合作，将宪法基本法与居民日常生活和个人权利保障结合起来进行宣传推广。四是建议支持澳门开展深度的宪法基本法学术研究，打造宪法基本法学术重镇。

国家主席习近平 2022 年 7 月 1 日在"庆祝香港回归祖国二十五周年大会暨香港特区第六届政府就职典礼"上发表重要讲话后，我接受媒体采访时指出，习近平主席的重要讲话指出，确保"一国两制"行稳致远，必须深刻理解和准确把握"一国两制"的实践规律，即必须全面准确贯彻"一国两制"方针，必须坚持中央全面管治权和保障特别行政区高度自治权相统一，必须落实"爱国者治港"，必须保持香港的独特地位和优势。这四个"必须"同样适用于澳门。应当在澳门社会进一步推进宪法基本法的宣传研究工作，深入认识澳门特别行政区对国家的宪制责任，深入认识基本法赋予澳门"一国两制"的独特制度优势，推进澳门特色"一国两制"行稳致远。

澳门回归后，我一直担任澳门基本法推广协会的理事长，我和会里的同事一道大力推进基本法进社区、进学校、进入居民生活中。近 3 年受新冠肺炎疫情影响，群体性活动减少，但基本法推广协会仍见缝插针地每年组织数十项活动宣传推广宪法和基本法，包括举办宪法和基本法讲座、组织基本法青年推广大使培训计划、基本法宣传短片创作比赛、认识《宪法》与《澳门基本法》网上问答游戏等。

在我担任澳门法律界联合会会长期间，今年还专门成立了法联会青年部，为青年人搭建交流平台，强化青年一代的责任与担当。目前澳门宣传宪法和基本法的工作越来越扎实，一些大学将宪法和基本法同时纳入课程，市面上增多了相关理论书籍，各种宣传推广活动丰富多彩。

为促进澳门的稳定发展出力

2021 年，中共中央、国务院发布《横琴粤澳深度合作区建设总体方案》，这是中央为促进澳门发展所做出的重大战略举措。我作为全国政协经济委员会副主任，作为澳门中华总商会会长，积极参与到横琴的考察中，关心相关政策制定与实施，努力在促进深合区产业发展、民生融合、规则衔接等方面纵深推进上出力。2020 年开始的新冠肺炎疫情对澳门经济冲击前所未有，保就业、稳经济、顾民生，持续有效纾解民困，主动对接国家发展战略亦成为澳门的当务之急。

当新冠肺炎疫情在澳门出现局部蔓延时，商界面临巨大压力，不少中小商号感到疫境难行时，我与中总的领导层商议后，主动出面发表意见，表示中总支持政府坚持动态清零政策，感谢前线工作人员所付出的努力及其展现的专业精神，拒绝躺平，这是对澳门居民生命至上的负责任态度，完全符合国家政策，呼吁全体居民通力合作，齐心抗疫，推动

2020 年，崔世昌在全国两会委员通道接受媒体采访

2022 年，崔世昌在全国两会期间留影

工商界抱团取暖和维护社会大局稳定。

围绕如何促进澳门经济发展，我提出，新冠肺炎疫情对澳门各行各业带来冲击的同时也凸显了澳门经济单一的短板问题，因此应促进经济适度多元发展，这也成为社会普遍共识。

澳门正处于新旧经济交替的关键期，加快建设深合区，发展四大新兴产业，可为促进本澳经济适度多元发展增添新动力。澳门社会各界必须同心协力，在依托国家内循环经济及做好防控疫情、推进旅游业复苏的同时，积极回应特区政府"走出去，引进来"工作，促进业界参与大湾区和深合区的建设。

我还呼吁，澳区政协委员应以不断提升政协委员在澳门社会的影响力和认同感作为行动指南，发挥自身在不同社团里的作用及影响力，进而广泛团结各界力量。特别是要注重搜集澳门居民对澳门经济社会发展的意见建议，及时向特区政府和内地有关部门反映：包括澳门中华总商会在内的爱国爱澳社团在新时代要进一步弘扬爱国爱澳核心价值，支持粤港澳工商界、劳工界、专业服务界、学术界等建立联系机制，助力澳门在国家"双循环"新发展格局中寻觅新机遇，协同参与深合区、大湾区及"一带一路"的建设，共同推动澳门经济适度多元发展。

目前，深合区作为"促进澳门经济适度多元发展重要平台"作用已日益凸显，琴澳一体化发展格局正逐步展开。

认真履职　尽心尽责

潘新洋

十三届全国政协委员，台盟中央秘书长

五年委员任期，如弹指一挥间。临近届满之际，回想自己担任十三届全国政协委员期间的点点滴滴，难忘且珍惜。在政协大家庭里，随着不断地学习和履职，进一步加深了我对政协这个政治组织重要性的认识，也深深感到作为一名政协委员的使命和责任。

学习，是常态，也是履职

政协是个大学校、大舞台。回首五年履职生涯，我最大的感觉便是，学习是摆在第一位的，也因此收获良多，感悟良多。

2020 年 4 月，全国政协创建了委员读书平台，成立了全国政协书院。全国政协机关积极组织委员们开展专题突出、内容丰富的网络读书活动，受到委员们的热烈响应和广泛参与。读书活动一开始，我便积极参加包括疫情防控读书会、中共党史学习、深入学习贯彻习近平生态文明思想等专题读书群，特别关注和重点参与了中华儿女大团结与祖国统一、走近台湾、推进两岸关系和平发

2018 年 11 月，潘新洋（左五）率台湾中小企业考察团一行赴黔东南州进行产业考察，并与当地有关领导、部门负责人座谈

展等专题读书群，并在"中国共产党与祖国统一"读书群担任群主。和委员们一起读书、一起学习，是一件快乐的事情。因为平时工作比较忙碌，安静读书的时间被压缩到很少，所以有了委员读书平台，我便积极参与。之后，还因为我在群中的表现，得到委员们的肯定和支持，被评为读书活动积极分子，这都给了我极大的鼓励，也让我感受到读书的力量，感受到读书、学习应该是一种常态。

学习，还是一种履职。2020 年 6 月，台盟中央承办了全国政协"完善外卖食品安全监管"双周协商座谈会。在此之前，我积极参加有关单位组织的协同调研活动，认真准备座谈会发言材料；空余时间，还查询和翻阅了不少有关电商平台运作和食品安全法律法规方面的相关知识……座谈会上，当全国政协主席汪洋即席询问，自己能够有根有据地向汪主席汇报情况，并和委员们展开深入交流探讨。虽然电商平台运作和食品安全等方面的内容，并不是自己的专业所长，但是通过专题调研和座谈，特别是和委员们面对面地直接交流和对话，深受启发。因此，我不仅对食品安全这一老百姓所关心、关注的方面有了深入、细致的了解，也开始关心、关注其他民生大事，以期通过自己的履职为人民服务。

2022年6月，我更是有幸列席第十三届全国政协第二十二次常委会。此次常委会会议的主题是：围绕"统筹推进绿色低碳高质量发展"协商议政，这是新时代国家发展战略层面所聚焦的重大课题。我十分珍惜这个难得的学习机会，认真参会、听会，领导和常委们的讲话、发言，我都做了重点记录。列席这次常委会让我进一步认识到，作为一名政协委员，必须学习好、贯彻落实好习近平生态文明思想，在工作实践中深刻领会和把握思想内涵，紧紧跟随时代发展步伐，与国家的发展大局同频共振。之后，我将自己的这些感想和体会，认真进行了梳理总结，在随后的委员座谈会上，代表列席委员做了发言。此外，在全国政协习近平新时代中国特色社会主义思想学习座谈会上，我也作为委员代表，作了学习体会的汇报发言。

学习，不仅是常态，是履职，还应该是伴随我们一生的，贯穿生活、工作的方方面面，能使人获得教益，能让人看得更远、行得更稳。

参好政，履好职，不负人民重托

调查研究是参政履职的基础课、必修课，调研工作做得好，参政履职才会言之有物，有的放矢。

在我履职的五年中，就促进两岸关系和平发展、融合发展，推进祖国统一大业，反对"台独"分裂活动和开展对台争取民心工作等主题，先后向全国政协提案委员会提交了七份提案，还得到了国务院台湾事务办公室等有关单位的积极回应和落实。五年来，我积极参加全国政协和台盟中央组织的各类调研和

2021 年，全国两会期间，潘新洋在网络视频采访间接受记者采访

视察活动。如，长三角一体化协同发展、台湾青少年工作、在大陆执教的台湾教师群体、长江生态环境保护等主题调研考察活动。2021 年 11 月，全国政协副主席、台盟中央主席苏辉率全国政协台盟台联侨联界党外委员视察团赴冀京视察，围绕"京津冀协同发展"与地方政协以及相关部门和企业进行深入互动交流。在北京宝马汽车的车间流水线旁，苏辉仔细询问企业技术升级研发和生产销售情况，让包括自己在内参加视察的委员们，对北京汽车产业发展的现状和前景有了生动、深刻的了解。同时，委员们也通过这种十分接地气的调研考察活动，近距离地感受到新时代北京社会发展的新面貌和新气象。

中国共产党建党百年之际，我参加了全国政协文化文史和学习委员会举办的"传承和弘扬长征精神、讲好长征故事"党外委员专题视察活动，随团赴江西、贵州两省开展专题视察，重温当年红军长征的光荣历史。虽然之前几次到过革命圣地瞻仰，但欣逢建党百年，让我对毛主席、共产党的感恩之情更加深了，对紧密团结在以习近平同志为核心的党中央周围、奋发有为开创新时代的信心更增强了。感慨之余，赋诗一首，以表达自己对那段辉煌光荣的历史，对为中国革命牺牲奉献的先辈们的缅怀和景仰。

当年红色巨人集，长江黄河赤血燃。

云贵湘赣鄂豫皖，工农奋起换新颜。

有幸生在隔代年，音容笑貌去不远。

勤来皆怨未能伴，热泪滴洒扼腕前。

在全国政协十三届四次会议期间，全国政协港澳台侨委员会推荐我在大会

2019 年 12 月，台盟中央首次在辽宁举办以冰雪运动体验为主题的"迎冬奥"台湾青年冰雪体验营，台湾青年团体代表近 60 人参加活动，潘新洋率团活动并向台湾青年作专题讲座

委员通道接受记者采访。借助委员通道这个有影响力的特色平台，我适时转达了疫情下在大陆的台湾同胞积极配合政府抗疫防疫、恢复生产生活的信心和愿望，转达他们对两岸关系融合发展的愿望和期待。通过参加委员通道，大大拓展了自己作为台盟界别委员，开展争取民心工作的声音和渠道，很多台胞和盟员们反映影响广泛，效果很好。

五年来，我多次以增进乡亲情谊、深化两岸交流合作为主题，参加访谈或发表文章，讲述祖国大陆故事，促进两岸同胞心灵契合和交流交往。

回首委员履职路，不论是在区政协委员、市政协委员还是全国政协委员的岗位，20多年来，在岗在职一时，就要尽心尽责一世，是我始终坚持的履职信念和工作原则。

中国共产党第二十次全国代表大会胜利召开，新时代的征程光荣辉煌。作为一名民主党派政协委员，我将按照习近平总书记提出的要求，参好政，履好职，不负组织寄予的期望，不负人民给予的重托，为中国共产党领导的多党合作和政治协商事业作出自己的贡献。

在用心用力中担当委员之责

张嘉极

十三届全国政协委员，广州市人民政府参事室主任、台盟主委

本人祖籍台湾淡水，祖母是台湾平埔人。我 1982 年在厦门大学毕业后，到广州博物馆工作。1983 年参加台湾民主自治同盟。1986 年至 2002 年，在广州市政协担任委员，先后兼妇女青年委员会、社会法治委员会、学习文史委员会副主任，常委；2002 年至 2007 年任广东省人大当代表。2007 年后再回到广州市成为政协委员，常委；2012 年转广州市人大当副主任。2017 年转广州市政协任副主席，2018 年到广东省政协当副主席。2008 年作为全国政协委员至今。

曾经有记者采访我时，谈到我对全国政协委员身份的认识。我认为，全国政协委员就相当位于公卿与匹夫之间，肩负对国家对人民建有用之言的责任，要能利国利民，所以我并不在意从政协委员身上收获荣誉，只是希望所提建议意见能有益有用。

在广州时，我曾经以提案阐述台湾历史的特殊性，理解两岸人民认知的严重差异，文章最终收录于中央党校编印发行的《祖国统一的思考》一书中。而在一次台湾问题国际学术研讨会上，我写的对台湾形势的分析，也被台盟中央编成材料分发。我也一直关心台商台胞反映的问题，并尽最大努力帮助解决，

张嘉极（左三）考察文化创意产业在乡村振兴的作用

如早先的广州花都台商遗留三十二件土地案，我自己一直坚持跟踪，最终解决了十九件；此外包括解决台商反映的拉闸限电等问题，我也努力通过委员身份，借助社情民意渠道帮助各方解决问题。

我对经济社会问题也十分关心。如促进信访制度的确立，解决民众反映的生活问题等。2008 年，在我成为全国政协委员之时，金融危机爆发，经济形势紧张，物价飞涨，国际石油价格疯涨，作为政协委员，我及时通过提案分析当前经济形势，说明中国只要抓住就业问题就不怕；分析物价飞涨跟企业各种成本同时上升有关，只要停止各种成本同时上升，物价当年 10 月就能停止暴涨，9 月物价随即停止暴涨；同时，我在提案中对当时的石油价格做了分析与预判，指出第二年（2009 年）价格会回落，最终也得到了验证。

在连任全国政协委员后，我更加珍视委员这个身份，更加懂得委员所担负的责任。在 2018 年担任广东省台盟主委期间，我帮助广东云浮贫困地区试种

2021年，广东省台盟购买台湾的凤梨（菠萝）种子、技术、肥料，帮助对口扶贫的云浮贫困地区。此前，上裹虫害导致一些地方不能再种橘子，改种凤梨后获得丰收

凤梨，建立销售渠道，帮助当地农民脱贫致富；在参加全国政协网络保护青少年的调研中，我一路调研一路思考，为网络保护青少年建言献策。

在抗击新冠肺炎疫情过程中，我及时帮助困难企业解决发展问题。如在税费、租金、社保、金融、消费、旅游、高速公路费几个方面提出了8条建议，建议及时给予企业帮助，相关内容在政府出台的帮助企业政策中，基本都有所提及。全国政协主席汪洋推动设立全国政协网络学习议政平台后，我十分珍视平台的交流和学习机会。政协是学习的政协，委员更要不断加强学习才能更好履职。我积极上网学习、交流意见、参政议政，就国际形势发表读书意见，并多次提出应及时调整计划生育政策等相关建议，防止人口下降。

我在建议中提出，过去我们计划生育，将来会不会变成鼓励生育？我估计是会的；与此同时，过去我们把传统制造业看作低端产业，不受待见，将来会不会变为要支持保护这些传统制造业？恐怕也是会的。这些提法与想法，从当前来看都成了现实，并付诸了实践。

受新冠肺炎疫情影响，企业招工难现象突出，在2020年新冠肺炎疫情较为严重时，我提交了《关于出台政策支持包括传统制造业企业在内的中小企业》的提案，在2021年提交了《关于进一步促进传统制造业转型升级，提高自动化水平》的提案，得到商务部的重视并及时沟通询问答复。我积极履职建言，也得到了各界人士的认可，传统制造业行业的同志就经常说，传统制造业对国家的经济发展至关重要，有着压舱石的作用，希望张委员能多为传统制造业鼓与呼，这也让我作为政协委员倍感肩上责任重大，应时时刻刻提醒自己，要多调研多听基层声音，做好委员履职担当，发好声。

2022年全国两会期间，张嘉极在人民大会堂前

我作为全国政协经济社会理事会的常务理事，更感到有一份责任一份担当。所以我积极参加每一次线上线下会议，出差在外，也克服困难及时参加线上会议，积极发表意见。

对于全国政协提供的参政议政平台，我十分珍视也十分重视，希望通过不断学习提高自己参政议政的能力，努力在这个平台上发挥出自己的能力和参政议政的作用，彰显一名委员的履职担当，我将一直在路上。

用企业家的责任与担当诠释委员的履职尽责

严　彬

十三届全国政协委员，华彬集团董事长

2018 年，我成为十三届全国政协委员，在珍惜这份荣誉的同时，我也深知这份荣誉的使命与责任。作为香港地区全国政协委员、全国政协人口资源环境委员会委员、侨联界别委员、第五届中国经济社会理事会理事，我紧跟国家发展主脉搏和全国政协的整体要求，履职尽责、建言献策。

"有了强的国，才有富的家。"只有祖国的繁荣昌盛，才有每个小家和个人的幸福。在海外创业 25 年、回国报效 25 年，可以说我参与了国家的改革开放，见证了国家的富强发展。特别是在海外创业、发展的经历，更是让我深刻感受到稳定对一个国家发展的重要性，体会到中国共产党领导的英明伟大，改革开放成绩的来之不易。

在履职中为祖国发展用心用力

在 2018 年全国两会上，我在侨联界别分组会上倡议，新时代广大华侨华

2019 年 8 月，严彬（右五）率领香港"一带一路"高访团赴京拜会王毅（右八）国务委员

人要继续传承嘉庚精神、弘扬家国情怀，无论身在何处、无论身居何职，都要有一颗爱国的心，聚焦国家发展主脉络，根据国家所需，发挥华侨华人所长，积极参与到"一带一路"建设、精准扶贫、实体经济发展、国家统一、国际交流和民间外交等事业中来。

2017 年，我和林建岳等在香港创建了"一带一路"总商会（香港），在共建"一带一路"上服务国家所需、贡献香港所长。在国家提出共建"一带一路"的倡议下，我得知一名国际著名摄影师曾沿着马可·波罗和郑和当年的足迹，对照历史文献一路拍摄，形成了珍贵的 35 万张高质量图片库。华彬文化基金会收购了这套图片，并策划了"丝路之旅——'一带一路'摄影展全球巡展"，多年来已在全球展出 20 站，先后亮相全国两会、香港"一带一路"高峰论坛、中欧企业家峰会（伦敦）、厦门金砖会议、"一带一路"国际合作高峰论坛、博鳌亚洲论坛等重大会议，随着中国高访的步伐，在北京、香港、伦敦、新加坡等地进行了展出，观展人数累计超过 10 万人次，通过文化纽带拉近了"一带一路"沿线国家人民的情感，对共建"一带一路"倡议起到了很好的文化助力。

2019 年 8 月，在香港局势的困难时期，"一带一路"总商会（香港）组成访京团，与相关领导以及中华全国工商业联合会、国家商务部、国务院国资委等部门进行沟通汇报，与中央保持精准一致，为恢复香港繁荣稳定发展贡献力量、作出贡献。

中国与东盟山水相连、文化相通、血脉相亲。特别是在疫情冲击以及国际政治形势复杂多变的背景下，东盟对中国的战略地位更加突出。2021 年 11 月，在回港参加香港立法会议员选举后，我一直在海外推进"一带一路"建设、青年人才培养和后疫情时代的经济发展及民间交流。发挥东盟的资源优势，在泰

2018 年，参加全国政协十三届一次会议，严彬（左）与贵州省政协主席刘晓凯（右）交流

国曼谷比照北京昌平华彬生态园的模式，打造华彬东盟健康产业示范区，并设立"一带一路"青年培养基金，为后疫情时代的大健康产业发展、跨文化交流、青年人才培养和国际教育蓄力。

作为十三届全国政协唯一一名港区驻黔全国政协委员，在履职尽责的同时，我深知参与到西部大开发国家战略中也是义不容辞的责任。受贵州省政协邀请，2018 年以来，我四次率队赴黔进行实地考察，根据贵州省的发展需求，整合集团西部 11 个省级地区的营业单位，于 2020 年 11 月在贵阳设立结算中心，并在贵安新区建设功能饮料生产基地，累计为当地创造产值 98.5 亿元，贡献税收 4.1 亿元，新增就业岗位超过 200 个，助力了贵州的新发展。

"活到老学到老"，在全国政协读书群的机制下，我不断提升履职建言的能力和质量，也把全国政协委员的自我要求融汇到企业管理和社会活动当中。2018 年以来，我提交涉及华侨华人政策、贵州发展、通航产业、乡村振兴、海南自贸港等内容提案共计 40 份。

在企业发展中担起更多社会责任

作为企业家，我一直踏踏实实致力于实体经济的发展。自我回国投身到国家改革开放的大潮中以来，华彬集团累计创造产值 2795 亿元，贡献纳税 396 亿元，直接创造就业岗位近 2 万个。新冠肺炎疫情对实体经济和国计民生产生了很大冲击，在国家"六稳""六保"的要求下，华彬集团不裁员、不降薪，做好市场，保障企业 1.2 万多名员工的收入，带动产业链上下游合作企业和从业人员在疫情下保持稳定和收入水准不下降。同时，在疫情严峻时刻以及四川泸州地震期间，进行公益慈善捐赠，为防疫抗疫、抗震救灾贡献企业责任。

作为全国政协人口资源环境委员会委员，特别是我在海外的经历，让我深知绿色发展的重要性，在国家生态文明的战略下，更要把绿色发展落在实处。

20 世纪 90 年代末，华彬集团在北京四大风沙源之一的昌平南口地区进行

2019 年，严彬参加全国政协十三届二次会议，在侨联界别会议时发言

生态修复和风沙治理，在 6000 多亩的荒滩地、沙荒地上连续 25 年进行治理，累计投资超过 40 亿元，回填土方 2500 多万立方米，绿化改造 3350 多万平方米，种植各类苗木 3000 多万株，有效改变了地表裸露、水土流失的局面，将其打造成为京北的一张绿色名片，成为社会公益力量参与生态修复、风沙治理的典范。同时，华彬生态园项目为昌平周边村民直接解决就业岗位 5000 人次，为当地累计贡献税费近 10 亿元。在国家"十四五"发展的新阶段，华彬生态园将聚焦绿色发展、户外健康、青少年体医 / 体教融合三个重点，共同为北京的新发展作出新的贡献。

面对已经取得的成绩和未来的挑战，我想只有创新发展是解决的有效途径，肩负中华民族伟大复兴的历史重任，我们更要团结一心、凝心聚力，发挥好政协委员的职责，共同为新目标、新征程再奋斗！

看尽风轻云淡 吾心自有所属

谢文·根多

十三届全国政协委员，西藏自治区政协常委、侨联副主席，

归国藏胞

　　1952 年 6 月 15 日，我出生在昌都杂曲河上游一个叫杂瓦仓的村落。4 岁时，我被认定为西藏昌都强巴林寺的四大活佛之一，并举行坐床仪式。6 岁那年，原本担任昌都解委会副主任帕巴拉·格列朗杰活佛将被调往自治区工作，组织安排我来接任解委会的副主任。当时，西藏正准备进行民主改革，筹备成立自治区。时任昌都解委会主任的王其美安排包括我在内的 10 名昌都宗教上层人物及其子弟赴内地学习。但因我年龄尚小，家人实在不放心我一个人去内地，便想把我送到拉萨的三大寺去学习佛教知识。当到达林芝工布地界时，听说拉萨发生叛乱，道路堵塞，于是父母带着 7 岁的我直接从林芝出境，离开了中国。后来，我跟随父母相继在尼泊尔、印度生活了十余年，最后定居在瑞士苏黎世。

　　此去经年，孩童成长为了青年，那粒回家梦的种子也从稚嫩的幼芽长成了参天大树。1984 年的夏天，我得到了回国参访的机会，当我再次踏上这片我思念着的故土，再次有机会看到那些曾经只能出现在异国他乡的梦里的自然、人

2022 年，谢文·根多参加中国人民政治协商会议第
十一届西藏自治区委员会第五次会议在主席台上的留影

文景观真真切切地呈现在眼前时，我思绪万千，心潮澎湃。在这之后我的归国
梦、回乡情，越来越浓烈，国外的生活条件再优越，却终究不是自己的家园，
在我心里，西藏才是我最美的家园。

2011 年，我结束了半个世纪在异国的生活，和妻子回到拉萨定居。2012 年，
我当选为西藏自治区政协委员；同年，西藏自治区归国华侨联合会正式挂牌成
立，我担任副主席一职。2018 年，我当选为十三届全国政协委员。

回国定居西藏的这十年，我通过各种履职活动走近生活在这片土地上的人
民，了解他们的生活状况。通过到农牧民家中实地调查，从他们的衣食住行、
言谈举止，感受到他们对现在生活的满足和对美好未来的期待。

农牧民真实的生活状况让我感到高兴之余，我还发现古老土地上几乎每天都在发生新的变化。回国的这几年，我也时常去国外看看。瑞士还是那个瑞士，反倒是西藏，日新月异。比如一些地方通了高等级公路，让大家出行更加便捷。

更令人感动的是党和国家对西藏人民的关心和关爱。日喀则一个仅五六户人家居住的村庄，都通了公路，这极大地方便了当地群众的生产生活。还有义务教育"三包"政策，这在国外根本不可能享受到。

通过这些履职活动，我更真切地感受到家乡日新月异的变化，备受鼓舞，因此也想为祖国的繁荣富强、西藏的和平稳定贡献一份自己的力量。带着这样的履职初心，我积极参加全国政协、西藏政协有关会议、专题调研等，根据调研所发现的问题，采集形成提案，积极通过相关渠道，向国家、自治区

2019 年 5 月，谢文·根多（左二）在西藏自治区政协捐赠文物仪式上接受时任自治区副主席石谋军颁发的荣誉证书

建言献策。

2019 年 5 月，为了更好地保护我手中的文物和历史文献资料，传承发扬中华优秀传统文化，我向国家捐赠了一至六世世系根多活佛的传世之宝，有佛像、唐卡、历史文献和其他文物（其中有几十件国家一、二级文物），共有 380 余件。这些文物和文献目前分别由昌都强巴林寺、昌都市档案馆、西藏自治区博物馆收藏保管。我捐献的这些文物和文献种类多、保存相对完好，是了解和研究世系根多活佛及西藏、昌都的地方政治、经济、宗教、文化等方面的第一手资料，我为自己的捐赠行为感到骄傲，也希望相关部门妥善保管、利用好这批文物和文献资料，深入研究挖掘其历史价值，保护、传承并充分发挥其历史作用。

2021 年 9 月 26 日至 28 日，我作为全国政协委员、自治区政协常委，受西

2021 年 9 月，谢文·根多在参加西藏政协"沿拉林铁路看城乡发展变化"主题视察活动中与视察组成员互动交流

藏自治区政协邀请，有幸乘坐拉林铁路复兴号动车，赴山南和林芝两市考察，切身感受到了西藏交通事业的巨大变化。拉林铁路的开通，为当地经济社会的发展和人民群众的生活带来了诸多便利。在国外生活期间，我虽然也坐着火车去过很多地方，但从来没有见过如此规模的民心工程和如此先进的设施设备，亲身体验后感到十分惊讶，正如资料里说的一样，这里的铁路、隧道和桥梁，可以称得上世界一流。

考察的第一站，是山南市的绿化工程、人民医院、人民公园和博物馆。据了解，以前山南的沙化土地面积较大、利用率不高，但在当地政府的正确引导和群众的积极参与下，通过科学转型，现已建成种植葡萄和苹果的基地，既美化了生态环境，又拓宽了群众的增收渠道。人民医院建设是对口援建项目，该医院不仅规模大、设施完备、科室齐全，百姓就医程序也很简便，完全能与内地和国外的医院相媲美。考察新建的山南人民公园时，感受到这里环境优美、空间宽敞，有人工湖泊、绿色植被、小桥流水，各种鲜花盛开，仿佛置身于苏州园林。记得当时，我情不自禁地脱口而出"到苏州了"。山南市博物馆馆藏丰富，所有文物都依照国家和自治区相关规定，得到了科学的保护。

考察的第二站，是西藏的"小江南"——林芝。林芝是一个被雪山、森林和草原环绕的美丽城市，这里有原始森林，云雾缭绕，犹如人间"仙境"。同时，这座城市又散发着现代都市的气息，建有机场、火（汽）车站、高等级公路、酒店、商场、娱乐场所等一应俱全，已成为全国各地乃至世界各国游客的旅游打卡地。如在鲁朗旅游景点，可以体验到藏区特别是贡布地区别具一格的民俗，正如藏族谚语所言，"到了鲁朗就不会怀念自己的故乡"。贡布的群众经营了很多家庭旅馆，他们依靠党的富民政策，积极挖掘优秀文化，进一步丰富文化旅游体验内容，走上了富裕之路。

我们的国家在伟大、光荣、正确的中国共产党领导下，坚持以人民为中心的理念，心系群众，为群众创造一切美好生活，在西藏创造了短短几十年跨越上千年的人间奇迹。

　　回国这些年，我一直保持着与在国外生活的华侨和藏族同胞的联系，我用国家这些年的发展变化、自己的经历告诉他们，希望他们也回来看看，感受家乡变化，为建设家乡、创造美好生活贡献自己的力量。

谢文·根多委员履职故事

以社区建设搭京港桥梁　以民间交流促国际交往

王绯玲

北京市政协委员，中国侨联常委，怡海集团董事局主席

我已连任三届北京市政协港澳委员，十多年来我很幸运可以作为内地和港澳之间的桥梁，为国家、为首都、为香港作出我应有的贡献。

做社区治理典范，搭建京港居民交流平台

党的二十大报告中提到党和国家在"幼有所育、学有所教、劳有所得、病有所医、老有所养、住有所居、弱有所扶"所做的工作和成果，北京市委不断满足市民"便利性、宜居性、多样性、公正性、安全性"的生活需求，体现了"以人民为中心"的发展思想。30年来我坚持扎根基层，在怡海社区紧紧围绕"七有"要求和市民"五性"需求，将怡海打造成为社区样本，形成"五社联动"的社区治理机制。

2020年，我当选小区第一届业委会主任，同时也是第一任社区侨联主席。我们通过积极组织志愿者、以"五社联动"带动大家共同治理社区，并通过开展"大爱行天下""全民阅读进社区""怡海社区抗疫""支援香港抗疫"等活

动，传达中央精神，传递正能量。特别是在 2021 年和 2022 年两次抗疫过程中，在北京市和丰台区两级政府的领导下，我们精准落实疫情防控举措，既当"服务员"又当"宣传员"：组建了数百人的服务队和志愿者团队，在疫情期间每天免费为社区独居老人提供和配送一日三餐，通过"爱心接力"传递给老人，扎扎实实为社区居民服务，两次成功战胜疫情，并整理出社区疫情防控应急手册供全国社区参考借鉴。

王绯玲

我是北京市的政协委员，也是社区居民的服务员。守护居民安全，治理好社区是我的职责，更是我的使命。

为了给社区居民解决教育需求最后一公里问题，25 年前我将北京名校引入社区，并在多年的教育经历中，更加意识到教育公平的重要性。自 2012 年起，我开始倾注心力于教育扶贫，在全国多个省份资助设立"怡海树人班"，在全国政协牵头下，联合政协委员设立"政侨班"，并在北京宏志中学设立"怡海树人奖学金"，同时积极参与北京市委统战部发起的"首都新阶层·千人助学计划"……看到优秀的学子因此得到学习机会，我无比地高兴。

在社区治理中，我还积极融入公益的理念。2012 年，我发起成立北京怡海公益基金会，让公益慈善事业专业化、持续化。目前怡海社区已连续 14 年举办"大爱行天下"大型慈善公益活动，成为国内首个以公益基金会带动社区建设的典范。2022 年香港暴发疫情时，我联合北京市政协赵勇常委、于迅委员、鲁薇委员以及中国香港（地区）商会萧惠君会长等共同发起第十一期"石榴行动"，北京侨商会、中国香港（地区）商会等各组织、落实单位，克服各种困难和阻碍，对接海关和中联办办理药物运输及接收工作，内地和香港全程接力，运输、配制、包装，确保药物安全到港，第一时间送到防疫战线。

在丰台区委区政府的支持下，怡海社区多年来一直作为京、港社区居民交流平台，每年参与、举办京港社区基层交流活动，架起了京港两地友谊之桥，使彼此加深了了解，为两地基层社区今后的合作发展起到了积极的推动作用。我们不仅将慈善带进社区，还将慈善带向全国，用"首善"精神拉近北京、香港以及全国各地的民心距离。

建言献策，用实际行动助力香港青少年国情教育

2018 年以来，我多次就培养"爱国爱港"立场坚定的人才、加强港澳青少年的国情教育、提升港澳教师的爱国素养等在政协会议上提出建议，并提出相关提案，得到了北京市政协领导的认可与支持。近年来香港发生很多事情，国家相继出台了国安法等一系列政策和法规，让香港由乱转治。我在多次发声、身体力行支持国安法和新选举制度的同时，也深刻认识到香港青少年的教育问题是头等大事。

在香港工作期间，我接触了许多香港的大学生及青少年，我耐心地和香港年轻人沟通交流，跟他们讲内地的发展，还给他们看我参与拍摄的《内地港人·百人百事》系列纪录片《初心》篇，告诉他们我们这些在内地打拼的港人现状。很多青少年的思想有所转变，他们是"爱国者治港""爱港者治港"的

2021 年 7 月 1 日，王绯玲（前排左五）在北京天安门参加庆祝中国共产党成立 100 周年大会现场活动后，回怡海花园社区学习分享习近平总书记"七一"重要讲话精神

未来，这也让我意识到香港青少年的国情教育迫在眉睫。

为了加强香港青少年的国情教育，2021 年我捐资出品了《二十四节气》系列融视频，并在中联办和香港教育局的协调下，转发给上千家学校播放，香港教育局官网也同步播放。我还在香港注册成立港澳侨商协会，将之作为爱国爱港的侨商平台，吸收更多的爱港有志青年、华侨华人、侨领和企业，共同为祖国的建设和香港的发展作出贡献。

30 年前，我带着香港的资金和先进的技术、理念、团队回到祖国内地，投身改革开放和国家建设。如今我将成为"逆行者"，将国内优秀的社会治理经验、优秀的科技人才带回香港，参与香港的发展和建设，尽自己最大能力去协助香港社会治理，为香港发展贡献力量。

履行委员职责，积极践行"一带一路"倡议

自 2014 年以来，我 36 次走进中东欧国家，并以慈善和教育先行的理念开

创民营企业在海外投资的新思路，得到国际和主流社会广泛认同，特别是与塞尔维亚人民结下深厚友谊。2015 年我向塞尔维亚洪灾募捐，2016 年我向乌日策市 Pora 幼儿园捐赠 33 万欧元协助完成幼儿园的建设，帮助当地 200 余名儿童尽早入学，成为"一带一路"倡议下首个侨商捐建的幼儿园，并开设华文课程。值得一提的是，乌日策市政府将幼儿园命名为"怡海—王妈妈"幼儿园，我也被当地的孩子们亲切地称呼为"MAMA WONG"。

2020 年，我倡议并携手中国华侨公益基金会、北京市侨联、丰台区侨联、北京海外联谊会、北京侨商会、北京华商会等单位以及怡海社区广大居民为塞尔维亚人民及驻塞侨胞、海外学子捐赠抗疫物资，塞尔维亚驻华大使对我们为塞尔维亚及其人民抗击新冠肺炎疫情提供支援与帮助表示深切感谢，称"为两国人民之间的友谊作出了宝贵贡献"；2021 年河南水灾期间，我发起开展第十

王绯玲（左二）参加塞尔维亚乌日策城市日庆典活动，与乌日策市的小朋友们一起舞蹈

期"石榴行动"，塞尔维亚当地居民看到为河南水灾捐赠的活动后纷纷主动解囊，共收到 200 多位怡海项目中塞尔维亚居民的善款。

2022 年我再次来到塞尔维亚，拜会了中国驻塞尔维亚大使陈波和当地的工商会，并将继续在塞尔维亚加大推广华文教育，落实新能源和农业项目等投资。

鉴于怡海集团在积极促进中塞两国友好发展中的贡献与善举，2016 年，塞尔维亚乌日策市市长亲自为我颁发了"城市终身贡献奖"，这也是乌日策市历史上第一次对非本国人颁发该奖项。

近年来怡海集团获得"第六届全国文明单位""北京榜样""首都文明单位（社区）"等一系列荣誉，我个人也连续四年荣获"中华慈善奖""中国慈善排行榜全国十大慈善家"称号，并获得"援建北川中学特殊贡献奖""共和国 70 年华人教育家——荣耀人物"称号，以及 2021 年度北京市城乡社区共建先进个人等荣誉。

多年来，我发挥政协委员主体作用和港澳委员双重积极作用，促进香港与北京基层交流，努力促成双方学校结对子、社区结对子；利用企业的教育资源优势，为"一带一路"沿线国家带去多元而优质的教育。未来我将继续为讲好中国故事，加强文明交流互鉴作出积极贡献，主动担当作为，提升中国在国际舞台的话语权，讲好中国故事，促进香港、澳门更好融入国家发展大局，为实现中华民族伟大复兴更好发挥作用。

王绯玲委员履职故事

家国情怀让我一如既往

王民星

吉林省政协委员，澳门星华集团国际发展有限公司董事长

在中央政协工作会议暨庆祝中国人民政治协商会议成立 70 周年大会上，习近平总书记对全体政协委员寄予厚望，"广大政协委员要坚持为国履职、为民尽责的情怀，把事业放在心上，把责任扛在肩上，认真履行委员职责"。作为一名政协委员，这让我倍受鼓舞，更加感到责任重大。

自 2013 年我被增补为吉林省政协委员以来，我到吉林的机会增多了，与吉林的联系密切了，与白山松水结下了一份深厚的情谊。近 10 年来，为推动澳门与吉林两地交流合作，我积极做着自己的努力。我主动向澳门各界朋友推荐吉林、宣传吉林，建议有识之士抓住国家振兴东北的历史机遇，积极参与吉林全面振兴和全方位振兴，同时多次自费接待吉林省考察团，为吉澳两地旅游、商贸合作牵线搭桥。当然，我更关注的是吉林教育事业的发展，除了提交的 10 余份提案得到吉林省教育厅的高度重视外，更多的是我与吉林省白山市浑江区河口小学结下的一段不解之缘。

王民星（左三）参加座谈会时合影留念

改善办学　心系教育

2005 年，我随澳门闽台总商会考察团到吉林考察期间，向吉林省委统战部、台办和政协等部门的领导同志提出，请求他们帮我找一所学校，我想为贫困地区的孩子做点事情。2008 年，经过吉林省政协港澳台侨和外事委员会及白山市侨联的积极引荐，我被聘为河口小学的名誉校长，学校组织了一个欢迎仪式。当时我很感动也很激动，对学校的师生们说，"我就是一个从山沟里走出来的穷孩子，山沟里也能出人才，今天我来捐资助学就是要帮助更多的孩子学习成才。今年我来了，以后我还要来，我要真正尽到一位名誉校长的职责。"

2008 年，河口小学刚刚搬入新的教学楼后不久，楼内急需各种教育教学设备。得知这一情况后，我积极筹措，为小学捐资购置安装了"班班通多媒体"设备，增设了教师电子备课室，成立了"民星电教中心"；后续又购置了古筝、电子琴，增设音乐教室用于丰富学生们的艺术课堂。学校孩子们高兴地说："班班通多媒体让我们在现代化的学习环境中探索新知识。艺术课堂让我们这群山里的孩子课余时间在学校就能享受到专业的艺术指导，陶冶情操。感谢王伯伯！"每当听到孩子们这些快乐的话语时，我的心里就像吃了蜜糖一样幸福。

资助贫困　关爱学生

作为吉林省政协委员，我每次履职到吉林，都会想方设法回到河口小学看一看学校的师生们，再忙也要抽出时间到贫困孩子的家中走一走，带去一些现金、米、面、油、衣物及学习用品，问一问家里还有什么困难。即使自己不能亲自去，也要委托校领导逢年过节一定要到这些孩子的家中看一看，带去我的慰问金、慰问品和问候。

记得2020年初，我无意当中看到学校领导为一名因严重腿疾急需大额手术费治疗的贫困学生发起捐款的信息时，心中十分牵挂。于是我马上联系校领导询问这名学生的病情，并委托他们将捐款转交到这位学生家长手中。

收到捐款的家长通过视频，一直向我表达着感谢与感激，没有华丽的辞藻，只是一句句说着"谢谢！谢谢！谢谢！"说真的，当时我的心里五味杂陈。每当看到孩子们在那无法想象的贫困家庭环境中还能自强自立、努力学习，我都被深深地感动着，同时也更加坚定了我捐资助学的决心与信心。

表彰优秀　激励师生

河口小学地处城乡结合地区，大部分学生来自农村，贫困学生多、留守儿童多。但就是这样一所学校所呈现出的教风正、学风浓的氛围深深感染着我。那里的教师们爱岗敬业、踏实进取、默默奉献，学生们朴实无华、积极乐观、阳光向上，每年都会涌现出一批优秀的教师和学生。

为了表彰先进，我委托学校专门设置了"魅力老师奖"和"校园之星奖"等奖项，每年年底都有一笔专款用来捐助贫困学生和奖励优秀教师。每当看到获奖师生高举着红彤彤的获奖证书及奖金、奖品时，那种倍受鼓舞的乐观状态、继续努力前进的坚定眼神让我感到无比欣慰，能为学校的师生多做一些事情，也是一种幸福。

时至今日，大约有 3000 人次接受过表彰，每年的"民星爱满和悦校园"颁奖典礼已经成为河口小学的精品校园文化活动之一，而且在浑江区域范围内也产生了良好的社会影响力。

捐赠抗疫　心手相连

再难不能难教育。2020 年初新冠病毒席卷全球，我的公司响应国家号召转产制作口罩，但当时自动化机器故障频出，且产量低，企业生存压力非常大，工作异常繁忙。

得知这一情况后，河口小学的校领导主动与我联系："王校长，我们知道，您现在很难，我们特别着急，但不知道能为您做些什么。我们现在能做的，就是请您不要再牵挂我们，不要继续对我们进行捐赠，请您全力去解决困难。"

听到这，我很感动，但感动之余我的信念没有变。"我的困难是暂时的，我会想办法解决，只不过是时间的问题。但是，孩子们的成长是不能等的，如果我的微薄之力能让孩子们的学习和生活环境得到改善，能为教育事业贡献我的一份力量，企业的困难又算得了什么呢？而且积德行善也是我做企业的原动力，我是不会停止这项有意义的活动的！"2020 年至 2022 年疫情期间，我向河口小学捐赠了 7 万只口罩，助力学校抗疫，为师生的平安健康尽了一份绵薄之力。

王民星（左一）及家人与相关部门领导合影留念

爱心接力　让爱传递

作为两届吉林省政协委员，我将近退休，但弘扬传承家国情怀是我义不容辞的责任。

我家有个不成文的规定，两个儿子和两个女儿在结婚时都要从筹备婚礼的费用中预留一定金额，儿子捐赠 20 万港币，女儿捐赠 10 万港币。2019 年在我小儿子夫妇婚后第三天，我就带领他们到澳门中联办捐赠 20 万港币给河口小学。这样一个举动，谈不上轰轰烈烈，但我要让这份家国情怀潜移默化地传承给年青一代。

截至目前，我已连续 15 年为河口小学捐资助学，其间从未间断过，累计捐助 400 多万港元。在与河口小学领导交流的过程中，他们多次表示："王校长

王民星参加吉林省政协第十二届委员会第三次全体会议并作大会发言

您的无私大爱，必将成为一种巨大的精神力量，激励一批又一批莘莘学子刻苦学习，学有所成，传递爱心，回报社会；同时，相信在您的爱心感染下河口小学的师生终将会用自己的方式将正能量和爱心传递下去……"

2021 年 7 月 1 日，当聆听习近平总书记在庆祝中国共产党成立 100 周年大会上庄严宣告，"在中华大地上全面建成了小康社会，历史性地解决了绝对贫困问题"那一刻，我为"一国两制"的成功实践而自豪，为扶贫路上有澳门委员而幸福，更为自己是一名中国人而感到无上荣耀！

王民星委员履职故事

讲好中国故事　发挥"双重积极作用"

韩世灏

黑龙江省政协常委，香港黑龙江经济合作促进会会长，香港黑龙江社团总会主席，香港高宝集团国际控股有限公司创始人及荣誉主席

回归祖国 26 年，香港这颗"东方之珠"迎来了无数璀璨瞬间，也经历过几许风风雨雨，香江故事写下了非凡的篇章。这归功于香港特别行政区人民的勤劳努力，以及祖国的强有力支持，同时也少不了全国各省市政协港澳委员的智慧和心血。

我很荣幸自 2011 年起开始担任黑龙江省政协委员，参政议政，履行职责，尽我所能发挥"双重积极作用"，坚决贯彻"一国两制"方针，坚定支持香港特区政府依法施政，自觉投身经济社会发展，积极融入国家发展大局，成为黑龙江和香港两地发展的见证者和参与者，不断书写着新时代港澳委员履职的新故事。

初心：爱国爱港讲好中国故事

1985 年，我 13 岁时只身远赴英国，就读于阿宾汉姆学校。1993 年从英

2022 年 1 月 22 日—25 日，韩世灏通过线上参加黑龙江省政协十二届五次会议

国伦敦大学国王学院毕业，进入剑桥大学休斯学院深造，并获得了精神病学博士学位。秉承着可以帮助更多人的心愿，我毅然做出了从商的决定，创立了高宝集团。多年来，伴随着自身金融投资事业版图的逐步扩张，我的足迹踏遍全球。长期以来，香港一直是内地沟通海外的枢纽，既要帮助内地企业"走出去"，又要将资金、技术和人才"引进来"。一批又一批活跃于世界舞台上的港商，正是香港能够成为这样的"超级联系人"的关键所在，我有幸成了其中一员。

20 多年来，广交世界各地朋友并向他们讲好中国故事，拉近中国与世界的距离，是我从来未曾忘却的使命。党的二十大报告指出，"讲好中国故事、传

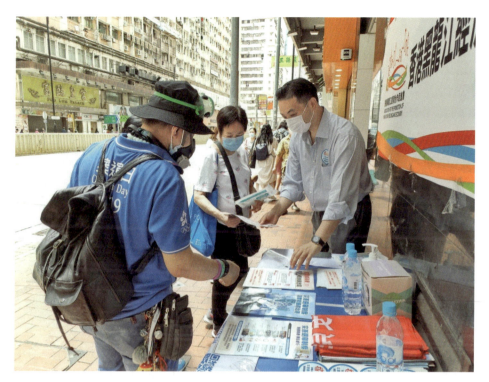

2021 年 4 月，韩世灏参加香港黑龙江经济合作促进会组织的支持全国人大决定、完善选举制度街站活动

播好中国声音，展现可信、可爱、可敬的中国形象，推动中华文化更好走向世界"。我认为这为港区政协委员传播中华文化，增进与世界的交流指明了方向。讲好中国故事、增进世界对中国的了解和信任，也是我们义不容辞的责任和义务，我们应该开阔思路、拓展渠道，把中国故事讲好、讲透、讲精彩。

纽带：做好连接黑龙江和香港的联系人

作为黑龙江省政协常委，我对帮助黑龙江省融入国家发展大局格外挂心。一方面，我利用参加黑龙江省政协全体会议、常委会议及其他协商会议的机

2022 年 10 月 29 日，韩世灏参加新民党与港清新力量合办的"中共二十大会议"青年分享会

会，发表加强黑龙江与香港合作的意见建议；另一方面，我积极参加香港黑龙江经济合作促进会组织开展的龙港交流活动。

我认为，黑龙江在"一带一路"上的发展大有可为。"一带一路"上部分国家的主要语言为俄语，像亚美尼亚、爱沙尼亚、拉脱维亚、哈萨克斯坦和阿塞拜疆等亦都与俄罗斯文化相近，虽然这些国家当前的经济发展都有各自不同的挑战，但是其中部分拥有丰富的石油、天然气等资源优势。

我认为无论是国营企业还是民营企业，与国外企业合作的主要挑战之一是文化上的冲突以及语言障碍，黑龙江因为地理因素，具备丰富的斯拉夫语系专业人才储备。而香港在地理、国外联系、司法机制、金融市场完善程度和保护知识产权等方面具有优势，与黑龙江省一起面对世界市场，就可以产生一加一大于二的协同效应，达成优势互补、互惠共赢，助力内地企业走出国门落地生根。与此同时，也可将相关国外企业引入内地广阔市场。

愿景：助力香港青年未来发展

在我走遍多国之后，我发现，尽管身处东西方文化交汇的中心，许多香港青年往往"足不出户"，过于本地化。香港的生活舒适便利，教育、医疗、营商、购物，无不如此。可我认为，当适应了这种发达和舒适的环境后，往往也就失去了拼搏的动力与闯劲。现在在全球各地，不管当地环境多么恶劣，都能看到中国人勤劳的身影。过去是港商环球寻觅商机，现在，我常常为内地人的闯劲而感动。

不只在国外，国内不同地方也有着不同的发展机会。吉林省本身有朝鲜族聚居，很方便与韩国做生意；青海省很大，有着丰富且独特的旅游资源；四川、湖南，还有沿海的广州、上海，处处不同，但是处处都有活力，年轻人奋勇拼搏，成为北漂、沪漂、广漂，个个向前。很多香港青年偏安香港一隅，内地的广家无缘，认识，祖国发展，日千里，机会遍地。故长期以来，我一直在推动香港青年到内地去、到湾区去，寻求更多发展机会。

青少年是香港未来全面准确落实"一国两制"、维护繁荣稳定的中流砥柱，是国家未来的栋梁。我一直致力于通过多年来我身为黑龙江省政协委员，以及目前的香港黑龙江经济合作促进会会长和香港黑龙江社团总会主席的身份，开展和参与青年论坛，与香港青年交流，关注香港青年爱国主义教育工作，促进香港与内地青少年交流，勉励他们扩展视野及关注创科，向他们介绍内地的最新发展情况。我很遗憾香港一直缺少创科方面的人才，懂得写程序的高技术人才不多，很多都是内地来港的人士。我希望香港的大学能增加相关科目的开设，与此同时也希望香港青少年更多考虑申请内地高校。比如哈尔滨工业大学的控制科学与工程、计算机科学与技术，以及飞行器设计与工程等多个理工科专业都是全国一流专业。同时我也在多个场合呼吁香港青年前往大湾区创业，那里创业氛围自由，创新风气浓厚，助推香港青年融入国家发展大局。

"历史照亮未来，奋斗未有穷期。"在实现中华民族伟大复兴的新征程上，对香港而言，背靠祖国、面向世界，与内地携手，发挥"一国两制"巨大制度优势，以内部合力共同应对外部压力的战略布局，是历史证明行之有效的发展路径。

历史的画卷，总是在砥砺前行中铺展；时代的华章，总是在新的奋斗里书写。作为黑龙江省政协委员，又身兼数职，我每天都在尽力平衡好政府、社会、商业和学术等各方面工作，有时几项工作发生冲突，我尽力协调时间使用不同的设备机动办公，积极参加省政协组织的各项活动，认真履行好政协委员的职责，参政议政，为黑龙江省的经济社会发展积极建言献策，尽我所能发挥自身优势，为维护香港地区长期繁荣稳定、推进"一国两制"实践行稳致远作出更大贡献。

韩世灏委员履职故事

传承爱国爱港精神　发挥"双重积极作用"

马忠礼

江苏省政协常委，香港大庆石油有限公司总经理

我 1954 年 5 月出生于香港，1978 年毕业于伦敦大学生物化学专业，获学士学位。1978 年，24 岁的我从英国回来，跟着母亲张永珍博士在大庆石油公司学做石油买卖、运输。母亲以身作则，无时无刻不在关心国家大小事务，给我树立了爱国爱港的模范榜样。在母亲的耳濡目染下，我参加了许多爱国爱港团体，先后担任香港中华总商会副会长、中华海外联谊会理事、江苏省海外联谊会副会长、港区省级政协委员联谊会副会长、江苏旅港同乡联合会会长。38 岁时担任江苏省政协委员，开始参政议政，历任江苏省政协七、八届委员，九、十、十一、十二届常委。2004 年至 2012 年，我出任南京熊猫电子股份有限公司独立董事。现任江苏宁沪高速公路股份有限公司非执行董事，香港大庆石油有限公司总经理。

积极参与社会事务

多年来，我充分利用江苏旅港同乡联合会、香港中华总商会及义工团等平

台，注重加强爱国爱港社团建设，扩大社会团结面，认真做好各项社会事务。

2015年6月7日，江苏联会义工团成立。作为总负责人，我带领的义工团下属各义工队积极参与社会事务，多次被香港义工联盟评为优秀义工队，很多义工获得各类奖项。11月5日，江苏联会成立妇女委员会，多次组织人员探访老人院，给予其关怀。2018年5月26日，江苏联会成立青年委员会，年轻人任劳任怨、积极奉献，为联会的可持续发展奠定了基础。我和联会成员还认真抓好各项活动组织动员工作，呼吁委员和义工积极履行公民义务、行使公民权利，参与投票活动；注重加强青年人才培养，把培养基层青年骨干团队作为社团建设的核心任务来抓，不断为社团建设储备人才库；加强义工培训、提升义工服务能力和服务质量，让社团成为特区政府联系群众、服务群众，促进良政善治的重要桥梁纽带。

我多次带领同乡会成员返乡考察，先后到南京、镇江、扬州、苏州、宿迁、徐州、盐城、南通等地，让他们亲身感受国家改革开放和家乡经济社会发展取得的巨大成就，不断增强他们对国家的认同感、归属感、使命感，多为家乡的发展出一份力。我还多次带领香港大学生回内地参观学习，通过亲身体验，让香港年青一代了解国情、增进文化认同、增强国家意识和爱国情怀，推动爱国爱港精神薪火相传。

充分发挥爱国力量

我注重发挥爱国引领作用，坚定支持党中央的重大举措，为香港社会实现由乱及治，维护香港长期繁荣稳定贡献自己的绵薄之力。

从2014年9月"占中"开始，我带领江苏旅港同乡联合会多次组织人员上街"反占中"。在2019年的"止暴制乱"中，我更是积极带领大家冲锋在第一线，坚决同"黑暴"势力作斗争，组织江苏联会及江苏省政协港区委员多次登报发表声明谴责暴力。我还带领乡亲多次撑警，赠送物资，慰问警察，支

马忠礼支持爱国者治港立法会选举

持警队严正执法。在香港国安法颁布后，我第一时间通过报纸、联会等发表声明，表示坚决拥护支持。2021年我连续3次组织委员"撑选举制度完善"街站活动，收集香港市民对全国人大决定的支持签名，派发宣传单及小册子，帮助广大市民更加深入了解完善香港选举制度的必要性和合理性。

我还多次召集港区政协委员，为"一国两制"的有效实施、为特区政府依法施政大胆发声，广泛凝聚港澳地区政协委员的共识、智慧和力量。正因为在香港社会大是大非面前始终同中央政府保持高度一致，江苏旅港同乡联合会多次得到中央驻香港联络办的表扬。

认真履行委员职责

作为一名政协委员，必须要加强学习，努力提升履职能力和水平。我平时注重学习习近平新时代中国特色社会主义思想、习近平总书记关于加强和改进人民政协工作的重要思想以及中央对港澳的大政方针等，提高政治把握本领、协商议政本领、调查研究本领、合作共事本领。积极参加省政协组织的委员培训班，学习撰写提案、开展调研、反映社情民意等方面的方式方法，不断提高履职能力。充分利用网络议政、读书群等平台，把自主学习、自我教育、自我提高和互动交流、互学相长、共同提高结合起来，与时俱进提高履职水平。

作为一名政协常委，我深知这不仅是一项光荣的政治荣誉，更是一份沉甸甸的政治责任。在担任省政协常委数十年间，我积极参加省政协召开的全体会

2020 年 1 月，马忠礼参加小组讨论积极发言

2021 年 10 月 14 日，马忠礼（中）在香港召集港区省政协委员参加省政协组织的"新时代发挥港澳地区省政协委员'双重积极作用'"专题宣讲会

议和常委会会议，即使在新冠肺炎疫情暴发后，我参政议政的热情也从未减退。我在香港通过电视收看全体会议开幕式直播，通过云视讯 APP 参加常委会会议，从不缺席，通过掌上履职 APP 积极建言献策、参政议政，"云"履职同样尽心尽力。我主动参与省政协组织的调研视察等活动，通过考察，我对内地特别是对江苏有了更加全面深入的了解。回到香港后，我履行委员职责，当好桥梁纽带，加强对江苏的宣传推介，促进苏港两地交流与合作，努力为香港繁荣稳定和江苏的经济社会发展贡献力量。

作为一名界别召集人，我努力当好"领头雁"。先后组织举办"百年沧桑和共产党人的使命"主题学习活动，组织召集港区省政协委员参加"一带一路"苏港金融合作座谈会、江苏省港区政协委员学习会以及省政协组织的"新时代发挥港澳地区省政协委员'双重积极作用'"专题宣讲，带领大家认真学习有关文件精神，交流学习体会，发挥"双重积极作用"，当好人民政协制度的参与者、实践者和推动者。新冠肺炎疫情发生后，我看到省政协发出的倡议书，立即动员港区省政协委员和江苏旅港乡亲捐款捐物，向江苏省慈善总会捐赠人民币 200 万元，支持内地抗击疫情。

在我的带领下，江苏联会及港区省政协委员敢为人先，在全港社会事务中，为江苏争得了荣誉，江苏在香港的影响力也大大提升。其实这些都是依靠家乡领导的支持，依靠所有乡亲的努力，希望今后能更好发挥桥梁纽带作用，联系乡亲共叙乡情，为共同谱写新篇章画出最大同心圆、凝聚强大正能量。

马忠礼委员履职故事

怀揣家国情　铁肩担使命

朱浴龙

安徽省政协常委

我祖籍在福建泉州，祖父辈是菲律宾华侨。1977 年，13 岁的我随同家人迁居香港。半工半读的艰辛岁月后，我的意志得到磨炼，也培养了爱学习、善总结、不畏难、敢担当的创业精神。

从香港到广东惠州创业发展 30 多年来，我始终牢记爱国老华侨等前辈的殷殷嘱托，始终坚守爱国爱港初心，承担新时代企业家的责任。1999 年至今，我先后成为惠州市第八届至第十一届政协委员，安徽省第十一届政协委员、第十二届政协常委、港区召集人，香港特别行政区太平绅士、选举委员会委员。同时，还担任香港东区各界协会会长、惠州市侨商投资企业协会会长等近 20 个社团组织的重要职务。

履职期间，是我最好的学习与磨炼的时间，我放大了人生格局，提升了政治站位，明晰了国家形势，拥有了为人民服务的追求和情怀。坚守懂政协、会协商、善议政、守纪律、讲规矩、重品行的原则，双向发力，忠实履职，共谋发展大计。

2021 年 9 月 19 日，朱浴龙积极组织东区团队参加选委会的选举。此次选委会选举是香港局势实现由乱及治重大转折后迎来的首场重要选举

身担重任　责无旁贷

我亲身见证了香港回归后的不平凡历程，参与了历届选举工作。印象最深的是 2018 年，香港东区的佳晓区议员补选，当时形势严峻复杂，竞争激烈，预判获胜率较低。当时，我被推举担任竞选团长，更要在这种情势下造出气势、竞出信心。团队经过反复推演，制定了新思维、新模式的选举策略。因候选人是位年轻女性，所以我们为她举办一场大型的"婚礼"，让她"嫁入"并终身服务佳晓区，我扮"证婚人"。婚礼上新娘真诚承诺无论大小事务，都将竭尽全力、矢志不渝服务市民，同心携手构建理想安乐窝，这场"嫁给社区"的明志婚礼令选民深受感动。这一特别的竞选方式得到各界爱国人士和团体到场支持，最终以大比数胜出，获得空前的成功，更得到了全国政协分管领导的充分肯定。

2021 年，无论是选委会选举还是立法会的选举，都是香港社会由乱到治重大转折后迎来的重要选举，既彰显新选举制度的进步与优越，确保特区政权牢牢掌握在爱国爱港人士手中，更是香港走向良政善治的根本体现。我组织安徽省港区政协委员、香港东区各界人士、香港安徽联谊总会等社团积极参与支持，发挥自身影响力，向市民宣传此次选举的意义和重要性，呼吁市民履行选民职责，踊跃投票。同时，还充分发挥委员的"双重积极作用"，调动一切资源，点对点服务居住在内地的香港市民，帮助他们及时回港投票，成效显著，为香港的繁荣稳定尽了一份绵薄之力。

带领社团　勇敢发声

2019 年中，香港发生"修例风波"，反中乱港势力严重破坏香港社会稳定，

2019 年 6 月 24 日，朱浴龙组织东区各界社团领袖，率先到北角警署慰问，这是香港社团第一个勇敢站出来支持警察的举动，震慑与遏制"黑暴"势力，用实际行动表达爱国爱港，维护宪法和基本法的权威

影响经济发展，危害市民人身安全。对此，我心急如焚，为了落实中央提出的止暴制乱要求，我及时联合港区委员和各社团参与大型"守护香港"集会活动，与"黑暴"势力正面对峙。同时，还积极组织和带领爱国爱港社团骨干开展"支持政府，支持警察，守护香港"的社会大行动。在香港主流媒体刊登大版声明广告谴责"黑暴"乱港行径、支持警方严正执法，为香港社会增添正能量。6月24日，我组织东区各界社团领袖，率先到北角警署慰问，这是香港社团第一个勇敢站出来支持警察的举动，震慑与遏制"黑暴"势力，用实际行动表达爱国爱港，维护宪法和基本法的权威。

2020年6月30日晚，港区国安法颁布，给反中乱港分子当头棒喝，是维护香港繁荣安定的定海神针。我由衷地感到高兴，并周密组织社团成员，在社区开设300多个街站宣传国安法，在报纸网媒发声支持国安法，为维护香港的大局稳定贡献一份力量。

当香港发生新冠肺炎疫情后，在安徽省委统战部和海联会的指导支持下，香港安徽联谊总会立即行动，整合力量，高效运作，成立了同心抗疫指挥部，帮助解决乡友会员所面临的困难，使社团的凝聚力、向心力进一步提升。同时，我还团结和带领安徽乡会的义工骨干，连同港岛东区各界协会义工，积极支持配合香港特区政府的防疫抗疫工作，走上街头派发防疫抗疫物资，深入屋邨援助居家隔离人士及长者弱势群体。

关注青年 促进交流

我时刻关注香港青年的发展，并从自己年轻时到内地创业的经验出发，思索何不把香港的年轻人引到内地来发展，既可以解决一些香港青年就业难的问题，又可以进一步促进两地人员交流融合。我把此想法与惠州市和香港中联办的相关负责人沟通交流并获得认可支持。随后，我与香港各区工商联牵头，在我开发建设的仲恺高新区汇港城成立港澳青创基地。后来，该创业基地被纳入

《粤港澳大湾区发展规划纲要》。基地的创设，得到了省、市领导的充分肯定，而能为香港的青年人做点实事是我应尽的使命。

为了促进皖港澳深入交流合作，我一边带领港澳委员考察合肥市引江济淮工程、六安经济技术开发区等，为引进外资做铺垫；一边沟通对接粤港澳大湾区建设，推动两地互利合作，共享大湾区建设成果。同时，我根据形势发展要求，坚持每年撰写提案，其中《发挥皖港两地优势，助港青年就业，维护香港繁荣稳定》的提案，被评为"省政协2020年度好提案"，并获颁荣誉证书。

此外，我根据调研，了解到安徽全省共有盲人70多万，其中因白内障致盲占64%，尤其是偏远山区的留守老人是白内障患者的一大群体。针对此况，我召集港区政协委员，商议为他们排忧解难。委员们踊跃捐款，共募集资金302万元，购买扶贫"新复明22号"流动手术车，并落户安徽省二院，为贫困白内障患者送去光明、带来希望。多年来，除了参政议政，热心社会事务

2020年1月，朱浴龙在安徽省十二届政协会议上发言

外，我也从不间断地做慈善，支持教育事业，资助帮扶贫困大学生等扶贫济困活动。

2019年7月1日，正值香港回归祖国22周年之际，我被香港特区政府委任为太平绅士。同年10月1日，我作为安徽省政协常委代表，应邀前往北京参加中华人民共和国成立70周年盛大庆典，亲身领略并见证了新中国最辉煌、最振奋人心的历史时刻，现场的每一个瞬间，都令中华儿女热血沸腾。亲临其境的震撼，让我终生难忘。

在担任香港社团主要职位和省、市政协委员的20多年间，我深切感受到，政协委员不仅是一种荣誉，更多的是一种责任、一种使命。为了做一个称职的委员，我未来会继续坚持学习，提升自己，引领身边人朝着共同的目标踔厉奋发，共创美好未来。

朱浴龙委员履职故事

政协事业放心头　委员责任扛肩上：
我与祖国同心同德同向同行

卢锦钦

福建省政协委员，全港各区工商联会长，长兴集团有限公司
董事长

翻开中国共产党团结带领人民艰苦奋斗的辉煌历史，可以清晰看到，人民政协作为中国共产党领导各党派团体、各族各界人士共同奋斗的制度结晶，从中国共产党的光辉历程中汲取砥砺前行的力量、坚定风雨同舟的意志，致力于把包括港澳同胞在内的各界群众的智慧力量激发和凝聚于党和国家的伟大事业中，发挥了不可替代的重要作用。

作为一名港区政协委员，我感到这既是无上荣誉，又是沉甸甸的责任。近五年来，我履职尽责、全年无休，积极投身到参政议政工作之中，并时时以"时代是出卷人，我们是答卷人，人民是阅卷人"警醒和鞭策自我，用担当诠释初心、用奋斗承载使命、用实干和奋斗交出一份无愧于心的履职答卷。

担当：在大是大非面前彰显委员标杆作用

2022 年 7 月 1 日的香港特别行政区，五星红旗和紫荆花区旗迎风招展，喜庆的氛围洋溢在街头巷尾。李家超就任香港特别行政区第六任行政长官，这标志着以"爱国者治港"为原则的新选举制度在香港全面落实。更重要的是，这是"一国两制"伟大制度的又一成功实践，为香港社会的良政善治新时代打下坚实基础。

作为政协委员中为数不多的香港特别行政区选举委员会委员，我倍感自豪。因为我用手中的选票，亲身参与这段历史，亲手捍卫了香港社会的良善之治。不仅如此，在整个履职期间，我始终心系祖国情牵香港，积极发挥港区政协委员的"双重积极作用"，在大是大非面前站得出、冲在前，彰显标杆作用。

两年多前，"港独"猖獗、"黑暴"肆虐、"揽炒"横行，香港陷入回归以来最严峻局面。关键时刻，中共中央政治局常委、全国政协主席汪洋在讲话中指出，要支持港区全国政协委员积极发声，凝聚止暴制乱、恢复秩序的正能量。

2019 年，卢锦钦（左七）组织成员撑警守护香港

号召就是命令。我与广大爱国爱港的各界人士一道，义无反顾地站出来，坚定不移同反中乱港分子作斗争。通过积极组织参与街站活动，我不顾个人安危，直面"港独""黑暴"，坚决亮相发声，面向社会开展宣传，坚决同暴力分子和违法行为说"不"。

随后，在中央重拳出击、香港国安法颁布之际，我再次主动发挥主体作用，倡议我担任会长的全港各区工商联 8000 家会员企业，团结带领家人朋友积极面向香港市民开展宣传，为营造香港良好法治环境贡献力量。

越是危急时刻，政协委员的责任担当就愈加彰显，爱国爱港的初心，也在风雨砥砺中历久弥坚。

"充分发挥双重积极作用，与闽籍爱国社团和知名人士一道，无畏无惧、挺身而出，站在斗争最前线，挺特首、挺政府、挺警队，发出维护法治、反对暴力的最强音，立起了标杆、赢得了赞誉"；"讲政治、顾大局，在事关国家核心利益问题上，立场坚定、积极发声，力挺'一国两制'、力挺依法治港，再一次彰显了中流砥柱的标杆作用，再一次赢得了社会各界的广泛赞誉！"我们在港的果敢行动，福建省政协主席崔玉英连续两年在福建省两会上给予了高度的肯定。

使命：在中国和世界之间架起商贸桥梁

在政协组织的引领和感召之下，香港的闽籍乡亲和政协委员历来心系故土、情牵桑梓，致力于家乡建设的伟大事业，努力推动闽港经贸文化交流合作，积极为家乡发展牵线搭桥、献计出力。

作为一名从福建走出去的港区政协委员，我始终认为，爱国爱乡不仅要说出来，更要做出来。为拓展闽港两地资本投资活动，为香港工商界赴闽投资提供更有效的平台，推动闽港两地经贸合作取得实质性进展，2018 年底，我亲自发起"香港工商联企业家经贸考察团"并担任团长，组织 30 余位来自房地产开发、能源设施、建筑工程、零售食品、物流运输等社会各界的知名企业家，

2018 年，卢锦钦（右三）发起工商联福建经贸访问团考察福州自贸试验区

赴闽参访考察。

此次赴闽，我们参观考察了南平闽港合作区、武夷山科技创业园、福建自贸区福州片区跨境电商平台的最新发展情况。其间，全港各区工商联还与福州市政府及南平市工商联签署了《战略合作意向书》，双方达成共识，彼此加强相互合作及拓展双方会务活动、传递两地经贸资讯，并协助各自成员单位开展各项商务活动，为两地企业提供资讯互联、资源共用、共同进步、共同发展的良好商贸机会，借此推动闽港经济发展。

在我看来，福建是 21 世纪海丝核心区，香港是海丝重要节点城市，双方各有优势却各有不同，在经济社会民生等领域，双方完全可以持续深化合作，不断提升合作水平，实现闽港互利共赢、共同发展。因此，这些年来，我始终不忘初心，积极奔走闽港两地，致力于通过全港各区工商联的平台，继续发挥桥梁纽带作用，凝聚更多工商界力量，推动港资北上、赴闽兴业。

与此同时，我也致力于带领香港全港各区工商联的广大会员企业，积极融入国家发展大局，坚定做好"一带一路"及粤港澳大湾区建设的排头兵，先后成立了"深港青年创新孵化基地""惠港青年创新孵化基地""全港生活圈大湾区共享经济平台""深圳福田保税区深港商贸科技基地平台"，签署落实"一带一路山东省济南市全港各区工商联总部大楼"及"大湾区惠州全港工商总部大厦"。

展望未来，在经济全球化遭遇逆流、经贸摩擦加剧的新时期，我还将带领全港各区工商联的会员企业，借助香港作为中西方贸易桥头堡的优势地位，在中国和世界之间架起商务与贸易的桥梁，帮助国内企业立足中国、放眼世界，提高把握国际市场动向和需求特点的能力，提高把握国际规则和开拓国际市场的能力，带动国内企业在更高水平的对外开放中实现更好发展。

责任：积极书写议政建言　履职永远在路上

全国政协主席汪洋说过，"做担当者而非旁观者、做践行者而非清谈者"。在汪洋主席的感召之下，我一直致力于做一名担当者和践行者。

近五年来，我始终心怀责任担当，把政协工作当成"主业"，一直走在履职的道路上，积极议政建言。通过开展一线调研，提交提案建议、社情民意信息、调研文章10余份。

2020年，针对香港"黑暴"事件中反映出的年轻人国家认同问题，我经过深入调研，撰写提交《关于加强闽港青年交流，实现香港年青一代"人心回归"的建议》，指出福建是香港同胞的重要祖籍地，与香港往来紧密，建议国家利用福建与香港的亲缘纽带优势，加强与香港青年及青少年的交流，增强香港青年及青少年对国家的认同感和对自身前途的自信心，做好香港年青一代"人心回归"工作。2021年，我在福建省政协十二届四次全会上作了《推进"十四五"闽港交流合作走深走实》的主题发言。提出香港正从内地连接世界的超级联系人，转变为国家建设的积极参与者，新时代福建战略地位凸显，海丝核心区、自贸区等多区叠加的优势全国少有。站在国家发展大局审视，闽港

2020 年，启动大湾区合作区及香港青年创新创业基地助力香港走进大湾区（卢锦钦后排左八）

合作具有现实基础和良好前景。建议以福建自贸区为载体，开放港产港货入闽便捷端口，打造香港制造参与国内大循环的绿色通道；积极建设闽港青年城，吸纳香港优势人才入闽发展，打造香港青年参与国家经济建设的福建样本。

2022 年，针对海丝核心区与粤港澳大湾区的融合发展问题，我提交了《关于吸纳和发挥港澳新生代力量 助推海丝核心区与粤港澳大湾区良性互动的建议》，推动福建主动融入、积极对接粤港澳大湾区的发展机遇，开创区域协同发展新局面。

卢锦钦委员履职故事

责任扛在肩　祖国放心间

戴国良

山东省政协委员，香港山东社团总会副会长兼教育委员会主任，泰山学子基金执委

自成为港区山东省政协委员以来，这五年间我认真履职尽责，积极参加山东省政协全会、山东在港社团联席会议，积极参与内地学习、考察等，力求与时俱进，了解国情，并与各省级政协委员及爱国爱港人士交流。同时，我积极发挥港澳委员"双重积极作用"，在港参加各项会议、考察、讲座及培训，亦于香港立法会、区议会选举期间和香港各类专业社团换届选举期间，全力呼吁团结社会各界支持爱国爱港人士，并亲临街站现场为候选人站台助选。

为信念发声

2019年香港发生"黑暴"事件，严重破坏香港治安。作为政协委员，我选择迎难而上，挺身支持撑警活动，为自己的信念发声。我与一众爱国爱港人士，积极发起或参与各种活动，譬如与香港特别行政区政府官员沟通，商讨事件对于金融业的影响，并积极发言及提供意见、支持特区政府止暴制乱、参与

2018 年 9 月 27 日，戴国良参加山东省海外联谊会五届一次理事会

守护香港大联盟举办的"守护香港"大型集会、"反暴力、救香港"集会、参与中联办等各方组织的意见征询会议等。

2020 年，全国人大三次会议表决通过了《全国人民代表大会关于建立健全香港特别行政区维护国家安全的法律制度和执行机制的决定》，我积极参与山东政协委员在全港各区开设的宣传街站服务，并联署支持国安立法。同年，香港国安法颁布，2021 年又完善了香港选举制度，让香港社会重回正轨。

连续两年，我从社会民生、经济发展等角度出发，为香港特区施政报告提出个人意见。

随着香港疫情暴发，作为政协委员，我又积极投入抗疫工作中。我带头报名加入山东总会的抗疫义工队，为方舱医院的前线人员及医护工程人员加油打气，亦发起行动向方舱医院基地建设者捐赠爱心礼包；中小学开学复课后，我们牵线香港山东社团总会和狮子会何德心小学、保良局林文灿学校等

2022 年 5 月 22 日，戴国良为狮子会何德心小学派发抗疫物资

多家基层学校，为师生送去抗疫物资，同步派发口罩给弱势群众，帮助香港渡过疫情难关。

为教育添彩

2021 年，香港山东社团总会正式成立。我积极参与和支持相关筹备，并获朱新胜会长推荐，荣幸出任总会教育委员会主任，协助总会开展活动。

为响应落实习近平主席"七一"重要讲话精神，关爱青年发展，在中联办、山东省各级领导和山东总会的大力支持下，我代表山东总会教育事务委员会，联手总会专业委员会、青年委员会和德勤中国，发起并与全港 26 家省级同乡社团联合主办"青年就业发展新机遇——会计、法律、咨询服务、建筑专业就业座谈会"，为寻求未来发展的香港年轻人指点迷津。

2022 年 7 月 14 日，会计、法律、咨询服务、建筑专业就业座谈会各省市社团负责人员合影

身兼泰山学子基金执委，我一面积极寻求赞助，向企业募集资金，一面走访学校，开展关爱社会活动。我会定期与泰山学子基金董事会商讨发展规划，包括制定发展路向，为山东子弟赴港学习或港人子弟在山东学习等教育培训提供奖励及资助等。目前基金会已有约千万元资金到位，预期在两到三年内在香港积极弘扬齐鲁文化，并协助对在港求学的山东省青年及在山东省求学的港人子弟进行帮扶对接。

为融合出力

多年来，我一方面为香港发展尽绵薄之力，一方面努力加深山东与香港的联结，希望两地共同发展。我多次就香港民生事项，向特区政府提出建议；也围绕着山东民营企业融资困难的问题，提出建言。在促进山东与香港的交流方面，我也积极协助各市属会，在香港筹办学生书法大赛；以山东社团名义，出资赞助文艺活动，推动山东省港澳青少年爱国主义教育基地的建设。

作为金融服务界的从业人员，我也积极通过香港金融界不同的证券商会参与从业人员的培训活动，也联络不同证券商会替新一届特区政府在金融方向出谋献策，提出改革金融制度和与时俱进的意见。与此同时，我积极回馈社会，包括受邀出席到香港证监会无偿授课。在服务佳源国际有限公司期间，为鼓励及支持佳源国际赴鲁发展，我们在山东省青岛市崂山区及威海市投资了数十亿元项目，直接为两地发展作出贡献。

新时代，新征程。身为政协委员，我怀揣着对国家的认同感、对民族的使命感，同时也要努力把这份情怀传递给下一代青年，让他们认识中国、认识山东，认同中国、认同山东；也必须让青年明白，家国相连，息息相关，只有祖国兴旺、国富民强、民族复兴，国家才有希望，青年才有未来。

戴国良委员履职故事

立足香港　服务内地　联系全球

刘　洋

河南省政协委员，海问律师事务所香港办公室合伙人，国际
航运公会中国办事处首席代表

在 2022 年 7 月 1 日庆祝香港回归祖国 25 周年大会暨香港特别行政区第六
届政府就职典礼上，国家主席习近平两次提到，回归以来香港包括普通法在内
的原有法律得到保持和发展，并将普通法制度作为保持香港独特地位和优势加
以确定。这是最高领导人第一次公开提到香港实行的普通法制度，包括我在内
的广大香港法律从业者都感到非常振奋，对法律服务的前景更加坚定了信心。
多年来，作为一名从事法律工作的政协委员，我在工作生活中时时注意充分发
挥港澳委员的"双重积极作用"，一方面用法律的武器坚定维护香港的长期繁
荣稳定，一方面推动香港法律服务业融入国家发展大局，为内地和河南的经济
社会发展服务。

践行习近平法治思想，坚定守护香港法治基石

习近平法治思想提到"坚持统筹推进国内法治和涉外法治"，充分把握国

刘洋参加并主持 2022 年香港法律周活动，推广香港法律和争议解决服务

内国际两个大局，既立足国情，又放眼世界。这就要求新时代的香港律师，要具有国家观念、香港情怀、世界眼光，通晓国际规则，才能更好助力国家提升国际话语权。我一直以此鞭策自己，力所能及地起到助力作用。例如，作为律政司国际法律及解决争议服务专家委员会成员，我积极配合特区政府在过去多年的对外解说工作，向境外企业、组织和媒体宣介香港以及中国内地的法治发展，推广香港在促成交易和解决争议两方面的优势与特点，并参加了联合国贸法会有关投资调解的相关工作。另外，作为波罗的海国际航运公会成立的海事调解条款草拟委员会成员，我将香港在调解方面的领先经验成功引入了条款草拟的过程，增强了香港调解在国际上的影响力和话语权。

法治一直是香港繁荣稳定的基石。然而，自 2019 年 6 月开始在香港持续发生的激进暴力犯罪行为，严重践踏和侵蚀了这一基石。当时，法律界部分人士对这些暴力行为视而不见，采取沉默、姑息，甚至是纵容"变相鼓励"的态度。我觉得作为港区委员，必须充分发挥"双重积极作用"，在大是大非面前敢于站得出、冲在前。我与广大爱国爱港各界人士一道，坚定不移地同反中乱港分子作斗争，面向社会公开宣传，坚决同暴力分子和违法行为说"不"。我还与一些在法律界享有声誉的大律师在报刊撰写多篇文章，呼吁香港律师要敢于向暴力说"不"，要勇于是其是、非其非，要努力承担恢复法治与秩序的责任，要坚定守护法治基石。随着《香港国安法》出台，香港终于由乱及治，在社会秩序得以保障的情况下，香港法治的金字招牌再次擦亮。

香港法律服务的最大市场就是内地，背靠内地正是香港作为中国唯一普通法司法管辖地区的最大竞争优势。因此，如何用好内地的政策支持，特别是在充分理解"一带一路"倡议和粤港澳大湾区建设的前提下推动香港法律服务业融入国家发展，就成了摆在香港律师面前的重要问题。因此，过去数年我在《经济日报》《中国日报》以及《香港律师》等报纸杂志上发表数十篇文章，阐述香港法律服务如何更好发挥自身所长，贡献国家所需。同时，作为律政司仲裁推广咨询委员会委员和调解督导委员会委员，我还深度参与了内地与香港签署的有关仲裁保全措施安排和仲裁裁决认可与执行安排补充协议的咨询与推广工作，以及参与讨论了大湾区调解平台的相关建设。

作为河南省政协委员，我还积极推动豫港两地法律交流，例如促成河南律师与香港法律专业团体就"一带一路"倡议实施中的法律问题进行座谈交流，推广河南青年律师参加香港律师会主办的"两岸四地青年律师论坛"，促进河南与香港两地青年律师的交流、学习和联系。另外，作为河南自贸区法律专家库成员，我积极为河南自贸区法治高地建设建言献策，努力推动河南郑州举办香港法律服务论坛，聚焦河南自贸区法律服务体系建设，充分发挥香港法律服务优势，加强河南自贸区营商环境的法律因素，为河南企业进行商贸投资和发展海外市场时建立完善跨境业务风险管理制度。新冠疫情发生后和河南去年"7·20"洪灾期间，我积极组织香港有关人士捐款捐物，为抗疫救灾奉献自己的绵薄之力。

2020 年，刘洋参加河南省政协十二届三次全会分组讨论

助力航运业发展，维护香港长期繁荣稳定

习近平主席曾强调，经济强国必定是海洋强国、航运强国。他亦深刻指出，航运业是国际贸易发展的重要保障，也是世界各国人民友好往来的重要纽带。习主席还明确表示，中央政府完全支持香港巩固国际金融、航运、贸易中心地位。由此可见，中国在从海运大国迈向航运强国之路上，香港高端航运服务业优势明显，作用突出，可以与国家并船出海。

作为全球航运业最具影响力的非政府间国际组织，国际航运公会（ICS）这个百年老店于 2019 年 11 月在中国香港成立了其第一个海外办事处 —— 中国办事处，而我则有幸成为其首任首席代表。

ICS 选择在香港设立办事处，就是因为看重香港实行"一国两制"原则，以及香港作为全球领先的航运、金融和贸易中心地位。因此，我在担任首席代表伊始就对外公布，中国办事处的定位就是"立足香港，服务内地，联系全球"，希望能在扎根香港并为香港巩固和提升其国际航运中心地位的同时，更能成为中国航运业和 ICS 会员之间的"超级联系人"，成为将中国航运声音传递给国际社会的"推广者"，成为中国航运业全面参与全球海事监管和航运治理的"促成者"。

2019 年 6 月至 2020 年初的社会动荡，2020 年开始持续至今的全球新冠肺炎疫情大流行，都给香港带来了前所未有的挑战，香港航运业发展也受到很大冲击，外国船东和船舶经营人普遍对香港长远发展抱有疑虑。有鉴于此，我充分利用中国办事处这一平台，始终通过不同渠道，例如月报和专讯形式，凭借客观事实向 ICS 的各国会员介绍香港航运业取得的发展成就，例如船舶租赁和海事保险业务的税务优惠措施，船舶注册服务的优化与强化，以及香港入围全球认可的海事仲裁中心等。在面对船员换班危机的时候，我亦与香港船东会并

2019 年，刘洋（后排左三）参加河南省政协十二届二次全会时和省政协领导合影

肩携手，向香港市民解说确保船员换班对香港和全球供应链稳定的重要性，并促成特区政府始终未将船员换班"大门"完全关闭。

疫情暴发伊始，我就推动 ICS 主席和秘书长第一时间分别致函中国船东协会会长和秘书长，表达对中国政府和人民抗击新冠疫情的支持，并在之后的信函往来中达成全球航运业合作应对新冠疫情挑战的目标。此外，在过去几年 ICS 亦与中国海事局和中国船东协会分别进行多次视像会议，就双方共同关心的议题包括全球船员换班危机、全球航运碳减排措施、打击西非海盗、确保全球供应链稳定等诸多议题进行了深入交流并达成广泛共识。其中，我更是促成 ICS 与中国海事局达成合作备忘录，每年举行 1—2 次高层会议，并针对海事安全和航运环保这两个全球航运业最关心的领域分别成立联合工作组，以便在相关政策的制定和执行过程中加强直接的沟通、交流与合作。

担任河南省政协委员这五年，也是我理解学习和践行习近平主席提出的港澳政协委员要发挥双重积极作用的寄语的过程。随着香港步入"由治及兴"的新阶段，这就要求我在未来履职的过程中，要更好地深入社会，倾听业界呼声，立足香港，服务内地，联系全球，在香港发展新华章的征程中贡献更大力量。

牢记使命认真履职 用实际行动谱写担当

马志成

河南省政协常委，澳门特别行政区第七届立法会议员，全国工商联常委

作为河南省政协常委、澳门特别行政区第七届立法会议员，我时刻牢记自己作为一名住澳门委员的光荣使命，认真履职，严格按照习近平总书记的要求，在工作生活中处处发挥"双重积极作用"，用实际行动谱写一名委员的担当。

维护澳门繁荣稳定，为特区政府依法施政保驾护航

自 2013 年 10 月至今，我历任澳门特别行政区第五届、第六届、第七届立法会议员。议会内外，我都积极履行议员职责，坚决全面准确贯彻"一国两制"方针，坚决维护中央对澳门的全面管治权，坚决贯彻落实"爱国者治澳"原则，在涉及维护国家主权、安全和发展利益方面的原则性问题上，在立法会的政治博弈之中，立场坚定，敢于求真务实、与反对势力博弈、向民粹主义说"不"，旗帜鲜明支持政府施政。

其中，在第五届立法会第三会期至第六届立法会第四会期（2016 年 10 月

马志成（第二排右一）参与组织国家奥运精英运动员代表团访澳

至 2021 年 9 月），我担任第一常设委员会秘书一职，配合主席开展法案的审议工作。其间，我认真准备专业法律意见，收集业界和市民要求，认真严谨参与立法，推动澳门法制完善。

自 2021 年 10 月起至今，我担任土地及公共事务跟进委员会秘书一职。围绕土地、交通运输、公共工程批给等事宜，发挥立法会对政府施政的监督作用，维护社会公共利益。

团结民心，为爱国爱澳事业添砖加瓦

以体育凝聚人心，汇聚爱国爱澳力量，是我一贯的信念。自 2013 年起，我担任中国澳门体育暨奥林匹克委员会财政兼青年委员会主任。疫情前每年均会邀请国家奥运金牌运动员访澳，比如邀请国家跳水队、体操队、乒乓球队等来澳与市民交流，持续向市民宣传健康生活理念，并走进校园，与学生近距离

马志成（中）在第七届立法会议员宣誓就职仪式上

接触，在社情和舆论上促进澳门市民与祖国感情，有关活动已成为澳门体育暨奥林匹克委员会的品牌活动，深受澳门市民特别是青少年喜爱。

我还长期在多个体育社团担任领导职务，每年均组织多项小区活动，开设网络平台"体育频道"，定期发布体育周刊，树立正能量。

2017年，我牵头与澳门各界社会人士、专家学者一起，成立"思路智库"，并担任会长一职。智库关注澳门未来发展，积极建言特区政府的施政；建立"一带一路"专题研究，关心粤港澳大湾区发展，出版多份学术刊物。

2020年，面对新冠肺炎疫情，智库广泛收集意见，组织向内地捐助善款，提出《关于对新型冠状病毒疫情防控及日后恢复建设的若干建议》的报告向特区政府建言献策。2021年，智库联合多个社团共同举办"百年荣光，风华正茂"系列活动，向澳门居民讲好党史、国史，让广大居民更深入理解中国共产党百年奋斗的风雨历程。

以中小企业和青年创新创业为切入点，推动澳门经济适度多元发展

一直以来，我致力于为中小企业营造良好的营商环境，为青年创业者提供更好的信息服务。2015 年至 2021 年，我担任澳门特别行政区经济发展委员会委员，围绕中小企业发展、青年创新创业、小区经济、区域合作等方面，为澳门疫情后的经济复苏和经济适度多元发展积极建言献策。

2014 年，我创办"中小企业服务平台"，搭建青年企业家、银行、高校学者和生产力暨科技转移中心组成中小企业和创业青年的交流和融资平台。自创办以来，平台每周均于《澳门日报》刊发企业个案诊断。截至 2022 年 8 月，已累计诊断 437 宗个案，以专家团队分析点评的方式向每一个案企业传授经营之道及推广策略等建议，助力中小企业发展，社会反响良好。

2016 年，我参与成立"青年创业创新培育计划筹备委员会"，并担任主任一职。该委员会成立至 2020 年，连续五年举办"青年创业创新培育计划"。累计有接近 1000 位本澳青年参加了其中各项培训、学习、交流、分享、成果展示等活动。

"青年创业创新培育计划筹备委员会"每年均参与举办"全澳青年创业创新大赛"。活动累计吸引了 300 余队参赛者。2017 年起，全澳创业创新大赛对接深圳前海，并成为前海粤港澳青年创新创业大赛分赛区。

2021 年起，青年创业创新培育筹备委员会与澳中致远投资发展有限公司、澳门科学技术协进会联合主办"澳门青年创新创业大赛"。将本澳两大创业盛事"全澳青年创业创新大赛"及"'澳中致远'创新创业大赛"结合，成为影响力更大、覆盖范围更广、直通赛道更多、赛事规格模更大的"澳门青年创业创新大赛"。

马志成（左五）参加政协第十二届河南省委员会第三次会议

协调调动各方力量，配合推动澳门融入国家发展大局

除了在澳门开展各项团结民心，推动社会经济发展的活动之外，我认真履职，充分发挥"双重积极作用"，关心国家发展，积极在内地参政议政。目前，我担任河南省政协常委、全国工商联常委、中华全国海外联谊会常务理事、天津工商联副主席等职务，积极参政议政，并且协调调动各方力量，重点在服务民生领域，组织推动澳门与内地的各项社会工作及慈善活动，配合推动澳门融入国家发展大局。

为协力抗击疫情，我多次组织并带头向内地疫区捐款，发起同心抗疫活动。2021年，河南发生特大暴雨灾害时，我第一时间联系社会各界，号召捐资捐物，并与澳区省政协委员、河南同乡联谊会推动筹集善款，以实际行动支持抗洪救灾。

自 2006 年起，我每年均积极参与、热心组织澳门企业家到内地捐资助学，投资兴业。特别是多次组织澳门企业家参加河南的招商引资，接待河南来澳的政府官员以及企业家，推动澳门和河南省的经济交流合作。

重视企业发展，发挥两地交流平台作用

我始终坚持立足澳门、主要投资粤港澳三地的理念，致力于为澳门特区的发展建设作出应有贡献。

我参与的青澳国际投资有限公司集合多位澳门青年企业家，公司旨在直接投资有潜力的企业，或向符合投资原则的创业者提供部分资金，成为策略协助孵化。目的是希望在促进中小企业合作过程中，扩大投资更多行业及范畴。

多年来，我以澳门经济多元发展需要为导向，不断学习和借鉴他人的先进经验和理念，不断向内地适度扩展业务，包括贸易、能源、体育产业合作等等，助推澳门企业在内地发展，也推动内地企业在澳门更好地发展。

今后，我一定更加深刻把握发挥"双重积极作用"的丰富内涵、精神实质和实践要求，进一步增强新时代港澳委员的履职意识和责任担当，为国履职、为民尽责，为维护澳门的长期繁荣稳定和祖国的现代化建设作出更大贡献！

常怀感恩之心　勇于担当作为

孙易兵

湖南省政协常委，湖南省工商联副主席，香港恒德利投资（集团）有限公司董事长

我出生于革命军人家庭，父亲是 1932 年入党的老党员，母亲是 1949 年入党的老党员。我成长于军队大家庭，始终不忘感党恩、听党话、跟党走。受益于党的好政策，我在 20 世纪 90 年代初前往香港发展，20 多年来，常年往返于香港和湖南两地，既对香港比较了解，也对湖南充满感情。作为连任三届的湖南省政协委员，我深知身上沉甸甸的责任，充分发挥"双重积极作用"，特别是自十二届湖南省政协以来，履职参与感、成就感、荣誉感格外强烈。

服务发展路上，搭起香港湖南合作之桥

长期以来，我竭尽全力在香港做凝聚人心的工作，团结爱国爱港力量，为维护香港长期繁荣稳定贡献绵薄之力。组织发动湖南省政协香港委员、香港湖南联谊总会、香港湖南青年总会、香港大湾区青年总会、香港青年发展交流总会、香港长沙联谊会等社团组织，积极参与反"占中"、反"港独"、反"黑

2021 年 7 月 6 日，孙易兵（右三）参加湘港澳三地政协委员"学'七一'讲话，担历史使命"线上线下读书交流活动

暴"、撑警挺警等系列活动；在特首选举、立法会选举、区议员选举、庆祝香港回归祖国 25 周年大会等重要时刻，按照相关部门安排承担有关安保工作，深入相关界别组织帮助开展助选活动；积极组织湖南省海联会、香港湖南联谊总会在香港举行的系列活动，主动发声出力，讲好祖国、湖南发展的故事，引导更多的香港同胞树立家国观念。2019 年至 2020 年期间，我多次受到相关部门嘉奖，并受邀参加庆祝中华人民共和国成立 70 周年相关活动。

在助推湖南与香港合作交流方面，尽最大努力发挥"超级联系人"作用，为湖南对接粤港澳大湾区、融入"一带一路"、加快开放崛起贡献自己的力量。一方面帮助"请进来"，积极参与服务"港洽周"。同时，主动宣传湖南，介绍湖南，推广湖南，常态化联络香港朋友来湖南投资发展，为湖南引资、引技、引人才；另一方面帮助"走出去"，服务湖南企业"出海"发展，为湖南企业与港澳资本、国际资本牵线搭桥，开拓国际市场。这几年，我还和港澳委员一道，围绕湖南对接粤港澳大湾区，推动湘港澳三地平台、企业、资金、物流、资源的对接，通过各种形式助推长沙港澳科创园和长沙港澳中心项目落地，帮助港澳中心建设成湖南对接国际市场的重要窗口。

脱贫攻坚路上，唤醒老人孩子幸福之声

作为习近平总书记"精准扶贫"首倡地，湖南将脱贫攻坚作为重要政治任务、第一民生工程。2016 年以来，湖南省政协谋划开展"助力脱贫攻坚、全面建成小康社会"主题活动。我在参与省政协履职活动中，十分关注"留守老人"的赡养问题和"留守儿童"的抚养问题，在省政协全会、常委会会议期间，围绕解决好"一老一小"问题，提出了让每一个湖南人都有幸福的晚年、完善农村留守老人和留守儿童数据平台、因地制宜建立符合农村实际的养老医

2018 年 6 月 1 日，孙易兵（左）向桂东县沤江镇捐赠总价值 50 万元的 32 台助听器

疗保障体系、建立健全更加关爱留守儿童身心健康的教育体系、加强基层医疗卫生机构力量等建议，获得社会广泛关注。

在开展以帮扶学业、解决就业、增加家业为重点的省政协"三个一"扶贫行动中，我心系贫困听障患者这个特殊群体，于2017年发起"天籁行动"。我陆续在湖南麻阳、桂东、邵阳县等地向贫困听障人士捐赠价值超过300万元的医疗助听设备。2018年，我来到桂东县沤江镇捐赠助听器。当时，来自青竹村的8岁的小雨涵，因先天耳聋，一直生活在无声的世界。当看到她带上助听器，第一次听见声音时那惊喜的眼神，我觉得自己所做的非常值得。2019年，我再次来到青竹村，发现小雨涵不仅长高了，而且还能发出简单的词语和拼音。这些年，我总会找机会去看看小雨涵或与她视频聊天。2022年6月，当小雨涵打来电话，激动地把刚学会的课文念给我听时，我感到无比欣慰。此外，我还积极为怀化、郴州、湘西等地的乡村修路造桥、捐款捐物。由于对扶贫事业的执着和热爱，2020、2021年，我被评为"全省政协扶贫行动先进个人"。

乡村振兴路上，助推偏远山村蝶变之美

2018年以来，湖南省政协开展"三进三助"聚力行动，引导委员进园区、进企业、进乡村，助推园区提质、企业发展、乡村振兴。在深入调研的基础上，省政协港澳台侨和外事委员会将港澳委员助推乡村振兴的地点选在郴州市桂东县青竹村。自此，我与其他港澳委员与青竹村结下了深厚缘分。2018年初到青竹，我发现那里离市区很远，山路崎岖，村民收入很低。作为企业家，我明白，乡村发展必须靠产业。通过多次实地调研，我们发现，青竹村气候条件优越、生态资源丰富，发展民宿产业潜力巨大。为此，我牵头发起港澳委员捐资108万元用于建设青竹民宿项目。围绕这个项目的选址、规划、建设，我参与了多次调研、座谈。2022年7月，青竹民宿项目"地球仓·青竹云栖"落地建成，并成为"湖南省青少年自然教育绿色营地""港澳青少年研学交流基

地"。在这个项目的带动下，青竹村民宿从 2018 年的 1 家增加至 2022 年的 75 家，民宿品质也不断提升，为青竹村乡村振兴注入了强大动力。

在工作和生活中，我特别注重和青少年朋友交流，我发现部分香港青少年对内地了解不多。未来，我将组织更多香港青少年来青竹村研学交流，让港澳青少年领略祖国的秀美风景和红色文化，增进其情感融合和思想认同，推动"港澳青少年研学交流基地"做实，也为做好香港青少年工作贡献力量。

抗击疫情路上，凝聚共克时艰同心之力

2020 年初，新冠肺炎疫情暴发初期，湖南抗疫医疗卫生物资异常紧缺。作为省政协常委，我积极响应省政协倡议，联络组织其他香港委员，投入一场漂洋过海的抗疫物资捐赠接力赛中，共同为湖南抗疫尽心出力。

我们发挥联系广泛的优势，组织力量在日本、泰国、马来西亚等地采购抗

2020 年 2 月 12 日，在湖南省政协香港委员捐赠疫情防控医疗物资仪式上，孙易兵向媒体介绍有关情况

疫物资，再从海外运输到湖南。整个捐赠过程非常艰难，由于时差，我们手机24小时不关机，随时进行协调安排；由于国外抢购成潮，海外朋友一个个往超市、商场跑，有的还带病坚持采购；由于医用酒精属易燃易爆类物资，运输要求严苛，运输一度受阻，我们及时将困难反映到省政协港澳台侨和外事委员会，专委会立即与省交通运输厅、省卫健委积极联络沟通，协调运输通道。尽管过程曲折，但我深刻感觉到，只要携手努力，没有什么困难是不可战胜的！

我个人先后向湖南捐赠N95口罩1.3万只、一次性医用口罩11万只、医用手套100万只；联合部分香港委员捐赠75度消毒酒精10吨、84消毒液10吨、防护服、护目镜1万件等。为支持香港抗疫，我又向香港捐赠口罩10万多只，同时，积极动员身边亲友参加香港的普及社区检测计划。

我深知，这些还远远不够。但我相信，在抗疫路上，只要我们共同努力，一定会克服困难，大步向前。

孙易兵委员履职故事

聚焦民生实事　认真履行委员职责

苏忠阳

广东省政协委员，民建中央广东画院副院长，广州阿育王文化传播有限公司董事长

自 2007 年当选第十届广东省政协委员以来，我以强烈的政治责任感和履职使命感，把提案作为实现自我价值和责任担当的一个重要渠道和鼓与呼的平台，至今提交提案近 70 篇，其中被评为优秀提案的有 2 篇，在省政协十二届一次会议、十二届四次会议上获得表彰。每一件提案都得到了办理单位的回应和答复，提出的不少意见建议都转化为政策或举措，推动了相关问题的解决，产生了较好的社会影响。能为广东省经济社会发展出力献策、尽点责任，是我作为一名政协委员的光荣使命。

以身作则履职责，不忘初心干实事

在十几年省政协委员履职过程中，我感触良多。政协为委员提供参政议政的平台和机会，不仅是表达社情民意的窗口，也是委员自身学习和成长的平台。比如，广东省政协大会的即席发言——"抢麦"环节，委员们积极"抢

麦"，踊跃表达个人意见，争献良策，在国内非常有名。

我曾成功地抢了三回"麦"，分别提出《关于广州地铁设立女性专用车厢的建议》《关于加快推进绿水青山跨界河流治理的建议》《关于借力"一带一路"倡议，推进广东文化产业"走出去"的建议》等意见建议，得到相关部门的答复和落实，产生了良好的社会效应。

我曾两次获得省政协优秀提案奖，提案内容和建议均引起社会广泛关注和强烈反响。

第一个是 2017 年我提出的《关于广州地铁设立女性专用车厢的建议》的提案。为写好提案，我进行了三个月的地铁搭乘实地调研，亲身体验高峰期挤地铁和地铁车厢内挤满人的情景，感同身受女性面临性骚扰的尴尬，以及老人、孕妇、幼儿乘车的安全问题等。此提案提交后，得到省政协领导的高度重

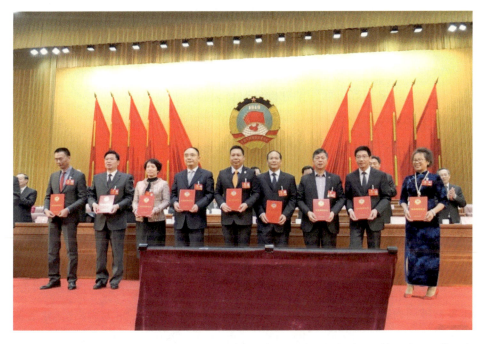

苏忠阳（右五）"关于高速公路解决限速值过低，限速之变化过于频繁的建议"获得广东省政协优秀提案奖

视。省政协主席王荣同志亲自带队赴广州地铁集团、深圳地铁集团等地，围绕地铁运营情况和设立女性优先车厢的可行性进行专题调研。提案不仅迅速得到办理，同时还引起了国内外媒体高度关注，成为当时人们关注的热点。

提案遵循有据、有理、有力、有效。我珍惜每一次参政议政的机会，每一份提案都亲自参与、调研、撰写和修改。2019 年，身边不少亲朋好友向我"大吐苦水"，车主、网友纷纷在平台留言，吐槽高速公路"陷阱"越来越难防，一不留神就被扣分罚款，希望向有关部门反映，加强整治高速公路乱"限速"现象。为此，我自费多次往返省内多条高速公路，对高速公路和连接线路况及群众反映的主要问题开展实地调研，于 2020 年提交了《关于高速公路解决限速值过低，限速之变化过于频繁的建议》的提案，指出高速公路管理中存在的问题并提出解决方案。提案很快得到省交通运输部门答复，同年 11 月 1 日起《公路限速标志设计规范》正式施行，全国高速将统一限速，提案得到落实，这对于广大群众来讲是一个福音，对于我来讲是对我工作的认可和肯定。

2020 年因新冠肺炎疫情影响，特别是境外疫情输入风险较高，我通过对广州疫情防控情况，地方政府防控力度、措施、成效，以及全球疫情发展态势，境外输入风险概率等方面仔细分析，提交了《关于建议 2020 年春季广交会延期举行》的提案，得到了有关部门的重视，第 127 届中国进出口商品交易会（简称"广交会"）延期至 6 月中下旬举办，并改以网络形式进行直播。这让我感到政府有关部门对政协委员意见建议的高度重视，也让我感受到身上的责任。2021 年，省政协十二届四次会议举行首场"委员通道"，作为受邀发言委员之一，我再次为"非遗"建言献策，提出进一步巩固广交会的优势与地位，设立非遗专业展区，向世界展现中国非遗文化。

2022 年，我提交了《关于整治电动车违规乱象，提升城市治理的建议》的提案，被列为省政协主席会议重点提案督办后，得到政府部门、行业、社会各方面的大力支持，为防范化解公共安全风险逐步出台政策举措。

弘扬工匠精神，传播中华优秀传统文化

我是从事传统文化传承的普通民间艺人，为弘扬岭南艺术文化，自1992年开始从事骨雕行业以来，先后创办了广州迈可苏工艺品精雕厂、广州阿育王文化传播有限公司，取得了一定成绩。我擅长围绕展示新时代伟大成就设计创作大型雕塑，善于将现代美学、西洋雕塑与岭南传统工艺理念融会贯通，创作精品栩栩如生、获奖无数，被全国政协、中央和国家有关部门及广州市政府等单位收藏。如《四海同心盼统一》（2006年）、《花好月圆》（2011年）、《辛亥百年 中华奋起》（2011年）、《龙腾盛世》（2020年）、《花好月圆》（2020年）等，分别被全国政协办公厅、国务院台办、全国友协、中共中央对外联络部等珍藏。此外，广东省政协、广交会、广东省博物馆、广州市档案馆分别收藏《龙腾四海》《春华秋实》《龙腾盛世》和《九九祥龙》，为建设文化强省和弘扬岭

苏忠阳在广东省政协十二届五次会议委员通道上接受媒体采访

南文化作出自己的贡献。

为开展公共外交活动、促进中外文明交流互鉴，我先后与广东外语外贸大学（2012年）、华南理工大学（2015年），合办"外国留学生实践岭南传承文化"参观交流活动，至今已有超过3000名在粤外国留学生前来学习体验。省政协外事侨务委员会曾多次组织委员到公司考察，表示交流实践活动是充分利用传统文化资源开展公共外交工作的有益尝试，对于展示国家文化软实力，继承和发扬中华优秀文化，增进中外文明交流互鉴，增强民族自信心和文化影响力，都具有积极的实践意义。

此外，为推动传承岭南文化精粹，挖掘更多好苗子，培养更多非遗传承人，2009年初，我与广州市天河区昌乐小学合作，首次进入小学开设骨雕艺术课程，为岭南非遗注入现代元素。在我的协助下，58名小学生耗时两年，共同

苏忠阳（右四）组织外国留学生来到红专厂精雕坊工作室参观学习

创作完成"梦想·亚运"大型浮雕。在广州儿童活动中心等开设短期骨雕艺术课程，以期将传承种子播撒到孩子心中。

以身作则做表率，躬身力行乐助人

在立足做好本职工作、履行省政协委员职责的同时，我积极参与、热心支持社会慈善公益事业。

为展现广州市天河区统一战线凝心聚力服务"十三五"的精神面貌，我积极响应区委统战部的倡议，发起创作巨幅花鸟画《大美天河》画作，作为统一战线献礼"十三五"之作，赠送给天河民主党派之家，寓意天河统一战线凝心聚力、同心同向助推天河发展。

多年来，我倡导共同捐赠红星希望小学两间、将义卖所得款项捐赠贵州省黔西县新仁乡支持人畜饮水工程、支援四川汶川大地震抗震救灾、捐赠捐物助力疫情防控……

为表彰我勇于承担社会责任、团结民建和工商联界别群众投身公益活动、把民建和工商联的界别特色优势转化成工作特色优势，广州市天河区政府授予我"2016年度天河同心奖"荣誉。

新时代新征程，我将立足本职工作，以身作则践行为民情怀，继往开来，躬身力行，助人为乐做表率。

苏忠阳委员履职故事

将委员履职尽责融入陇澳交流事业

何萍萍

甘肃省政协委员，澳门甘肃联谊会理事长

从为西和县贫困学子捐资助学到筹措物资支持甘肃抗疫，从撰写提案助力"甘货"南下到以实际行动推动陇澳青年交流，从弘扬中华优秀传统文化到组织开展纪念抗战主题活动，自2018年成为第十二届甘肃省政协委员以来，我始终坚定履行委员职责使命，切实发挥双重积极作用，为促进陇澳交流合作倾力奉献。

2020年底，澳门甘肃联谊会正式成立，何萍萍被推选为联谊会理事长

政协委员既是一种政治荣誉，更是一种神圣的责任和使命。这种神圣责任与使命重要的就是要体现在主体作用的发挥上，体现在参政议政上。在我看来，政协委员就是要"在其位谋其政"，紧密围绕国家宏观环境和重大工作部署，建睿智之言，献务实良策，造福群众，推动和促进陇澳两地经济社会又好又快发展。

强化政治引领，用好红色资源

作为一名住澳门甘肃省政协委员，首要任务是要做到政治立场不含糊、政治原则不动摇，坚决拥护"一国两制"和澳门基本法，自觉把思想和行动统一起来。做好政协委员履职工作，首先要讲政治，不断提升思想觉悟。认真学习习近平新时代中国特色社会主义思想和习近平总书记重要讲话精神，学习领会中央和国家重要会议、政策精神，自觉学习和宣传中国人民政治协商会议制度的理论、宪法、法律法规知识，不断增强对中国共产党和中国特色社会主义的政治认同、思想认同、理论认同、情感认同，不断增强政治意识、强化政治担当 我在日积月累中，对政协委员的责任意识、公仆意识、法律意识有了正确认识，掌握了工作方法，我的提案水平逐步提高，履职能力得到锻炼和增强。

广大澳门同胞素有爱国传统，有强烈的国家认同感、归属感和民族自豪感。如何发挥好澳门的红色印记，我一直在思考、在探索。2020年，我牵头在澳门组织举办纪念中国人民抗日战争暨世界反法西斯战争胜利75周年"濠江儿女·共赴国难"大型主题活动，邀请经历过抗战的前辈，分享了大量的珍贵史料，得到海峡两岸和港澳地区30多所院校及40多个青年团体的支持。这次活动有近25万名观众实时在线观看，得到中央电视台、《人民日报》等各大主流媒体和《澳门日报》等地方媒体重点报道，取得良好的社会反响，让我深刻感受到这些珍贵的红色资源也是一笔宝贵的财富。2021年，中国共产党迎来

2020 年，何萍萍（左五）牵头在澳门组织举办纪念中国人民抗日战争暨世界反法西斯战争胜利 75 周年"濠江儿女·共赴国难"大型主题活动

百年华诞。澳门甘肃联谊会联合澳门中国银行大厦举办"庆百年华诞、忆往昔峥嵘、谱陇澳华章"主题庆祝活动，观看庆祝中国共产党成立 100 周年大会视频。看着一张张红色照片，一幕幕红色电影，我的政治认同感更加强烈，思想觉悟得到升华，更坚定了我发扬党的优良革命传统的决心。

推动"甘货"南下，助力脱贫攻坚

利用好澳门的外宣平台，向世界讲好中国和甘肃的扶贫故事，做好文化交流和产业产品的对外推广，是我履行委员职责的重要方向。

自从成为省政协委员，只要一有机会，我就主动深入脱贫攻坚一线调研、帮扶。以我个人名义与甘肃省红十字会联合共建医疗卫生站，联合澳门培正中学向西和县贫困学子捐资助学。通过亲身参与、见证脱贫攻坚工作，我对中央和国家实施脱贫攻坚的重大意义、取得的巨大成就有了更加深刻的认识，也进一步强化了国家意识和爱国精神。

2020 年，新冠肺炎疫情暴发。得知甘肃省防控形势严峻，我立刻行动起来，联合住澳甘肃省政协委员，经过多方努力，筹措到一批防护服、口罩等应急防疫物资，在艰难时刻以实际行动助力甘肃抗击疫情工作。

受疫情影响，省两会期间，住港澳省政协委员大多只能在线上"云参会"，但有许多意见建议和甘肃澳门交流活动是需要线下对接的。2021 年省两会前夕，随着澳门疫情形势好转，在经过多次核酸检测确定"安全"的前提下，我从澳门赶赴兰州参会。其间，除按时参加大会各项活动外，就是积极围绕甘肃经济社会高质量发展建言献策，特别是针对甘肃中医药产业发展提交的《深化陇澳中医药产业合作的提案》被遴选为省政协重点提案，对推动"甘货"南下和陇澳两地文旅产业、中医药产业的深度对接与合作发挥了积极作用，得到了省政协和省委统战部的高度认可与支持。

打造丝路品牌，促进文化交流

2020 年底，澳门甘肃联谊会正式成立，我被推选为联谊会理事长。多了一重身份，也就多了一份责任。因此，如何团结委员，加强交流，提升联谊会的影响力，是我一直在思考的问题。

思考的结果，便是以"文化"为切入点推动陇澳交流。甘肃是丝绸之路经济带的重要门户，澳门是海上丝绸之路的重要节点，可以通过多元化活动推动联谊会的工作，打造陇澳"丝路"文化品牌。截至目前，澳门甘肃联谊会先后开展 19 场丝路文化系列活动，包括"陇上白云间，濠江故人情""河西走廊上的饮食文化""从澳门看甘肃：'一带一路'的意义"等主题，内容涵盖甘肃的自然地理、人文风光和历史文化等，吸引 2000 余名中小学生、社会各界人士

何萍萍（前排左五）参加澳门甘肃联谊会打造陇澳"丝路"文化品牌活动

参与，起到良好的文化宣传效果。

丝路文化系列讲座主要面向澳门中小学生，通过专家的讲解和现场交流，不少澳门青少年学子萌生赴内地升学的意向；系列活动的开展也加强了甘澳青年交流促进会、红蓝义工队等澳门青年社团之间的交流，扩大了甘肃联谊会在澳门青年中的影响力。

此外，为了让更多澳门青年继承和弘扬中华优秀传统文化，培育澳门青年的文化自信和爱国精神，助力建设"以中华文化为主流，多元文化并存的交流合作基地"，我还组织举办了"澳门青年体悟中西文化系列活动"，搭建了澳门青年与专家学者近距离对话的平台，得到了许多澳门青年的参与，取得了较好的社会影响力。

政协委员是人民政协履行职能的主体，发挥好委员主体作用，不仅要靠委员的自觉性和热情，还需要搭建好的载体和平台。随着履职的深入，我对发挥委员作用的思考与实践也日渐深入。

为给广大澳区省级政协委员、海联会理事和关心支持甘肃发展的澳籍人士提供交流的平台，联谊会积极发挥作用，创新陇澳交流合作新载体，通过开设陇澳甘肃联谊会微信公众号（"陇澳文化"），将联谊会履职平台"搬"到手机端，从而大大拓展了住澳省政协委员的履职渠道，加强了关心支持陇澳交流的澳籍人士的交流，实现了"一机在手，随时议政"。"陇澳文化"自上线以来，累计发布推文 100 多篇，特别是设置的有关专栏，连续刊发中国共产党党史，推广甘肃的历史文化和秀美山川，发挥了正能量，向更多人宣传了甘肃，得到了联谊会会员和社会各界人士的好评。

2021 年，我被甘肃省政协评选为优秀政协委员。虽然委员职务有任期，但我与甘肃的深情厚谊却永不消减。在"一国两制"伟大旗帜的指引下，在住澳省政协委员和广大支持陇澳交流合作人士的共同努力下，陇澳两地一定能够充分发挥各自特色优势，展现澳门和甘肃互为借鉴、共同发展的丝路精神，引导澳门居民关心国家发展，增强澳门居民的爱国情怀，推动更多的澳门企业到内地投资兴业，融入国家发展大局。

何萍萍委员履职故事

同心筑梦　积极履行委员职能

徐晓莺

青海省政协委员，南益地产集团有限公司联席董事

作为一名政协委员，我心中充满着荣誉感、责任感和使命感。通过多次参加政协会议、小组交流会和委员培训，我深深地认识到政协委员不仅是一种荣誉，更是一种责任，是人民政协履行政治协商、民主监督、参政议政职能的主体，是中国特色社会主义经济建设、政治建设、文化建设、社会建设与促进和谐的重要力量。四年多来，我一直坚持以习近平新时代中国特色社会主义思想为指导，深入学习贯彻中共十九大和十九届历次全会精神，认真学习中国人民政治协商会议章程，不断提升政治站位和履职能力。

深入基层　积极建言献策

政协委员分别来自不同行业，具有广泛代表性，是政协的主体和生力军，委员主体作用的发挥，直接关系到政协形象和履职的水平。我也经常提醒自己，不要忘记委员的职责，更不要忘记自己的重托。

自担任省政协委员以来，我一直积极参加政协及各委员会组织开展的各项

2019 年，徐晓莺（后排左三）在最美乡村教师奖发放仪式上

考察和调研活动，踊跃建言献策，为青海经济发展贡献自己的微薄之力。2018年 7 月，经港澳台侨和外事委员会组织，到青海海西州视察旅游业发展情况，并在海西州召开座谈会。考察行程涵盖了德令哈、哈里哈图国家森林公园、化海草原以及枸杞园等。考察过程中，我深刻体会到海西州在加强生态保护与建设的同时，科学地利用自身生态资源，不断挖掘培育旅游要素，高品位打造文化生态旅游景点。在推动旅游业的同时，与关联产业深度融合，打造中国西部最具吸引力的生态旅游点。

此外，我视精准扶贫为最大的政治任务，2019 年省政协组织港澳委员赴果洛州开展脱贫攻坚视察。视察期间，先后深入久治县、班玛县、达日县、玛多县、玛沁县实地查看了易地搬迁安置点、生态保护公益岗等；走访部分贫困牧户，向每户送去慰问金 2000 元；与果洛州县相关部门负责同志座谈交流。我也同时向果洛州捐助 30 万港元，用于表彰 52 名扎根基层教育岗位的"最美乡村教师"，这也是第三届晓莺"最美乡村教师奖"在青海开展的活动。感恩省、

　　2019 年，徐晓莺为果洛州捐助 30 万港元，用于表彰 52 名扎根基层教育岗位的 "最美乡村教师"

州两级政府的协助支持，活动得以圆满完成。

　　依托自身优势，立足岗位，发挥委员履行职能。作为一名委员，既要有较强的洞察力、观察力，也要有较高的政治敏锐性。在平时工作生活中，要经常深入基层和群众中了解情况，同时紧跟发展形势和经济社会发展的重心，熟悉掌握现行政策方针，才能做好提案的调查、社情民意的收集挖掘工作。这样整理出来的提案或是反映的社情民意才有分量、有价值，这也是委员实现自身价值的一个重要途径。通过考察，我针对"海西自驾车旅游示范州"作为发展全局旅游的价值，借鉴以往留美经验，为政府科学决策提供意见和建议，提出有价值及能落地的提案。另外，我也在教育方面，围绕扶持农牧区学前教育发展这一相关内容提出了提案。

以港澳为依托　发挥委员桥梁作用

　　作为一名住港委员，我们是政协委员队伍的重要组成部分。我们以港澳为依托，发挥自身优势，为贯彻落实"一国两制"方针政策和参与国家经济社会建设发挥双重积极作用，这是我们肩负的特殊使命和责任！为了更好发挥港澳委员的桥梁作用，我与其他委员共同成立了青海港澳联谊会，旗帜鲜明讲政治，贯彻中央对港澳的方针政策，坚决支持特区政府依法施政，维护香港和谐稳定。

2019年初，《粤港澳大湾区发展规划纲要》发布，推进粤港澳大湾区建设，给包括香港在内的大湾区城市带来巨大的发展机遇。香港不仅能够巩固作为国际金融、航运、贸易中心的地位，而且能够推动金融、商贸、物流、专业服务等向高端高增值方向发展，还有利于发展创新及科技事业，培育新兴产业，打造更具竞争力的国际大都会。为鼓励和支持年轻人到大湾区内地城市工作和发展事业，2019年我当选了由香港学生活动委员会、香港青年交流促进联会联合主办的"梦想启航"香港青年暑期内地实习计划的导向委员会主席，鼓励香港大学生到大湾区学习体验，促进人才交流，带领年轻人到深圳腾讯总部参观并在广州参加交流分享会。

作为"半个青海人"，我也在港积极推广青海。在香港回归祖国25周年的

2019年，徐晓莺（左二）参加"梦想启航"香港青年暑期内地实习计划启动礼

重要时刻，民政事务总署联同 28 个主要同乡社团，在 7 月 6 日至 7 月 12 日期间，于香港会议展览中心举办全港首个"祖籍连系·思祖寻源"活动——"同乡文化名胜展"，展出多达 300 件国家级或省市级非物质文化遗产展品。我非常荣幸能参与其中，通过展示唐卡及食品特产，加深了人们对青海的了解。

自新冠肺炎疫情暴发后，我不能前往青海现场参加政协会议，但是参政热度不减，我一直在香港以"云端"方式履职，尽责不缺席。聆听大会报告时，我深感如临现场，通过在线方式阅读会议材料，积极提交提案、反映社情民意。除此之外，我还参与各种在线学习活动，如学习全国两会精神、学习习近平总书记考察青海时的讲话精神等。在香港这边，我深入基层小区，为香港市民分发口罩等防疫物资，向市民宣传和推广疫苗接种，为香港的防疫抗疫贡献自己的力量。

此外，我坚决支持全国人大关于完善香港选举制度的决定，坚定支持特区政府和行政长官依法施政。在"一国两制"的实践过程中，反中乱港分子通过各类选举进入特区治理架构，"修例风波"期间的立法会乱象至今令很多人心有余悸。我坚决贯彻支持中央对香港的全面管治权、"爱国者治港"根本原则，我也身体力行支持"爱国爱港"的立法会议员候选人竞选。

回顾过去这一届的工作，尽管我做了一些工作、取得了一些成绩，但与广大委员相比，仍有很大差距和不足，下一步我将加强理论学习，提高提案建议质量，在以后的工作中认真思考、不断进步。我也将以学习贯彻和落实中共二十大会议精神为契机，进一步发挥政协委员职能作用，在参政议政、民主监督、民主协商等方面积极作为、建言献策，为建设幸福美好新社会作出政协委员应有的贡献。

徐晓莺委员履职故事

后　记

　　过去的五年，是党和国家发展进程中极不寻常、极不平凡的五年，也是人民政协事业守正创新、蓬勃发展的五年。全国政协港澳台侨委员会坚持以习近平新时代中国特色社会主义思想为指导，在全国政协常委会和主席会议领导下，围绕党和国家中心工作，发挥委员主体作用，促进党的领导、统一战线、协商民主有机结合，推动人民政协港澳台侨事业在继承中发展、在发展中创新。

　　为深入学习宣传贯彻党的二十大精神，全面反映十三届全国政协以来人民政协实践创新、理论创新、制度创新成果，充分展现港澳台侨界别委员履职新风貌新作为，发挥文史资料存史、资政、团结、育人的积极作用，在全国政协领导同志高度重视和大力支持下，全国政协港澳台侨委员会与人民政协报社共同开展《同心筑梦——港澳台侨委员履职故事》图书编辑出版工作。

　　政协委员是政协工作的主体。讲好委员故事，是讲好政协故事的一个重要内容和重要途径。本书于2022年8月正式启动文稿征集，得到全国政协和各省、区、市政协港澳台侨界别委员的积极响应。书中收录的每篇文章，无不饱含港澳台侨界别委员的家国心、政协情。这部文集既是委员们"亲历、亲见、亲闻"和亲力、亲为、亲述的真实记录，也可视为委员履职实践和心路历程的一个缩影。

　　本书能够在短短5个月顺利成稿，得益于全国政协领导同志的关心厚爱，也离不开各方的支持帮助。全国政协常委、港澳台侨委员会主任朱小丹、委员会原驻会副主任邓小清、委员会驻会副主任王伟对本书编写工作给予有力指导；各省、区、市政协港澳台侨（和外事）委员会在稿件征集过程中提供了多方协助；全国政协港澳台侨委办公室对本书编写倾注大量心血；人民政协报社及所属文化传媒公司多位同志参与采编统稿工作；中国文史出版社精心设计排版。在此一并表示衷心的感谢。

习近平总书记在党的二十大报告中庄严宣示："党用伟大奋斗创造了百年伟业，也一定能用新的伟大奋斗创造新的伟业。"新征程上，广大政协港澳台侨界别委员一定能够不辱使命、不负重托，紧紧团结在党中央周围、团结奋斗、踔厉前行，为全面建设社会主义现代化国家、全面推进中华民族伟大复兴作出新的更大的贡献！

本书编写组

2022 年 12 月

图书在版编目（CIP）数据

同心筑梦：港澳台侨委员履职故事 / 全国政协港澳台侨委员会编 . -- 北京 : 中国文史出版社，2023.11

ISBN 978-7-5205-4463-4

Ⅰ . ①同… Ⅱ . ①全… Ⅲ . ①中国人民政治协商会议—委员—事迹 Ⅳ . ① K820.7

中国国家版本馆 CIP 数据核字 (2023) 第 219793 号

责任编辑：梁 洁 装帧设计：杨飞羊

出版发行：中国文史出版社

社　　址：北京市海淀区西八里庄路 69 号　邮编：100142

电　　话：010-81136601　81136698　81136648（联络部）

　　　　　　010-81136606　81136602　81136603（发行部）

传　　真：010-81136677　81136655

印　　装：北京地大彩印有限公司

经　　销：全国新华书店

开　　本：787mm×1092mm　1/16

印　　张：28.5

字　　数：400 千字

版　　次：2024 年 1 月北京第 1 版

印　　次：2024 年 1 月第 1 次印刷

定　　价：98.00 元